BARRY STRAUSS

〔美〕巴里·施特劳斯　著

杨彬－译　陈楠－校

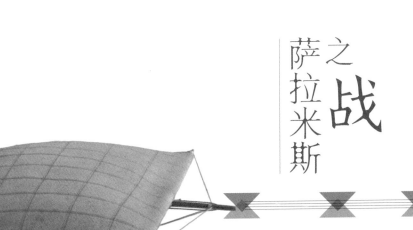

萨拉米斯之战

拯救希腊
和西方文明的
海战

The Naval Encounter
that Saved Greece—and
Western Civilization

社会科学文献出版社
SOCIAL SCIENCES ACADEMIC PRESS (CHINA)

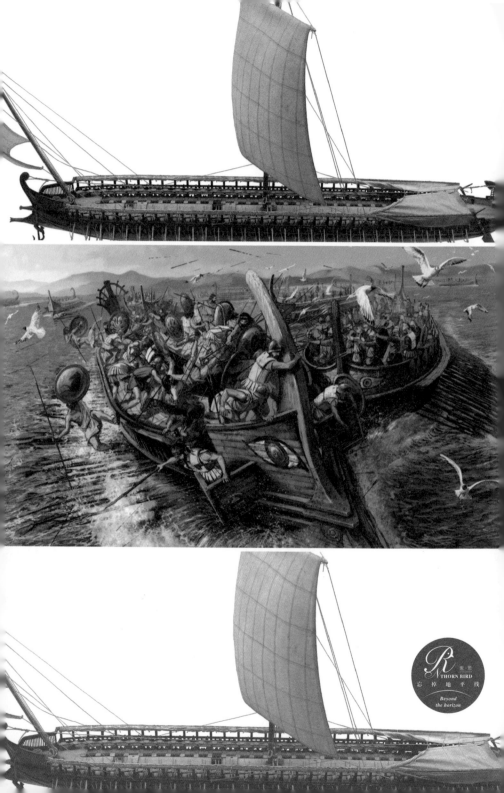

关于拼写与缩略的说明

希腊、波斯以及其他古代名称的拼写与缩略均参照权威的《牛津古典词典》(第3版)(*The Oxford Classical Dictionary*)(Oxford: Oxford University Press, 1999)的样式。除非特别指出，所有古希腊的引文均为作者自译。古波斯的引文来源已在文中标注。

公元前 480 年萨拉米斯战役事件时间表

注：除了满月和月食，其他日期均为约记。①

5 月：薛西斯率军穿越达达尼尔海峡。

6 月：薛西斯开始从达达尼尔海峡进军雅典。

8 月的第三周：希腊的士兵和战船在温泉关和阿提密喜安布防。

8 月 19 日，满月：奥林匹克运动会和狂欢节结束。

约 8 月 27 日至 29 日：温泉关和阿提密喜安之战。

约 9 月 1 日：希腊舰队从阿提密喜安返回，到达了法勒隆湾和萨拉米斯；波斯军队开始向南进军。

9 月初：伯罗奔尼撒军队全力以赴，开始在科林斯地峡建造防御墙。

约 9 月 1 日至 6 日：雅典人撤离雅典。

约 9 月 4 日：波斯舰队向南移动。

约 9 月 5 日：波斯的先头部队到达阿提卡。

约 8 月 31 日至 9 月 20 日：波斯军队征服了福基斯和彼奥提亚，在雅典重新部署。

约 9 月 7 日：波斯舰队抵达法勒隆湾。

约 9 月 21 日至 23 日：包围雅典卫城。

约 9 月 23 日：波斯军队占领了雅典卫城；在萨拉米斯的希腊军事委员会投票决定舰队撤退至科林斯地峡。

约 9 月 23 日至 24 日晚上：尼西菲卢斯、地米斯托克利和尤利比亚德迫使希腊军事委员会改变计划，留在萨拉米斯；地

---

① 这个时间表是基于古代的文献资料和现代的学术研究成果总结的。时间表主要依据希罗多德的叙述，他讲述的内容连贯可信。但遗憾的是，有一些日期是模糊或相互矛盾的。遇到这种情况，我参考了与希罗多德的叙述差距最小的研究资料。

米斯托克利和阿狄曼托展开辩论。

约 9 月 24 日黎明：地震。

约 9 月 24 日晚上：西琴诺斯奉命去见波斯人。

约 9 月 24 日午夜：波斯舰队进入萨拉米斯海峡。

约 9 月 25 日：萨拉米斯战役。

9 月底：波斯人开始撤离雅典。

10 月 2 日，日偏食：斯巴达军队离开科林斯地峡。

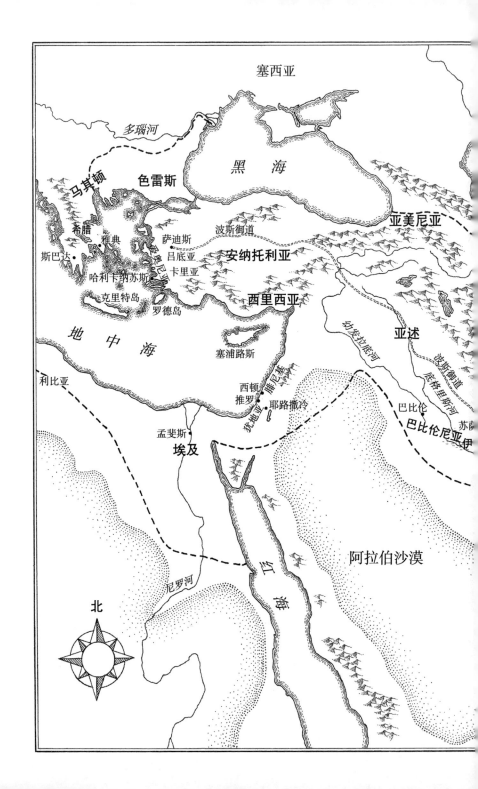

希腊和波斯帝国

咸海

锡尔河

里海

阿克苏斯河

索格狄亚那

巴克特里亚

兴都库什山脉

帕提亚

兴都库什山脉

米底

埃克巴坦那

格罗斯山脉

波斯波利斯

格德洛西亚

印度河

印度

斯湾

阿拉伯海

- 公元前500年波斯帝国的大致疆域

0   100   200   300   400   500 米

0 100 200 300 400 500 600 700 800 千米

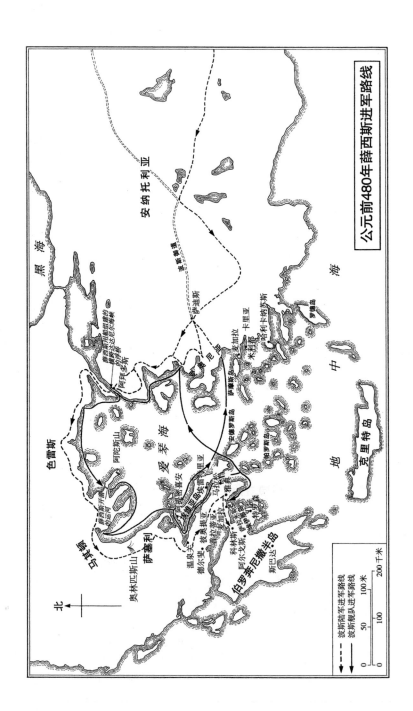

公元前480年薛西斯进军路线

关于战船的重要说明

在萨拉米斯战役中发挥主导作用的是木制的三层划桨战船。三层划桨战船可以用桨，也可以用帆来提供动力，但在战斗时只使用桨，因为速度和操控至关重要。"三层划桨战船"英文是 Trireme，来自希腊语的 trieres，意为"三组桨手"，指的是从船的两侧能看到船上共有三层划桨的桨手。三层划桨战船是造船业的一大创新，大约可以追溯到萨拉米斯海战之前的世纪。在公元前 480 年，三层划桨战船在地中海地区代表了最先进的海战技术。两个世纪以来，三层划桨战船一直是海上的王者，具有绝对的统治力，萨拉米斯海战是其大显身手的一次战斗。

我们掌握的关于三层划桨战船的信息即便不够全面，也是十分详细了。不幸的是，对于研究萨拉米斯海战的学者来说，信息大都是来自前 430 年至前 320 年这段时间，希波战争已经过去 50 多年或者更长时间了。幸运的是，有证据表明，三层划桨战船的一些情况跟早先差不了多少。

三层划桨战船造型优美。希腊的三层划桨战船长约 130 英尺，宽约 18 英尺，船桨伸展开时，宽约 39 英尺，吃水深度约 8.5 英尺。最下面的两层划桨手将桨从船体和船舷上缘的开口处伸出来，而最上层划桨手的桨从舷外托架伸出。前 5 世纪末时，舷外托架已经非常普遍了。前 480 年希腊的三层划桨战船很可能也有舷外托架。①

船首的顶端装有撞角，是短而粗的木结构，外面由青铜包

---

① 本段引用的大部分技术数据来自"奥林匹亚号"，这是根据想象，对前 4 世纪雅典人的三层划桨战船进行的复原，建造于 20 世纪八九十年代。此后有一些针对复原船数据不足之处的批评和修正，我也将考虑在内。

裹，前端是三把利刃。撞角与吃水线齐平，从船头向外延伸出约 7 英尺。

腓尼基人（Phoenicians）自以为是地中海最伟大的水手，沿袭着自己的造船传统。腓尼基人的三层划桨战船的长度与希腊人（Greeks）的相同，但更宽一些。一些历史学家认为，腓尼基人的三层划桨战船比希腊人的更高，没有舷外托架。为了运送更多的舰载步兵，腓尼基人的三层划桨战船有宽阔的甲板，周围有舷墙，可以起到保护作用，免得船上的人因拥挤而落水。沿着甲板外侧挂着一排盾牌。战船的撞角较长，呈锥形，而不是短且分叉。腓尼基人和希腊人的三层划桨战船都经过精心装饰，但方式不同。

据估计，希腊的三层划桨战船在划桨前进时，速度通常是每小时 5 到 6 海里，快速行进时速度可达每小时 7 到 8 海里。如果在战斗中需要突然加速，据估计，桨手可以让三层划桨战船以每小时 9 到 10 海里的速度快速移动。

三层划桨战船不够宽，与其长度不相称，所以虽然速度快，但稳定性不足。因此，三层划桨战船的舰队往往避开开阔水域，紧邻海岸航行，一般不会在海上过夜。

我们最熟悉雅典的三层划桨战船。战船通常载有 200 名船员：170 名桨手、10 名舰载步兵、4 名弓箭手，以及各种水手和下级军官（包括划桨指挥、事务长、弓箭手指挥官、修船工、风笛手、船帆操控手）。每一艘三层划桨战船上都有一个船长［在雅典被称为战船司令（trierarch）］，他们通常比较富裕，有时只是有名无实。船上最重要的人是舵手，也称作引航员（pilot），在船尾操纵双舵。一个有经验的引航员能够带领战船获得胜利。

划桨手没有全副武装。他们可能不穿制服，身处甲板下面闷热不通风的空间里，通常仅仅穿着缠腰布。弓箭手拿着弓箭，希腊舰载步兵则戴着青铜头盔，穿着胸甲，手持硕大的圆盾牌，用投枪和剑来战斗。波斯舰队中大多数的舰载步兵有类似的装备，也有一些人使用其他样式的武器，如弯刀、斧头、匕首和长刀等。

经验丰富的船员灵活操纵船只进行战斗：他们用撞角攻击敌人，然后不等敌人反击，立刻快速撤退。没有经验的船员通常选择冲上敌舰，与敌人决一胜负。若选择与敌人短兵相接而不使用撞角，那么战船可能会增加甲板上战斗人员的数量，有时每艘战船的战斗人员多达 40 名。

在前 480 年的希腊舰队中，几乎每艘三层划桨战船都拥有 10 名舰载步兵和 4 名弓箭手。在波斯舰队中，每艘三层划桨战船都载有 40 名舰载步兵和弓箭手，包括由 30 名雅利安人（Iranians）[波斯人或米底人（Medes）]和塞克人（Sacae，中亚的一个游牧民族）组成的混编小队。希腊舰队中都是希腊人的战船，而波斯舰队中没有一艘船是波斯人的，它们都是由波斯人管辖统治的腓尼基人、埃及人、卡里亚人（Carians）、希腊人等提供的。只有舰载步兵、弓箭手和船长是波斯人。腓尼基人被认为是波斯舰队中最精良的一支队伍，其次是卡里亚人和生活在爱奥尼亚（东部）的希腊人。

每艘船上都安排这么多雅利安人和塞克人，反映出波斯人的担忧。波斯是一个陆上帝国。波斯贵族对海洋城邦的人很是不屑。他们拥有众多的舰载步兵和弓箭手，试图将海战变成海上的陆战。有手持武器的波斯人在，心怀不满的盟友也不敢投靠希腊人。

雅典人的三层划桨战船上的划桨手分布情况如下：最上层的桨手称为 thranitai（英文是 thranites），意思是"梁上的人"；中间一层的称为 zygitai（英文是 zygites），意思是"长条凳上的人"；最底层的称为 thalamioi（英文是

thalamians），即"货舱里的人"或者"卧房中的人"，因为他们通常能在货舱打盹或睡觉。人手配备齐全的雅典三层划桨战船有 58 名中层桨手和 52 名底层桨手，他们分成两组，每侧每层分别是 29 人和 26 人。再加上 60 名上层桨手，两边各 30 人，总共 170 名桨手。

舰载步兵、弓箭手、引航员、船长、瞭望员都坐在甲板上。这些人都必须尽可能保持坐姿，尤其是在战斗中，因为即使很小的动作也可能使船失去平衡，打乱划桨的节奏。在前 480 年的希腊三层划桨战船上，甲板很薄，中间有一个狭窄的木制天篷，从船头延伸到船尾的舷梯。没有甲板护栏。三层划桨战船的甲板也为下面的桨手遮挡住阳光。

前 480 年时，雅典三层划桨战船的建造一直是追求"快速而机动"①。但在萨拉米斯海战中，它们比波斯舰队的三层划桨战船更重。要知道，波斯的三层划桨战船上有大量的舰载步兵和防御设施，这似乎就很奇怪了。但这可能反映了雅典人有意识地决定建造重型船只，以对抗波斯舰队在数量和经验上的优势。在某些条件下，重型船只比轻型船只战斗力更强。如果雅典能够在这些条件下作战，就有机会大获全胜。战船重量的差异也表明，波斯人在萨拉米斯海战之前的数周内，有更多机会把三层划桨战船拖上岸，在阳光下晒干船体。相对而言，雅典人的三层划桨战船进水较多，所以重量更大。

三层划桨战船在战斗时是靠桨手划船来提供动力的，因此能否获胜主要取决于日常训练是否到位，是否增强了划桨手的力量，给了他们充足的食物（主食是咸鱼和大麦）和水（每人每天约 1.85 加仑），并让他们上岸休息（通常在中午和晚上）。士气很重要，成功的领导者必须既是海军指挥官，又能充当教

---

① Plutarch, *Life of Cimon* 12.2.

练和心理学家。

必须让 170 名桨手动作协调一致。让桨手整齐划桨的艰巨任务落在了每只船的划桨指挥身上。他站在船首和船尾之间的舷梯上，向桨手发号施令。桨声嘈杂，人声喧闹，桨手几乎听不到他的声音。因此，划桨指挥需要船首的指挥官协助，此人面对划桨指挥，根据看到的信号，向桨手们喊叫。可能船尾也有人做同样的事情。

同时，风笛手通过演奏尖利的音乐来打拍子。有时，全体船员会一起有节奏地喊叫，一遍又一遍地重复，以此来掌握节奏。"噢，噢噗——噢，噢噗——嘿呀啪啪——"，每一次喊叫都是模仿桨划水的声音，雅典船员对此都非常熟悉。船员还可能通过哼唱来标记节奏。一次划桨包括船桨快速击水、用力猛拉和时间更长一些的复位过程。喜剧作家阿里斯托芬将这种节拍比喻为青蛙呱呱叫的合唱："哈呱呱——咔咔——咔咔，呱呱呱——呱呱呱。"[1]

如果你坐在船尾，向船头看去，可以看到 170 名桨手一起用力划船，两侧的船桨整齐划一，景象十分壮观。但是一艘三层划桨战船并不是很大，长约 130 英尺，仅相当于如今赛艇运动员用的两个八桨划艇的长度。它跟现代的帆船或远洋拖船的长度差不多，是第二次世界大战期间德国潜艇长度的一半、20世纪早期装甲巡洋舰长度的四分之一、第二次世界大战期间美国航母的七分之一。简而言之，就是 200 人或更多的人挤在一个狭小空间里。

要妥善合理地安排如此众多的人员挤在一艘船上，需要非常有智慧才行。而要让一支拥有数百艘船和数万名船员的舰队保持秩序则更加困难。必须预先做好计划，约定好如何用视觉

---

[1]　Aristophanes, *Frogs* 208–209, 1073.

和听觉信号传递信息，以及进行持续的训练。

  每一艘三层划桨战船的船首上都画着一双眼睛，标有船的名字，尽管这个名字可能只用一个符号而非文字来表示。一些三层划桨战船外观装饰得很华丽。因此，如果三层划桨战船看上去像人一样复杂，那也不奇怪。下文将会对三层划桨战船及其复杂性做更多的描述。我们还需要知道，前480年，双方舰队中都还有另一种划桨战船：五十桨战船。船上有50支桨，两边各有25个人，排列在一层或者两层。它在萨拉米斯海战中只发挥了很小的作用。

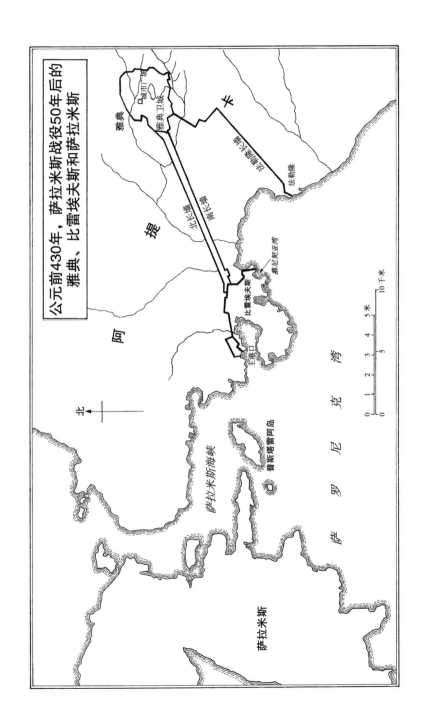

公元前430年，萨拉米斯战役50年后的
雅典、比雷埃夫斯和萨拉米斯

北

雅典

城市广场
雅典卫城

提
卡

北长墙
南长墙

费勒鲁姆斯湾
法勒隆

阿

比雷埃夫斯
慕尼契亚湾

主港口

提
卡

萨拉米斯海峡

萨
罗
尼
克
湾

普斯塔雷阿岛

萨拉米斯

0   1   2   3   4   5米
0   5   10千米

目　录

引子　比雷埃夫斯

如果一匣白骨可以代表一个雅典人，他，地米斯托克利（Themistocles），是最不合适的雅典人。他活着的时候指挥了历史上最为惊心动魄的海战。传言说，地米斯托克利的家人根据他的遗愿，将他的骸骨在统治者的眼皮底下，从最初的墓地里挖出来，运回雅典，秘密地埋葬在雅典的土地上。据说是埋在比雷埃夫斯港（Piraeus）外的长墙之下。

这是一个会让骷髅咧嘴笑的计谋，在所有聪明的希腊人当中，有谁能比地米斯托克利更精明呢？或许有一个人。公元前430年夏季的一个早晨，他乘船经过地米斯托克利的墓地。[1]他到各地游历考察，记录聪明人的事迹。站在微风吹拂的甲板上，望着最称不上雅典人的那个人，他或许会感谢诸神。

这个静静观望的人名叫希罗多德（Herodotus），他见过无数的雅典人。雅典在海上称霸，而他生命中大部分时光都是在海上航行中度过的。希罗多德能在船上望见对雅典人来说生死攸关的海战的战场。从伟大的地米斯托克利的遗骨埋葬之处穿过海峡，有一片海域，50年前地米斯托克利在此孤注一掷，通过一天的战斗，让雅典获得了决定性的胜利。希罗多德只需站在甲板上转向西方，就会看到从海面升起的状如巨石的小岛：萨拉米斯（Salamis）。

它看起来更像一座堡垒，而不是一座岛屿，与大陆之间仅隔着一条像护城河一般的蓝色水带，这就是萨拉米斯海峡。萨拉米斯岛曾经是独立的，后来长期附属于雅典，其统治范围一直延伸到萨拉米斯海峡。就是在这个海峡，前480年爆发了一场由地米斯托克利主导策划的重要战役。在昼夜平分的初秋时节，上千艘战船为希腊的命运展开厮杀。入侵的波斯舰队来势汹汹，誓将希腊吞并，纳入当时世界上最强盛的波斯帝国。倔

强的希腊人登船应敌，要么赢得自由，要么面临灭亡。破晓时
分，天空微微泛白；12个小时过后，残阳如血，损失惨重的
波斯舰队逃出海峡，雅典舰队紧追不舍。

如果海战的结局翻转，希腊将会被异邦的皇帝和女王统
治。皇帝就是波斯皇帝薛西斯（Xerxes）*，他一直在岸边的小
山上观战。女王就是哈利卡纳苏斯（Halicarnassus，今土耳
其博德鲁姆市）的女王阿尔忒弥西亚（Artemisia），她参与了
鏖战，是历史上少有的指挥船舰作战的女性。

50年之后，雅典正值大难。多年经验练就的脱身之术让
希罗多德在瘟疫时期找到一艘停靠在比雷埃夫斯港的商船，更
不容易的是在船上找到了一席之地。希罗多德在长期的游历当
中已经学到了足够多的计谋。他年逾50[2]，留着长胡子[3]，身形
瘦弱，有一张饱经风霜的脸，发际线不断后退，露出布满皱纹
的额头。希罗多德穿着短袍，外面披着披风[4]，脚上穿着结实
的靴子，头戴一顶宽边的帽子。

他到达雅典时，城邦已经被敌军包围。希罗多德应该没有
太在意。雅典跟其在希腊内部的对手纷争不断，这只是最新的
一次冲突。希罗多德知道，坚不可摧的长墙将雅典与3英里外
的比雷埃夫斯港连接在一起。雅典舰队控制着海洋，运送着城
里所需的一切——西西里的鱼、克里米亚的粮食、吕底亚的奢
侈品。不论多贵重的东西，不管多远的路途，都无法抵挡这个
港口的吸引力，这里的金币闪闪发光，300艘战舰守护安全。
然而，希罗多德并没有预料到会发生瘟疫。

在大理石的柱廊下，在镀金的雕像旁，在常有人光顾的
小树林里，都有人奄奄一息，痛苦地死去。做完了在雅典要做
的事，希罗多德在一艘商船上找到了一个铺位，死里逃生。然

---

* 指薛西斯一世，后文不再另作说明。——译者注

而，当他最后看一眼雅典时，既感到宽慰，又有敬畏之情。从甲板上望去，是一番非同寻常的景象。空气咸湿，烟味弥漫，远处传来痛苦的呻吟，在港口近处听得见船桨的撞击声。希罗多德描绘的这幅全景图让人身临其境。

希罗多德根据他的旅行和研究，用毕生的精力撰写了史诗般的巨著，命名为《历史》（*Historiai*，现在的拼写是*Histories*）。有人称他为"历史之父"，有人则称其是"谎言之父"。希罗多德的考察足迹广泛，从巴比伦到今天的乌克兰，从埃及到意大利。在所有接触过他的人眼中，希罗多德光彩照人、富有思想、求实严谨。即使在2500年后的今天，他的分析仍然像阿基米德的杠杆一样，具有无穷的力量。

希罗多德回头望向船的甲板，转向东方，就能看到雅典，雅典卫城如皇冠般耸立。这座多石的小山历史上是雅典城的中心，当时新建的雅典娜帕特诺斯神庙［Athena Parthenos，现称为帕特农神庙（Parthenon）］熠熠生辉。从卫城向北延伸是最适宜耕作的农田。但吸引人目光的是夏日蔚蓝天空中的黑色烟柱，那是雅典郊外的农场在燃烧。雅典的劲敌斯巴达率领的希腊军队把它烧成了焦土。在伯罗奔尼撒战争（前431—前404年）的第二年，希腊内部血腥的权力斗争开始上演。

站在船上，希罗多德的视线可能又一次转向西边，观察那个被称作"神圣的萨拉米斯"[5]的地方。就是在那里，前480年，雅典和斯巴达搁置分歧，像同一轭上的两头牛一样团结起来，对抗波斯入侵者。海战结束后，胜利者在萨拉米斯岛竖起了两个纪念碑[6]，在海峡入口处的小岛上竖起了第三个纪念碑。他们把战争中以及战后从波斯人那里获得的部分战利品献祭给众神，以表感谢。其中包括三艘腓尼基人的三层划桨战船，有一艘留存了下来，在希罗多德的时代还能看到。在圣地德尔斐（Delphi），人们利用战利品换来的资金，竖起一座阿波罗

（Apollo）的雕像，它有 17.5 英尺高，阿波罗手中握着一艘被缴获的战船的船尾柱。

前 480 年，在萨拉米斯海峡，掌管战争的诸神必须决定是支持波斯海军还是偏向希腊舰队。波斯人大军压境，来势汹汹，从陆地和海上两面夹击，意在痛击雅典人，报仇雪恨，因为 10 年前雅典袭击了安纳托利亚（Anatolia，现土耳其）西部的一座波斯城市。至少这是一个借口，他们真的很想征服希腊。在萨拉米斯海战之前的三个月里，波斯军队穿过希腊北部和中部，在温泉关（Thermopylae）击溃了斯巴达军队，在阿提密喜安（Artemisium）阻击了雅典海军，并顺利进入雅典。他们把雅典卫城的神庙付之一炬，夷为平地。拥有庞大舰队的波斯人期望在萨拉米斯获得大胜，但众神一直不主张过度的复仇欲望。一说到与希腊人血战，波斯皇帝薛西斯就怒火难平，喉咙发干。

世人从未见过这样的战斗。一条只有一英里宽的海峡容纳了来自非洲、亚洲和欧洲这东半球三大洲的战士。波斯舰队中不仅有波斯人和中亚人，还包括埃及人、腓尼基人、塞浦路斯人（Cypriots）、潘菲利亚人（Pamphylians）、吕底亚人（Lydians）、西里西亚人（Cilicians），甚至还有来自安纳托利亚和爱琴海群岛（Aegean islands）的希腊人。在另外一方，希腊舰队统辖着来自 24 个城邦的船队，它们大部分来自希腊大陆，也有一些来自爱琴海和爱奥尼亚群岛（Ionian islands），还有一艘战船来自意大利。

在萨拉米斯能看到数量庞大的形形色色的人。20 多万人参加了这场战斗。大约 2 万名士兵在海峡两岸一字排开，救助海战的幸存者，或者阻挡幸存者上岸，主要看是敌人还是友军。此外，约有 10 万名妇女、儿童和老人离开雅典，避难于此。因此，总共约有 30 万名战斗人员和平民卷入了萨拉米斯战役。对于前 480 年来说，这是一个非常庞大的数字。以今天的统计方法计算，大约相当于 2000 万人的规模。[7]

萨拉米斯的水手包括各色人等，有红头发的色雷斯人（Thracians）、黑皮肤的腓尼基人和埃及人。他们当中有市民和奴隶，也有国王和平民，有骑兵充当的舰长，也有职业水手，彼此之间用各种语言交流。交战双方都有人说希腊语。为波斯而战的希腊人和抗击波斯的希腊人数量相当。这些敌对的希腊人读着同样的史诗，崇拜同样的神，却都祈祷对方战败。

在萨拉米斯，战船甲板上坐着全副武装的舰载步兵，待船固定后，即刻发起冲击。希腊的舰载步兵身穿金属胸甲，戴着头盔，手持长剑和投枪。波斯的舰载步兵包着头巾，穿着亚麻胸甲，装备着钩镰和匕首，或矛、战斧和长刀。大多数船队配有弓箭手，随时准备射杀敌人，对落水的也不放过。

狡猾的雅典人像外科医生做骨头手术一般精心布下陷阱。波斯皇帝以为他能在希腊的海上威猛无敌，如同他的骑兵在波斯平原上所向披靡一般。精明的哈利卡纳苏斯女王为在男人的世界中赢得自己的地位而战，却要剥夺别人的自由。宦官、奴隶、风笛手、舰载步兵、岸上的妻妾和船上无数的桨手人声嘈杂。咸鱼和大麦、燕麦味道浓烈，混合着波斯达官贵人的香水味、成千上万汗流浃背却很少洗澡的男人身上的气味，以及被冲到岸上的尸体散发出的恶臭。有一连串的事情发生，雅典人撤离，雅典被入侵者占领并遭到焚毁，两个命运多舛的国家派出舰队为反抗霸权而战。三层划桨战船十分钟就能穿过的这片窄窄的海峡见证了一切。从孩提时代起，希罗多德一遍又一遍地听到这个故事，已经耳熟能详。现在，当他乘坐的船绕过萨拉米斯岛的海岸时，就轮到他讲述这个故事了。

萨拉米斯海战中的战船是希腊历史上继特洛伊（Troy）木马之后最重要的木结构制品。然而，希罗多德要讲好这些战船的故事并不是那么容易。战争纪念碑不能开口说话。雅典城邦的档案很不完善，几乎没有关于此次战争的官方记录，波斯的史官也没有公开过他们的记载。

毫无疑问，希腊的诗人们热衷于讲述这个故事。所以，在公元前5世纪，关于波斯入侵的话题催生了丰富的文学创作。今天保存下来的最重要的作品是《波斯人》（*The Persians*），一部关于萨拉米斯的戏剧，作者是伟大的雅典悲剧作家埃斯库罗斯（Aeschylus），他很可能也参加了这场战斗。我们可以找到米利都（Miletus）的提莫西亚斯（Timotheus）在大约前410年写的一段诗，它生动地描绘了这场战争，虽然时有夸张。爱国学生曾经背诵的其他诗歌却很少流传下来。

希罗多德熟悉埃斯库罗斯的剧本，也曾读过雅典的铭文。但他也知道，了解萨拉米斯最好的办法是与曾在此地作战的人交谈。阿尔忒弥西亚和她的船队返回哈利卡纳苏斯的时候，希罗多德年纪还小，无法采访前480年参加海战的指挥官们。但后来他可以见到他们的儿女，了解他们家族的传说。在他访问希腊和波斯帝国期间，他有机会与双方的其他老兵交谈。他航行于萨拉米斯海峡，长期的航海经历使他目光敏锐，能从来往的船只上获得想要的信息。

死亡海峡的战斗究竟是怎样的？胜利是如何落在雅典头上的？那时的雅典根本不像一座城市，而更像是由200艘战船和10万名流亡者组成的营地。波斯人曾经将雅典洗劫一空，让希腊的山岳峡谷都为之震颤，怎么会以失败告终呢？

这些都是希罗多德思考过的问题。他做出了比较宽泛的回答，但并没有一五一十地描绘萨拉米斯战役的每一个细节。他可以有自己的偏好和选择。因此，即使希罗多德没有提及，源自其他渠道的信息也需要考虑进去。然而，对于任何与希罗多德的描述存在矛盾的说法还是要谨慎对待，因为希罗多德是一位杰出的历史学家。他是古代从事写作的研究者当中最精明、最具有怀疑精神、最诚实的学者之一。数十年来，他被贬低为无足轻重的人物，而最近又重新得到了人们的重视和欣赏。他是一位见识深刻、值得信赖的历史学家，确实应当得到高度的评价。

希罗多德在前430年完成了他的著作，不久以后，其他纪事散文家开始把萨拉米斯作为写作的主题，其中包括著名的普鲁塔克（Plutarch）。但总的来说，这一群体大多都名不见经传，不为人所知。他们中的大多数人生活在罗马时代，有些人对早期的希腊著作倒是做了细致的研究。我们还可以通过其他更间接的一些证据，如希腊铭文、艺术作品和考古发现等，获得对这场战役更为深入的认识。今天关于萨拉米斯地区地形、航海和气象等方面的信息仍然有助于了解古代的情况，其中一些特征如风向，自古以来几乎没有多大变化。

相比而言，波斯人保存下来的有关希波战争的资料则少得多。我们了解战争中波斯的策略主要是通过希罗多德的描述。然而，今天，通过深入研究萨拉米斯的历史，我们可以对这次海战做出新的阐释。这并不是希罗多德弄错了。相反，他的论述和其他古代的资料被误解了。现在我们对这些资料可以做出正确的解读，原因有三点。

古代波斯多年来一直被低估。新的研究让我们重新认识希罗多德当年意图呈现的波斯。现存的很多关于波斯的资料能间接地反映当时波斯人侵希腊的情况，最近学界深入研究了这些资料。研究表明，波斯既不颓废，也不沉闷，而是表现出了令人敬畏、富有创新的力量，古代希腊人和现代西方国家从中学习借鉴了很多东西。

至于希腊人，他们长期被称颂为具有追求自由的高贵品质的人。我们承认他们是帝国民主的奠基人。希腊人明白，为了

7

在充满敌意的环境中生存下来，一个良好的社会必须做出痛苦的妥协。我们对此可以理解。

最后，战斗的经过成为军事史新的关注点，虚拟重建的古希腊战船提供了大量的证据，让我们能够以更生动的方式还原萨拉米斯海战中发生的一切。我们能听到震天的号角声，感受到战船撞角剧烈的撞击，看到鲜血染红的海水。

传说希罗多德在雅典、奥林匹亚等地大声朗读他的《历史》给当地人听。显然，看起来这本书在构思的时候兼顾了口头表达和书面表达的特征。不难想象，希罗多德在比雷埃夫斯港登船之前，向雅典公众发表了演讲。一大群观众聚集在奥德翁（Odeon）剧场，这是雅典卫城南坡上的一个表演厅，据说是仿照薛西斯的御用帐篷建造的。男人和为数不多的女人（主要是一些高级妓女和少数几个贵妇，因为没有普通的雅典女人敢在公共场合出现在男人堆里）到场聆听，期待着一场精彩的诵读。

雅典的观众想要忘却身处的战争和肆虐的瘟疫。他们渴望听到过往的英雄故事。演讲人在讲台就座，听众侧耳倾听老人生动的讲述。讲话者站起来，开始朗诵——

> 下面要展示的是哈利卡纳苏斯人希罗多德的研究成果。我写下这些，是为了不让先人的事迹随着时间的流逝而被遗忘，为了使希腊人和异邦野蛮人（希腊人把非希腊人都称作野蛮人，即便是文明程度很高的民族）的那些丰功伟业不被湮没，特别是要记录希腊人和异邦野蛮人纷争的起因。[8]

进 军

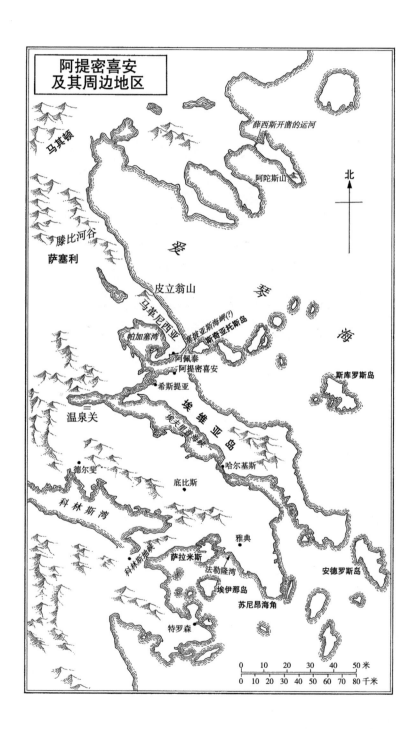

阿提密喜安
及其周边地区

马其顿

薛西斯开凿的运河

阿陀斯山

北

滕比河谷

萨塞利

爱

皮立翁山

琴

马革尼西亚

帕加塞湾

塞披亚斯海岬(?)

斯奇亚托斯岛

海

阿佩泰

阿提密喜安

斯库罗斯岛

希斯提亚

埃

温泉关

维

亚

埃

岛

土

里

亚

海

哈尔基斯

德尔斐

底比斯

科林斯湾

雅典

萨拉米斯

安德罗斯岛

科林斯地峡

法勒隆湾

埃伊那岛

苏尼昂海角

特罗森

0   10   20   30   40   50 米

0 10 20 30 40 50 60 70 80 千米

第一章 阿提密喜安

闷热的 8 月,阿提密喜安一片繁忙,即便是在晚上,亦是
如此。透过篝火的光亮,可以看到有 5 万人在忙碌:这边有人
在赶工修理损坏的设施,那边有人把尸体拖到柴堆上烧掉;此
处有人在泉边将水壶和酒囊装满,另一处,有人故意给即将逼
近的敌人留下了迷惑性的信息;一些人戴上青铜头盔,一些人
把背在身上的箭盒的皮带系紧,而大多数人手里只拿着羊皮制
成的坐垫。在熙攘的人群中,弥漫的卤水、百里香和松针的气
味,还有汗味和尸体腐烂的气味,混杂在一起。

海湾沿岸排列着约 250 艘三层划桨战船,它们头朝外停
泊。每艘船上都垂下来一对梯子,一双双长满水疱的手紧紧抓
住梯子向上爬。划桨手们爬上各自的座椅。他们的嘟哝声与木
柴的噼啪声混合在一起,而划桨指挥的叫喊声盖过了其他声
音。希腊海军正在撤退。

在海滩上拥挤的人群当中,只有一个人能充分理解这样的
场景。他是希腊人的首席战略家,与波斯之间的战争他已经谋
划多年,现在他的时机已经到来。此人就是地米斯托克利。

那天晚上,他强势登场。雅典的地米斯托克利,尼奥克列
斯(Neocles)的儿子,大约 45 岁的年纪,是一名身经百战的
斗士。他戴着青铜头盔,身穿盖住一半大腿的亚麻束腰上衣,
外面套着青铜胸甲,穿着青铜护胫甲和靴子。如果他不戴头
盔,就能看到他脸庞微胖,头发剪得很短,留着浓密的胡须。
他额头皱纹很深,眼睛很大,向外凸出,有点不协调。高颧
骨,塌鼻梁,短下巴,一张大嘴非常醒目,不怎么优雅。

那样的长相使他看上去像一个修士或雇佣兵。一个古代的
半身雕像记录了这个远非经典的面孔,其铭文标注为地米斯托
克利。我们不知道肖像是否逼真,但如果它是想象出来的,也

一定是源自真实的人物。半身像传达出一种不可抗拒的力量，仿佛一个威武聪慧的人只需要意志就可不战而屈人之兵。

从 8 月 27 日至 29 日的三天里，地米斯托克利率领希腊海军首次对阵经验丰富的波斯人。希腊人驻扎在埃维亚岛（Euboea）北端的阿提密喜安。波斯人在海峡对面的大陆，距离约 10 英里。尽管波斯人的人数是希腊人的两倍还多，但希腊人却使敌人无法前进。现在，无须纠结要不要撤退了，因为附近的温泉关防线被突破，斯巴达国王列奥尼达（Leonidas）已战死；不必担心从雅典撤离 10 多万人的问题；也不用去管波斯人带来的战火烽烟、断壁残垣。地米斯托克利有理由感到高兴。

在三年之内，他已将闭塞的雅典变成希腊首屈一指的海上力量，拥有 200 艘三层划桨战船。他组建了一支舰队，并商定了一项计划，以拯救面临波斯入侵的雅典。他已经成为雅典以及希腊海军的核心人物。对于一个出身于雅典贵族阶层之外的人来说，这并不是坏事，他可以毫无顾忌地贯彻实用主义——

> 我可能不知道如何摆弄竖琴，但我知道
> 如何让一个不为人知的小城变得伟大而闻名。[1]

13　　他吓坏了坚持旧传统的人。哲学家柏拉图后来抱怨说，地米斯托克利把雅典人从能征善战的步兵变成了一帮海上的乌合之众。但是，在雅典实力为王、不择手段的政治斗争中，地米斯托克利获得了胜利。这是一种新体制，在地米斯托克利少年时代就已出现。前 508 年，一场革命将雅典变成了历史上最早采用民主政体的国家之一。

只有一个民主政体才能调动人力，集结 200 艘三层划桨战船，配备 4 万名士兵，并充分发挥他们的意志力。正如希罗多德所说，民主使雅典充满活力——

> 当雅典人生活在僭主的暴政之下时，他们在战争中的表现并不比任何邻邦强，但是在摆脱暴君之后，他们的战斗力无人能敌。这说明，他们身受压迫时，故意不好好打仗，装作为主人卖命的样子，但是获得解放后，每个人都渴望为自己的利益赢得战争。[2]

地米斯托克利是民主制度下稀有的存在，是一个天生的领导者。他不怕对民众讲真话。同样，他知道两点之间最短的距离并不总是直线距离。他机智狡猾，善于使用出其不意的策略，为人称道。这种策略被希腊人称为"神秘叵测"（*deinotēs*，发音为"day-NO-tays"）。"神秘叵测"可以用于简短的评论，也能造成巨大的灾祸；可以形容演说家的伶牙俐齿，也能描写雷电的惊天力量；可以看作赞美之词，也可以是严厉的批评。所有这些含义都适用于地米斯托克利。

他才华横溢，有远见和创造力，孜孜不倦，宽宏坦荡，勇敢而善辩。的确，在他的职业生涯中，他曾经撒谎、欺骗、夸口、威胁，把别人的想法据为己有，操纵宗教信仰，收受贿赂并勒索保护金，侮辱他人，追杀仇家，最终被迫流亡，成为叛徒。简而言之，地米斯托克利不是天使，但是撒拉弗（seraphim，六翼天使）拯救不了希腊人。

前480年春，反对波斯的希腊各城邦组成的希腊联盟（the Hellenic League）在科林斯地峡（Isthmus of Corinth）会面，制订了战略计划。波斯人来势汹汹，要武装入侵希腊。希波战争已经持续了10年，这是最后的阶段。

前508年前后，雅典承诺跟波斯结盟，之后却背弃了诺言，强大的波斯帝国受到了侮辱，战争因此而起。雅典的使节向波斯赠送了水和土，以示臣服，但雅典政府拒绝支持他们的做法。之后，雅典把两名波斯的使节扔进一个深坑，里面都是被判刑的罪犯，下一步就是被处决，这加剧了双方的冲突。更糟糕的是，前499年至前494年，在安纳托利亚西部，波斯的希腊人和卡里亚人发动叛乱，即爱奥尼亚叛乱。雅典对其提供了军事援助。希腊人在安纳托利亚生活了几个世纪。卡里亚人的历史更加久远，可能与特洛伊人有亲缘关系。在爱奥尼亚叛乱中，雅典人曾占领了波斯的一个省府萨迪斯（Sardis），并在那里放起了大火，火势一发不可收拾，摧毁了女神西布莉（Cybele）的神庙。

波斯在前494年镇压了爱奥尼亚叛乱。这场决定性的战斗是在拉德（Laden）附近的海上进行的，拉德是安纳托利亚沿海的一个岛屿，靠近希腊城邦米利都，米利都是叛乱的领导者。现在该是找雅典复仇的时候了。波斯皇帝大流士（Darius）派出一支舰队穿越爱琴海，于前490年入侵雅典。雅典步兵在距离雅典24英里的马拉松与波斯军队展开血战，取得胜利，拯救了他们的城邦。地米斯托克利是参战雅典人中的一员。

10年之后，波斯人卷土重来，这次军队规模更大。前480年春，在科林斯地峡会合的希腊人制定了一个防御策略，包括三个基本原则。首先，由于波斯人会同时在陆上和海上展开进攻，希腊人需要调派陆军和海军迎战。伯罗奔尼撒可以派出大部分的步兵，因为雅典要将其全部人力投入庞大的海军中去。其次，波斯是从希腊北部而不是在爱琴海越过一个个岛屿来攻击雅典，因此联盟要组织一支先头部队在希腊北部实施防御。最好在那里挡住波斯人，而不是等到波斯人兵临城下。最后，希腊一方有时间上的优势。从政治上来说，波斯皇帝希望快速获胜。从现实情况考虑，波斯的军需官们难以长期给庞大的军队提供补给。因此，希腊人很可能打算将战争拖久，那样波斯人就难以为继了。

希腊人开始在北部布置防线。第一道防线由一支 1 万人的军队组成，以守卫马其顿（Macedonia）和萨塞利（Thessaly）之间的山口，名叫滕比河谷（Vale of Tempe）。军队由地米斯托克利率领。但是当他在前 480 年六七月间到达滕比河谷时，发现附近还有两个山口。因为不可能将三个关口全部封锁来阻挡波斯人进攻，他便向南撤退。这主要归咎于情报失误，也表明希腊人对自己的城邦是多么缺乏了解，古代战略家在消息不灵通的情况下做决策有多么困难。

但是阿提密喜安之战是地米斯托克利战略决策的胜利。如果地米斯托克利没有选择阿提密喜安作为基地的话，很快他就能意识到它的重要性。这里离温泉关足够近，可以采取协调一致的陆海战略。阿提密喜安的希腊舰队可以阻止波斯人，使其无法从海上增援，并切断守卫温泉关的希腊军队。

希腊人本来可以将舰队驻扎在离温泉关更近的地方。温泉关距离阿提密喜安 40 英里。但是距离近不是唯一重要的问题，还有是否适合作为战场的问题。因为阿提密喜安海峡宽 10 英里，希腊人可能更喜欢在狭窄的水域战斗，波斯人就无法部署全部船只。其实，阿提密喜安还有其他的优势。

阿提密喜安是该地区最好的港口，面积大，有天然的屏障，饮用水源丰富。希腊人占领了阿提密喜安，波斯人就没有机会了。这意味着，波斯人想要在战略要地埃维亚岛登陆，就得面对希腊舰队的挑战。波斯船队想要绕开该岛，也必须冒险迎战希腊舰队。

三层划桨战船不够坚固，舒适性差，不宜在海上停留。因此，三层划桨战船的舰队无法实施现代意义上的海上封锁。希腊船队停泊在敌人附近的港口，伺机而动，向敌人发起挑战。

为了做好充分的准备，他们在陆地和海上派出侦察兵，追踪敌人的行动，并汇报信息。

从阿提密喜安出发，希腊人可以在两个方向上阻止波斯舰队的南进。埃维亚岛的东海岸乱石丛生，给水手造成麻烦，所以波斯人很可能会避开它。埃维亚岛的西海岸较为平缓。它的港口通向埃维亚岛与希腊大陆之间的内陆水道，那是一个隐蔽的通道，波斯海军可以从希腊北部直至雅典。水道完全适合航行，即使水道的中点非常狭窄，水面仅有 40 码的宽度，此处被称作埃夫里普（Euripos）海峡。因此，阿提密喜安的希腊人预计波斯人会向西南方向进发。

波斯人意识到希腊人的计划，因此协调了对阿提密喜安和温泉关的进攻。尽管他们并没有精确地谋划，但陆地和海上的战斗是在前 480 年 8 月下旬的同一天进行的。

希腊人应该乐意在温泉关和阿提密喜安联合行动，迎击波斯。但是他们并没有太高的目标。让波斯遭受损失，并放慢进攻节奏，这对于希腊来说就是成功。给对方造成人员伤亡，拖延他们的军事行动，能够动摇波斯的决心，同时了解一下波斯人的战术，积累宝贵的经验，在下一场战斗中派上用场。因此，希腊海军坐镇阿提密喜安，静候异邦野蛮人。

阿提密喜安往常是一个寂静的地方。湛蓝的海水，柔软的沙滩，松树和橄榄树丛中深绿色和银灰色交相呼应，8 月的时候，点缀着迟开的番红花，一片片橙红。最近的城镇有 8 英里远，在海湾［今天的派夫基（Pevki）海湾］旁边的一座小山上耸立着一座阿尔忒弥斯（Artemis Prosēoia）小神庙，名字叫"阿尔忒弥斯眺望东方"，这对驻扎在此地的希腊海军来说恰如其分，他们正严阵以待，准备抵抗来自东面的威胁。

然而，像所有前沿基地一样，阿提密喜安既有优势，也存在危险。如果希腊舰队失利，士兵们即便能活下来，也将会流落异邦。波斯想彻底击溃敌人的海军，并控制向南的航道，这意味着要重创希腊船队，消灭水手。波斯人想一个不留地消灭希腊人，包括斯巴达的祭司，祭司的职责是让从斯巴达宙斯祭坛带来的圣火保持燃烧。

希腊人暴露了自己的位置，非常冒险，但更糟糕的是希腊海军的规模。前480年，希腊世界的范围从安纳托利亚延伸到那不勒斯湾（Bay of Naples）。还有一小部分希腊人居住在东至高加索，西到西班牙的地区。总共有1500个希腊城邦。但是，只有相对少数（31个）的城邦加入了反对波斯的联盟。

实际上，更多的希腊城邦在为波斯而战。波斯过于强大，而希腊联盟对于希腊的认同不强烈，使得希腊实力大打折扣。雅典、斯巴达和其他少数几个反抗波斯的城邦严厉斥责希腊叛徒，但大多数希腊人对此不以为意。

在希腊联盟的31个成员中，只有14个城邦在阿提密喜安驻扎了战船，总共有280艘战船，其中有271艘三层划桨战船和9艘五十桨战船。后来，雅典派出53艘战船作为增援，使得战船总数达到333艘。雅典派出180艘战船到阿提密喜安，是目前最大的一支船队，船上的人一部分是在普拉蒂亚（Plataea）的雅典盟友配备的。第二大船队是来自科林斯（Corinth）的40艘船，其次是麦加拉（Megara）的20艘船，还有来自雅典的另外20艘船，船员多来自哈尔基斯（Chalcis），还有埃伊那岛（Aegina）的18艘船，以及8个较小的船队。

在希腊人对面是数量远远超过了他们的庞大海军。波斯人出征时，有至少1207艘三层划桨战船。在他们从希腊北部向阿提密喜安推进的过程中增加了新盟友，又有120艘加入进来，总共有1327艘战船。

双方都必须应付来自不同城邦的船队之间的分歧和嫌隙。

相对而言，希腊各城邦之间的船队差别较小，而波斯舰队内部差异巨大，称得上浮动的巴别塔。它组合了腓尼基人、埃及人、希腊人、塞浦路斯人，以及安纳托利亚的各个非希腊民族，如卡里亚人和潘菲利亚人。由于大家使用不同的语言，对于舰队来说，交流就是个大问题，更不用说协调海上军事行动了。

包括两名皇子在内的四位波斯贵族担任最高统帅。然而，他们的海军中没有一艘波斯自己的战船。每艘船上都有舰载步兵和弓箭手，其中有一些是波斯人，但划桨手或水手中没有一个波斯人。波斯人不擅长航海。

相比之下，希腊人天生就适应海洋生活，海水对于他们来说就像血管里的血液一样。《奥德赛》（*Odyssey*）是典型的海上英雄故事，是每个希腊男孩都知道的两大民族史诗之一。但是反抗波斯的希腊联盟却是由陆上强国斯巴达领导的。传统上，斯巴达是希腊最伟大的城邦，对其强盛的军事力量感到自豪。希腊各城邦的联盟称为"希腊联盟"。斯巴达坚持维护其在海战中至高无上的指挥权，就像在陆地上作战一样。为了希腊人共同的利益，雅典表示同意。雅典拥有 200 艘战船，是规模最大、实力最强的希腊海军。尽管斯巴达人尤利克雷德（Eurycleides）的儿子尤利比亚德（Eurybiades）是希腊舰队的司令，但地米斯托克利充当了主要的战略家。

但是他的天才谋略一开始并未显露出来。在第一次海上冲突中，希腊人派三艘战船向北巡逻。他们以阿提密喜安东北约15 英里处的斯奇亚托斯岛（island of Sciathos）为基地。一支波斯船队对其发起攻击，希腊战船望风而逃。其中两艘船被俘获，第三艘船搁浅，船员弃船而走。被遗弃的船是雅典人的船，两艘被俘的船分别来自埃伊那岛和特罗森（Troezen）。波斯人很重视特罗森人的船，因为它是战争中第一艘被俘的希腊战船。他们挑选了十几名舰载步兵，找到其中长相最帅的一个，然后把他拖到船首，割开了他的喉咙。他们认为把首批囚犯中长相最好的男人用于献祭能够带来好运。此外，受害者的名字叫莱昂（Leon），意为"狮子"。杀死百兽之王是很吉利的。

消息通过斯奇亚托斯岛山顶的烽火传递到埃维亚岛的山顶，最后传到了阿提密喜安的舰队。在地中海晴朗的天空下，可远远看到烽火信号。白天用烟雾传递信息，在夜间则使用烽火。现代人的测试表明，在距其200英里的山顶上能看得见这些信号。

看到信号后，舰队向南撤退到埃维亚岛海峡，然后一直退到哈尔基斯。他们把侦察兵留在阿提密喜安高处的小山上，以便报告波斯人的动向。侦察兵必须善于奔跑，要是有马，还得是骑马的好手。他们必须轻装上阵，不能引人注意，因此可能只配有短刀。

我们想知道勇敢的地米斯托克利在哪里？希罗多德称，希腊的举动显然是由于恐慌。如果他说的对，那很可能其他将军没有听从地米斯托克利的意见。不过，对于希腊的撤军或许还有其他解释。也许希腊人怀疑波斯人采取了大胆的行动，经由斯奇亚托斯岛沿埃维亚岛东海岸航行，快速推进，来击败他们。另一个可能是希腊人熟悉当地的天气状况，预测一场危险的风暴正在酝酿，因此撤退到了安全之处。

同时，波斯人正朝着阿提密喜安前进，沿着希腊东北的海岸向南航行。对面是皮立翁山（Mount Pelion），皮立翁半岛岩石突兀，耸立在海平面之上。由于找不到足够大的港口来容纳所有船只，波斯人被迫将船队停泊在塞披亚斯海岬（Cape Sepias）附近，与海岸平行排列，有8列之多。这样又使他们容易受到希罗多德所说的"怪物风暴"[3]的影响。风暴持续了三天，直到波斯祭司的祈祷让天空平复下来。大多数希腊人认为掀起这场风暴的是北风之神波瑞阿斯（Boreas）。

风暴过后的几个月，金杯、银杯甚至财宝箱被冲上岸，当地的一个希腊地主成了百万富翁。希罗多德报告说，保守估计，波斯人损失了400艘战船和众多的水手。舰队规模从1327艘减少到了927艘。这是一个沉重的打击，但波斯舰队依旧庞大。

经过休整的波斯舰队绕过皮立翁半岛，到达了阿提密喜安对岸一个叫作阿佩泰（Aphetae）的港口，这是传说中伊阿宋（Jason）和阿耳戈英雄们（Argonauts）历险的起点。可以把阿佩泰港看作波斯人的海军指挥所。任何一个港口都难以容纳这么庞大的舰队，因此波斯人的战船可能散布在几个港口。

此时，侦察兵已经匆匆赶去，将关于风暴灾难的消息告知了哈尔基斯的希腊人。毫无疑问，消息在传播过程中会被添油加醋。希腊人深信波斯人被摧毁了，便向海神波塞冬（Poseidon）祷告致谢，称其为"救世主波塞冬"。然后他们急忙向北返回阿提密喜安。结果，大吃一惊。

希腊人向阿提密喜安海峡对面的敌人望去，尽管在暴风雨中遭受损失，波斯舰队仍然十分壮观，希腊人变得惊慌失措。有人说要撤退，这反过来刺激了当地的埃维亚人（Euboeans）。埃维亚人无法说服尤利比亚德留下，从而让他们有时间疏散妇女和儿童，于是便去找地米斯托克利。地米斯托克利表示愿意留下来，但要有回报。埃维亚人给了他一大笔钱——30塔兰特，足够雇用100个人工作六年，购买1000个奴隶，或支付30艘三层划桨战船船员一季的薪水。地米斯托克利拿出5塔兰特给了尤利比亚德，3塔兰特给了科林斯的指挥官欧库托司（Ocytus）之子阿狄曼托（Adimantus），他自己留下了22塔兰特，对此他并未声张。希腊舰队留在了阿提密喜安。

我们可以说埃维亚人向地米斯托克利和他的同僚行贿，但是古希腊人会称其为礼物。他们的语言中没有表示"贿赂"的词语，他们的文化重视送礼。荷马描述的英雄们因为他们的英勇壮举积聚了黄金、公牛和女人。希罗多德笔下的政客们期望捞到些油水。当代人接受了这种做法。的确，雅典的法律对于公务员获取私人资金睁一只眼闭一只眼，只要这笔钱的使用符合民众的利益。

大概在这个时候，阿提密喜安的希腊人获得了一笔意外之财。15艘掉队的波斯战船没有返回阿佩泰，而是误驶向了阿提密喜安，落入敌人之手。希腊人不仅缴获了15艘三层划桨战船，还俘虏了三个重要的波斯指挥官，包括安纳托利亚西北部埃奥利斯（Aeolis）的长官，该地区的塞姆城（Cyme）是一个军港。另外两个指挥官是卡里亚的僭主和来自塞浦路斯的一名司令官。经审问后，他们被戴上锁链，送往科林斯地峡。

同时，阿佩泰的波斯人提出了一项战斗计划。他们觉得需要想个计谋，因为如果大张旗鼓地冲杀出去，被吓怕的希腊人就会转身逃跑。因此，为了防止希腊人逃脱，波斯人设下了陷阱。波斯人派出200艘战船绕过埃维亚岛东海岸。绕过该岛的最南端之后，它们将沿着西海岸折回，在阿提密喜安以西投入战斗。到那时，一声令下，波斯的主力舰队将发动突袭。

尽管看起来很聪明，但他们的计划暴露了不谙航海的"旱鸭子"的天真想法。在平坦的平原上从侧翼攻击敌人是一回事，而在埃维亚岛狂风劲吹、变幻莫测的东部沿海则是另一回事。此外，一名逃兵把波斯的计划告诉了希腊人。赛翁尼（Scione）的希利亚斯（Scyllias）是北方的希腊人，在波斯军中服役，是当时公认的最厉害的潜水员。有人说，他从水下游过10英里宽的海峡，到了希腊人那里。希罗多德不以为然，

他认为希利亚斯很可能是偷偷乘船渡海。但是希腊人已经有了
21 原始的潜水呼吸管，也许希利亚斯大部分时间是在水下游，也
不时地浮出水面。不管怎么说，他传递了波斯在暴风雨中遭受
损失和派出 200 艘战船的消息。

为确定下一步行动，希腊人经历了长时间的辩论，犹豫不
决。他们最终达成一致，在午夜派出战船，迎战波斯 200 艘
战船组成的特遣舰队。他们的计划是向南航行，围攻敌人的船
只。那是个坏主意，因为那样会引出波斯的主力舰队。幸运的
是，希腊人并未贯彻这一方案。到了下午，没看到 200 艘波
斯战船的影子，希腊人改变了主意。他们将攻击波斯舰队的
主力。

这是一个疯狂的计划，至少看起来如此。古代海军很少
选择在附近没有海岸可以停靠的情况下战斗，但是希腊舰队果
断地离开了阿提密喜安的基地，穿越海峡。另外，希腊人拥有
271 艘三层划桨战船，而波斯人的三层划桨战船超过 700 艘，
还有从南方气势汹汹驶来的 200 艘战船。最重要的是，波斯的
三层划桨战船比希腊的速度快。

波斯人的战船在数量和速度上占据绝对的优势，所以当
波斯人看到希腊人冲过来时，几乎不相信自己的眼睛。波斯人
迅速配置人手，驾船迎战。波斯船员对胜利充满信心，奋勇向
前，将率先俘虏敌人的战船作为荣耀，尤其想俘获希腊舰队中
最好的雅典战舰。波斯舰队中来自爱奥尼亚的希腊人非常同情
自己的希腊同胞。在爱奥尼亚人看来，希腊海军中没有一个人
能活着回家。

希腊人的进攻既勇敢疯狂，又计划周密、灵活狡猾。这体
现了战略家地米斯托克利的风格。他凭一己之力，力排众议，
说服了希腊人，采取主动进攻的策略。还有谁能如此出色地利
用时机，计划精密，出其不意呢？

地米斯托克利精心策划了在夜间发动的袭击。古代海军一般不选择在黑暗中航行，更不敢在黑暗中作战，所以交战会很短暂。事实上，这与其说是一场战斗，不如说是一次突袭，甚至是一次实验。经过精准的设计，希腊人能够试探敌人的战斗力，尤其是演练"突破战术"（Diekplous）。

Diekplous 一词的意思是"穿行而出"。在这种危险的战术中，一艘或者最好是一队三层划桨战船在敌阵的缝隙中展开攻击。士兵和弓箭手分列在甲板上，但他们的作用主要是防御。攻击船的主要武器是撞角，用来撞击敌船的尾舷。根据古代的文献记载，腓尼基人特别擅长此举——

> 当腓尼基人的船与敌人的船排成一排时，即与敌人面对面时，他们全力逼近，仿佛要正面冲撞，但其实并非如此，而是冲过敌船的队列，转向攻击暴露出来的侧舷。[4]

"突破战术"的另一招是撞断敌方三层划桨战船一侧的船桨，从而使其瘫痪。强大的惯性会让敌船上的划桨手受伤，甚至送命。同时，攻击船的划桨手必须在关键的最后一刻拉起自己的桨，以免损坏。

"突破战术"就像是一种致命的舞蹈，跟芭蕾舞一样复杂。希腊舰队需要阻止敌人的舞步，并用自己的战术进行回击。只有拥有丰富的经验才能获得成功。雅典船队中很少有划桨手在战斗中执行过这种策略。自雅典开始打造新船队以来，在两个夏天里，他们一直在训练，但那只是排练。整个希腊舰队也从未一起战斗过。阿提密喜安的第一个夜晚标志着希腊舰队的首次亮相——结果非常出色。

在登船之前，希腊人无疑要按照惯例举行战前仪式。每个城邦的军中都有祭司，就像现代军队中的随军牧师一样，还要有献祭，为的是获得众神的许可。然后，当他们开船向敌军进发时，号角响起，大部分的船员高唱战斗圣歌，提振精神，希腊人称之为"凯歌"（paean）。

一支划桨整齐有序、行动协调一致的舰队将给人留下深刻的印象。地米斯托克利此刻正在忙碌。古代的将领不是在后方发号施令。作为雅典的指挥官，地米斯托克利应当是在旗舰上指挥整个舰队，旗舰有明显的标志，船尾悬挂着紫色的旗帜。他坐在后甲板的高处，在那里可以观察到战局的变化并发出命令。但这是一个很容易遭到攻击的位置。例如，在后来的一场战斗中，一名斯巴达将军在战船被敌船撞角撞击时从甲板上跌落，溺水身亡。

将军的职责就是制订战斗计划，并确保他的舰队贯彻执行。他必须让战船保持阵形。将军下达命令，让战船前进或后退，分散开或者靠拢成更紧密的队形。如果敌人的行动与预期不符，将军可以改变战斗计划，并通知其副官传达命令。

波斯人对希腊人的攻击感到惊讶，但又不屑一顾。因为具有绝对优势，波斯人做了一件显而易见的事情：他们包围了敌人。凭借数量众多的船队，在10英里宽的航道里，他们可以轻松地从侧翼包抄希腊舰队。实际上，正如希罗多德所说，波斯人的确将希腊人包围了。但这正中地米斯托克利的下怀。

他发出了预先约定的信号。在海上发信号通常是利用阳光在光滑盾牌上的反射来实现的，镜子甚至短剑也可以派上用场。如果这时天色已晚，太阳高度过低，则采用另一种发信号的方法，即挥舞白色或猩红色的亚麻旗，若是光线不足，那就得选择在嘈杂声中吹响小号。

收到信号后，希腊人按计划行事，把战船排成一圈儿，采取防御队形。他们通过让两翼的船后退来执行战术，也就是说，继续压迫敌人，但向后划船，船队的中心位置保持不变。

现在，每艘船都将船首面向敌船。严密的防御圈儿让波斯人无法渗透。同时，自信满满的波斯人可能觉得没有必要让他们的战船保持如此严格的秩序。

这两个舰队的船几乎彼此相接，无法靠得更近。双方船头对船头，或者用古希腊的说法，"嘴对嘴"。换句话说，两个舰队将在人为制造的狭窄空间里作战。地米斯托克利准确地按照自己的想法调动了敌人。雅典的船重量大，能给敌舰造成更大的破坏。至于地米斯托克利是不是也选择了有利的风向，我们无从知晓，只能猜测了。

甲板上，士兵和弓箭手准备就绪，小心翼翼，不随便移动位置，以保持船的平衡。引航员轻轻握住两把舵桨，随时待命。同时，在甲板下面，划桨手分三层，静静地坐在长椅上，竖起耳朵等待风笛手，待会儿他们要跟着风笛的节奏划水。

坐在最上层的划桨手可以从木桩和马鬃做的围屏的缝隙窥见外面的景象，围屏给他们提供防护，免得他们被敌人的箭射中。下面两层的划桨手只能想象外面正在发生什么。他们勇敢地去赴死亡之约，他们的世界只是由船里的 170 名划桨手组成。这里充满了松脂和羊脂的气味，松脂用来保护船舱免受海水侵蚀，羊脂用来润滑船桨穿过的皮套。到处都是汗味和屁味，偶尔还有呕吐物的气味。

地米斯托克利设计的好戏即将上演。第二个信号发出后，选定的希腊三层划桨战船冲出了防御圈，穿过了松散的敌军阵线，逐个攻击波斯舰队中实力较弱的战船，然后逃开了。希腊人偏爱的战术是用撞角撞击一艘波斯战船，然后立即后退；或者是折断敌舰一侧的船桨，然后转向逃脱。无论哪种情况，这种执行出色的反击战术都阻止了敌人的攻击，让希腊人俘获了 30 艘敌船。还有一个重要的俘虏，名叫披拉昂（Philaon），他是波斯军中非常有名的人，是凯尔西司（Chersis）之子，也是戈尔哥斯（Gorgus）国王的兄弟。戈尔哥斯统治着塞浦路斯的萨拉米斯城邦（与雅典的萨拉米斯岛是不同的地方）。第一个俘获波斯战船的希腊人是一名雅典船长，他获得了英勇作战奖。他是菲拉（Pyla）德莫区（deme）*的埃斯克拉约斯（Aeschraeus）的儿子莱科梅德斯（Lycomedes）。勒姆诺斯岛（island of Lemnos）的安提多洛斯（Antidorus）率领一艘在波斯服役的希腊战船叛逃到希腊这一方。两年的艰苦训练为雅典人带来了回报。波斯人可能永远不知道他们是如何遭受重创的。

灰心丧气的波斯人回到了他们在阿佩泰的基地，但是麻烦没有结束。那天晚上，一场猛烈的暴风雨撕破夜空，这在希腊的夏季并不常见。据希罗多德称，天气严重影响了波斯的士气——

25　　　士兵的尸体和战船的残骸被带回阿佩泰，尸体和残骸堆积在船首周围，挡住了船桨的桨叶。船员们得知此事后就感到害怕，接连遇到这么多麻烦，他们预感到死期临近。[5]

早晨传来了更坏的消息。令在阿佩泰的波斯人胆战心惊的这一场暴风雨也摧毁了被派往埃维亚岛东海岸的200艘战船。幸存者赶回了阿佩泰，报告了这一消息。看来无法在阿提密喜安困住希腊人了。

像是要证明这一点，当天下午，希腊人再次袭击了波斯人，这一次又是等到天黑之后发动进攻。听到了波斯人在埃维亚岛遭受损失的消息，又得知雅典的53艘三层划桨战船前来增援，希腊人精神振奋，倍受鼓舞。关于双方在阿提密喜安第

_____

* 德莫区是雅典的行政单位。——译者注

二次冲突的资料不详，但是我们可以推测，希腊人突袭的是波斯人的一个分队，并非整个舰队。不管怎么说，希腊人摧毁了来自西里西亚（Cilicia，安纳托利亚南部的一个地区）的一些船只，然后返航回到了阿提密喜安。

最后，在第三天，受挫的波斯指挥官发起了进攻。到此时为止，他们担心很快就要面对波斯皇帝的愤怒了，波斯皇帝正在指挥温泉关的战斗，但一定会听到阿提密喜安的消息。他们在正午时分起航。指挥官敦促士兵："摧毁希腊舰队，并控制水路！" 6

波斯人按照战斗序列划船前进，希腊人保持镇静，登上战船，紧靠着阿提密喜安。希腊的将军们发出号令："一定不许野蛮人进入希腊的腹地！" 7

波斯人将其战船排列成半圆阵形，希望包围希腊人，并一举歼灭他们，但并未如愿。我们无法知道确切的细节，但不管怎么说，在人数上落后的希腊人再次让他们的战斗力抵消了敌人的数量优势。战斗可能发生在停泊着希腊三层划桨战船的海湾入口处。狭窄的空间有利于发挥雅典重型船只的优势。希腊人可能把他们的船排列成两队作战，以防御敌人的攻击。第二队的船盯住冲进来的波斯战船，在它们转向并撞向第一队希腊船只之前发起进攻。我们知道，来自美拉撒（Mylasa）的海拉克利戴斯（Heraclides），一个波斯统治下的难民，在阿提密喜安的一次战斗中对腓尼基的战船使用了这种战术。但是阿提密喜安是个经常被提及的名称，我们不确定海拉克利戴斯的这段逸事是否指的是这次战斗。

无论如何，希腊人都是设法让敌人乱了阵脚。波斯战船数量上的优势非但没有起到好作用，反而带来了危害。庞大的舰队乱作一团，战船难以避免彼此碰撞。

尽管如此，波斯人还是拒绝失败。他们盛气凌人，根本不会被对方规模这么小的舰队吓退。这场战斗一直持续到夜幕降临，双方都伤痕累累，急于结束战斗。希罗多德称，双方都损失了许多战船和人员。即便如此，对于波斯来说，仍然是个坏消息。他们的损失远远超过希腊人。

从战术上讲，第三天的战斗是平局，但就战略而言，这是希腊的胜利。在阿提密喜安，波斯人曾希望将希腊舰队击溃。然而，希腊舰队不仅经受住了波斯最猛烈的攻击，而且实际上赢得了三场交战中的两场。对于骄傲的波斯海军而言，这是巨大的打击。

当然，两支舰队会再次交锋，但这将发生在更南边的雅典或伯罗奔尼撒半岛附近。那里是希腊人熟悉的水域，他们占据了巨大的优势。而波斯人离他们的基地更远了，深入到敌人的控制范围，粮食供应将更加麻烦。

阿提密喜安的战斗相当重要，但比不上重创波斯舰队的风暴。波斯舰队离开希腊北部时拥有 1327 艘三层划桨战船，因暴风雨而损失了 600 艘战船，再加上战斗中的损失，波斯人在阿提密喜安之战后可能只剩下了约 650 艘战船。关于在埃维亚岛附近摧毁了 200 艘波斯战船的风暴，希罗多德说："这一切都是神做的，希腊的军事力量因此得到拯救，而波斯的军力没有了优势。"[8] 没错，波斯人在数量上仍然比希腊人多，但是一些波斯的分队并不可靠，这进一步削弱了他们的数量优势。

27

回到阿提密喜安和阿佩泰，在战斗中英勇作战者得到嘉奖。薛西斯授予了他的埃及水手们荣誉，他们俘获了 5 艘希腊船只及其全体船员。据希罗多德称，另一种传统说法是，西顿（Sidon）的腓尼基人因阿提密喜安之战获得了波斯人的奖励。哈利卡纳苏斯女王阿尔忒弥西亚指挥的 5 艘战船也参与了激烈的战斗。在希腊方面，雅典赢得了奖励。在雅典人中，表现最为突出的是亚西比德（Alcibiades）的儿子克雷尼亚斯

（Cleinias）。他是一个富有的贵族，提供了 200 名水手和一艘三层划桨战船，自己承担费用。但是几乎没有庆祝的时间。有很多事情要做：双方都要收殓阵亡者的尸体，在废墟中抢救一些财物。雅典人的三层划桨战船有一半遭到破坏。

但是地米斯托克利已经在计划下一步的行动了。他把希腊将军们召集在一起，告诉他们他有一个计划。他觉得自己也许能够将爱奥尼亚人和卡里亚人从敌人那边争取过来，他说这些人是波斯舰队中最优秀的战斗力量。（不过，腓尼基人不会同意这样的说法。）

毫无疑问，许多爱奥尼亚人和卡里亚人都有理由讨厌波斯。例如，他们知道爱奥尼亚叛乱后波斯是如何对待米利都人的。大多数男人被杀，妇女和儿童被当作奴隶，而那些被俘虏的男人最终被安置在波斯湾。

以希俄斯岛（Chios）上的岛民为例，他们在前 494 年拉德海战中的经历是一部微型史诗。100 艘希俄斯岛人的战船参加了战斗。尽管大多数希腊战船一开始就逃走了，但希俄斯岛人奋勇作战，俘获了许多波斯战船。然而，最后寡不敌众的希俄斯岛人损失了大部分船只，幸存者逃回家乡。

但是希俄斯岛人的一些船只已经损坏，与敌人作战时在陆地上搁浅了。船员离开船，徒步前往希腊城市以弗所（Ephesus）。此时，天已经黑了。碰巧的是，以弗所的妇女聚集在城外庆祝节日。以弗所的男人被突然出现在眼前的一群武装的陌生人吓坏了，便袭击了希俄斯岛人，将他们屠杀殆尽。这就是希俄斯岛人争取自由的悲惨结局。

爱奥尼亚人将此事铭记在心，他们还记得另外一些事。波斯是通过外交手段赢得了拉德之战，并不是靠海上的实力。希腊舰队的主体是萨摩斯岛（Samos）的船队，他们同意撤走，这让波斯占了上风。换句话说，波斯舰队并没有证明自己在军事上有绝对优势。

想到这些，毫无疑问，阿提密喜安的希腊人对地米斯托克利承诺要让爱奥尼亚人和卡里亚人背弃波斯颇为好奇。他们问他将如何实现。地米斯托克利回答说，暂时保密，答案将在合适的时机揭晓。现在，他要处理一些细节。此外，他还要求自己可以选择恰当的时间让舰队撤退。显然这是必要的。

地米斯托克利的同僚虽然不满，但还是同意了。也许他们被他的观点说服了，或者他们认为如果出了问题，正好把他当作替罪羊。也许做出这个决定是因为地米斯托克利有诱惑他们分心的东西：食物。

他建议将军们命令士兵点燃营火，杀掉埃维亚岛当地人天黑时误赶到附近的绵羊和山羊。在希腊，偷羊的事情早已有之，与《奥德赛》一样古老，但将军们仍认为有必要为自己的行为辩护。他们认为，如果他们不抓，羊就会落入波斯人手里。与惯常的大麦、咸鱼、大蒜和洋葱相比，羊肉是上好的美味。那时候，许多人刚经历了人生中最艰难的三天。他们中的大多数人以前从未听到过战船发出的巨响，或者看到过惨白的尸体在海浪中起伏。

那天晚上，羊肉在岸边的木头烤架上滋滋作响，从远处看，这一场景可能就像希腊人钟爱的星空下的通宵节日庆典。大熊星座和射手星座（这是希腊人的叫法。我们称之为北斗七星和人马座）在夏日的天空中接近地面，十分显眼，海岸被成千上万的火堆照亮。但走进这些精疲力竭的人当中，就会发现，这并不是什么庆祝的场面。有消息说，海军将于第二天早上撤离。地米斯托克利选择了恰当的时机。然后传来了温泉关的消息。波斯人突破关隘，屠杀了抵抗的斯巴达人，斯巴达国王也阵亡了。

希腊海军为了自保，不得不离开阿提密喜安。为了保护南方家中的妻子和孩子，他们也不得不选择离开。温泉关陷落，波斯人就打开了通往雅典的大门。温泉关和雅典之间的主要城邦是底比斯（Thebes），底比斯加入了波斯的阵营。波斯皇帝发誓要摧毁雅典，现在没有什么可以阻止他的军队将其夷为平地了。斯巴达曾答应出兵保护雅典，但在温泉关之战后，这已经不可能了。雅典舰队必须赶紧返回，执行事先准备好的应急计划。

没有等到第二天早上，希腊人当天晚上就开始撤离。火化完死者，给船上配足人手，在出发前还有最后一个细节，他们不敢忽视，因为一个疏忽就会意味着灾难。每个希腊人，尤其是水手，都非常迷信，过去、现在都一样。他们认为必须向神祈祷，以确保旅途平安。这是一个传统的仪式，可以追溯到荷马时代。希腊人做了祷告，唱了一首赞美诗，并在每艘船的船尾倒了一杯酒，作为对神祇的献祭。然后，他们终于离开了阿提密喜安。

雅典人撤退的决心记录在这些诗句中，后来刻在阿提密喜安神庙附近的白色大理石柱子上——

> 与来自亚洲地区的众多部落一起，
> 雅典的子民在这片水域战斗。
> 在击退了米底人之后，竖立丰碑，
> 记录这一英勇的事迹，献给阿尔忒弥斯。[9]

诗人品达（Pindar）简明地阐释了阿提密喜安之战的意义——

> 雅典的子民把石碑竖在那里，
> 自由立于不败之地。[10]

关于阿提密喜安，最后要说的还是地米斯托克利。希腊人准备撤军时，他下令给即将占领他们营地的波斯人留下一些信息。任务交给雅典人速度最快的几艘船，相信它们随后能够赶上整个舰队。在几眼泉水周围的岩石上，地米斯托克利让士兵留下一些告示，涂写一些信息，传递给薛西斯海军中成千上万的希腊水手。这些人中没有多少人识字，这意味着识字的少数人会大声朗读这些信息，这样信息就会在海滩上迅速传开。根据希罗多德的说法，信息内容如下——

> 爱奥尼亚人，你们对祖先发动战争并奴役希腊是非常错误的。你们能做的最好的事情就是加入我们。如果你们不能做到这一点，至少要保持中立，并要求卡里亚人也这样做。如果这些事情你们一件也不能做，而是被强大的力量裹挟，不能逃脱，那我们就谈到重点了，在下次战斗中相遇时，请故意懈怠，记住你们是我们祖先的后裔，我们从你们那里继承了我们对野蛮人的仇恨。[11]

地米斯托克利估计这些信息可能产生两种影响：要么波斯舰队中有脱离队伍的情况发生，要么波斯人不再信任他们的希腊水手。简而言之，这是恶毒的宣传。地米斯托克利曾经被称作"希腊人中狡猾的蛇"[12]，他这样做并不出人意料。

第二章 温泉关

摘下列奥尼达的头盔，露出的是一头长发。这个斗士的脸上，皮肤紧绷，失去了光泽，在短而尖的胡须衬托下显得更加突出。征尘还留在列奥尼达身上。他的下巴上有一片深紫色的瘀伤，是由残留的少量血液汇集而成的。断了的脖子上挂着破烂的血肉和骨头，苍蝇和甲虫落在了他的皮肤上。如果这位死去的国王还能睁开眼睛，可能会一直望向雅典，而现在这条路已经向波斯打开。

斯巴达国王列奥尼达，阿纳克桑德雷斯（Anaxandrides）之子，是希腊在温泉关抵抗波斯的总指挥，在决战中英勇牺牲。战斗结束后，大流士之子波斯皇帝薛西斯巡视战场。他来到列奥尼达的尸体前，下令将头割下，挑在一根杆子上。有一个人能看到列奥尼达被砍下的头颅，他就是斯巴达的前国王，德玛拉托斯（Demaratus），阿里斯顿（Ariston）之子，现在是波斯的盟友。

温泉关战役影响了三个君王。第一个坐在世界上最大的宝座上，第二个被废黜并流放，第三个死了。然而，死者的壮举，正如被流放者所解释的，几乎使波斯皇帝偏离了他的既定路线，并改变了波斯入侵希腊的整个历史。列奥尼达几乎阻止了萨拉米斯战役的发生。

温泉关战役是个转折点，让波斯之后的行动变得非常困难。薛西斯明白，波斯人要想赢得最终胜利，就要付出巨大的代价。

这是波斯人的耻辱，却是列奥尼达的高光时刻。他阻击了波斯人整整三天。不到8000名希腊人，以300名斯巴达人组成的精锐部队为前锋，痛击了人数约是他们20倍的波斯大军。愿意为波斯皇帝的荣耀而奋不顾身的战士遇到了历史上最高效

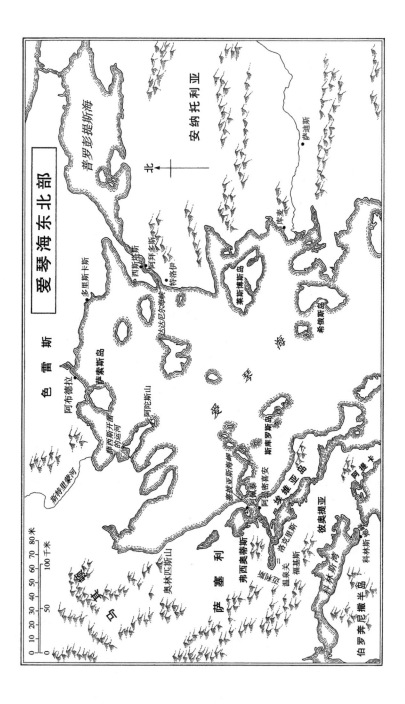

的杀人机器。

　　在战场的一边，斯巴达士兵列阵迎敌。个个佩戴着青铜头盔、胸甲和护胫，像是被金属包裹着。硕大的圆形盾牌凸面上也覆着青铜。猩红色的无袖羊毛外衣上面到肩膀，下面遮住大腿。长辫子从头盔下面伸出来，一根马鬃装饰在头盔上，摆来摆去。长发是斯巴达人的标识，看起来有些骇人。斯巴达人都是赤脚的，这本身就是坚韧的象征。人人手持一把短铁剑和一支长矛。长矛是主要的武器，白蜡木的枪杆长约9英尺，配有一个铁矛头和一个青铜短柄。斯巴达人在方阵中紧密地排在一起，使盾牌相连，他们用长矛刺向敌人。

　　另一边，站着波斯人和米底人的步兵，这是雅利安人两个主要的民族。与斯巴达人相比，他们的穿戴似乎是为了阅兵，而不是上战场打仗。每个雅利安人都穿着颜色鲜艳的长袖及膝的束腰外衣，里面穿着铁鳞胸甲保护身体，但既不戴头盔也没有护胫甲。头上戴一顶软毡帽或者缠着头巾，下半身是一件长袍或是一条裤子。他们都佩戴着黄金首饰，甚至打仗时也戴着。脚上穿着鞋子。盾牌比希腊人的盾牌小，是用柳条编的，而不是外覆青铜的木制盾牌。波斯人的长矛比希腊人的长矛短得多，在离敌人较远时处于劣势。雅利安人携带的匕首也不如斯巴达人的铁剑长。与希腊步兵不同，典型的雅利安人携带一个箭筒，里面装满用藤杆儿做的箭，箭头是用青铜或者铁做的。弓的两端做成动物头的形状。然而，希腊人用盾牌连成防线，身着青铜铠甲的步兵快速冲锋，波斯人的箭没有多少杀伤力。难怪温泉关的一个斯巴达人嘲讽说，波斯人射出的箭黑压压一片，甚至遮挡住了阳光，他毫不介意，因为他更喜欢在阴凉处战斗。

　　但武器只是一方面。温泉关是希腊人的军事谋略对波斯人鲁莽大意的胜利。列奥尼达很明智地选择了有利的地形，采取

34

了合理的战术。他认为，在温泉关的峡谷（有一个地方仅有50英尺宽），数量不多的人就能阻挡住波斯人。波斯人可能发动一波又一波的进攻，但都会被经过严苛训练的希腊步兵和他们的长矛击退。

斯巴达人拥有希腊唯一的全职军队。他们接受的训练远胜过波斯皇帝的士兵以及其他的希腊人。除了斯巴达国王外，每位斯巴达公民都接受了严格的军事教育，简称为"教养"。只有训练有素、千锤百炼的斯巴达人才能在温泉关实施这样的战斗策略：有序地后撤，然后等他们诱骗波斯人发起冲锋后，瞬间掉转回来，击溃敌人。

屠杀持续了两天。然后，在第三天，波斯人从旁边的山上找到一条路，将希腊人包抄了。历史又一次重演了，希腊的叛徒拯救了波斯人。在温泉关战役中，希腊的叛徒是个当地人，名叫埃菲阿尔特斯（Ephialtes），特拉基斯（Trachis）的埃乌律戴谟斯（Eurydemus）之子。为了赚取赏钱，他带领薛西斯的精锐士兵穿过陡峭狭窄、难以被发现的山间小径。

侦察兵注意到波斯人的动向，引起了列奥尼达的警觉，他在敌人将关隘的另一端切断之前让大部分盟军撤走了。约1000名希腊人留下来同斯巴达人一起战斗。列奥尼达的策略尚不清楚。也许他计划让自己的士兵断后，然后在最后一刻逃脱，但最终没有实现这一目的，或者也许他一直计划让士兵们战斗到最后一刻，直至牺牲。不管怎样，波斯人发动进攻时，希腊人先用长矛应战，长矛全部折断了就用剑，剑砍断了就用拳头和牙齿与波斯人殊死搏斗。列奥尼达最终倒下了，希腊人打退了敌人四次，才找到他的尸体。希腊人杀死了薛西斯两个同父异母的兄弟阿布罗科麦斯（Abrocomes）和海帕兰西斯（Hyperanthes）。最终，希腊人还是没有抵挡住波斯人的投枪和弓箭。

薛西斯的手下最终清除了障碍，通过了关口。但列奥尼达的头颅赫然耸立在那里，在希腊盛夏灼热的阳光下，映衬着波斯人实力的虚弱。波斯人通常优待英勇作战的敌人，并以此为荣。他们本来不会侮辱列奥尼达这样的战死者的尸体，除非敌人的抵抗太过顽强，激怒了他们。列奥尼达的首级让波斯皇帝意识到，在这场战斗中杀死 4000 名希腊人（其他人逃脱了）的代价是损失了 2 万名波斯士兵。再有这样的胜利，波斯人就完了。

波斯皇帝曾希望能在希腊腹地赢得战争。他的陆军和海军人多势众，加上一些叛逃过来的希腊人，完全具有压倒性的优势。但是，海军却遭遇了溃败，主要是因为希腊人作战勇敢和波斯的战略失误，还有舰队规模过于庞大，无法在风暴中找到港口。波斯的陆军状况好一些，却付出了沉重的代价。战争并没有朝着薛西斯计划的方向发展。

波斯皇帝已在 3 个月前，即 5 月，率领部队越过达达尼尔海峡进入欧洲。从那以后，几乎所有的时间里，薛西斯的远征都不像一场战争，而是像一次盛大的野餐会。所到之处，各个城邦都箪食壶浆，款待他和他的军队。

薛西斯率军穿越希腊北部的色雷斯（Thrace）和马其顿，经过奥林匹斯山进入萨塞利。他穿过传说中阿喀琉斯（Achilles）的故乡弗提亚（Phthia），行进到希腊中部，接着进入迈利斯（Malis），神话中记载赫拉克勒斯（Heracles）在此地度过了最后几年。同时，波斯舰队在附近沿海岸线航行。军队到达温泉关就无法继续前进了，希腊人已经将它封锁了。海军在温泉关以北约 50 英里的阿佩泰停下来，对岸就是驻扎在阿提密喜安的希腊舰队。

接下来，大战开打。薛西斯应该很享受这一刻，因为他已经为此准备了四年。但是他没有预见到 8 月刚刚熬过的这一周里，他的海军不仅没有实现摧毁希腊舰队的计划，反而在埃维亚岛附近遭遇风暴，损失了 200 艘战船。在战斗中可能还损失了 70 多艘。加上前一周在希腊大陆的塞披亚斯海岬的另一场风暴中损失的 400 艘船，波斯舰队的规模缩减到原来的一半。同时，在温泉关，薛西斯眼睁睁地看着自己的军队遭到一小撮希腊步兵的迎头痛击。他不得不承认，自己的这些士兵"人数很多，勇士没几个"[1]。希罗多德大概是这么说的。但帝王们不会轻易放弃幻想。

波斯皇帝亲自指挥大军入侵希腊并不奇怪。薛西斯可以像埃及法老一样装装样子，但他是波斯人，波斯人生性好战。他以自己之名，为英雄主义代言：薛西斯（Xerxes）是波斯语 Khsha-yarshan（帝王的王位）的希腊语译音，意思是"英雄的统治者"[2]。薛西斯高大英俊，看上去确实有帝王相。他沿着居鲁士大帝（Cyrus the Great）的足迹前进。居鲁士在前 550 年创建了阿契美尼德（Achaemenid）帝国［以居鲁士家族具有传奇色彩的创始人阿契美尼斯（Achaemenes）的名字命名］。居鲁士之后的每位帝王都发动过侵略战争，并且都能开疆拓土。

薛西斯的一篇铭文引起了波斯人的共鸣："我的手脚都技艺娴熟。骑马，我是优秀的骑士。拉弓，无论步战还是在马背上，我都是优秀的弓箭手。投枪，无论是步战还是骑马，我都是优秀的枪手。"[3]

在温泉关，薛西斯亲临战场，以激发士兵的斗志，但他也没有特别接近前线，免得遭遇危险。在皇家卫队的保护下，他坐在高背的宝座上观战。据说，他看到士兵被屠戮的惨状惊恐地站立起来三次。薛西斯所在的位置并不是没有风险。希腊人后来声称，曾在夜间派兵突袭，进入了波斯营地，甚至已经冲进了皇帝的帐篷，但最后时刻被击退了。这个故事听起来有些不可思议，甚至可能让人信以为真。不管怎么说，最高统帅的确会面临风险。

计划攻占温泉关的军事行动一年前就在安纳托利亚开始了。前481年，薛西斯召集了来自波斯及东部各省的军队，开始向西出征。他们在秋季时到达萨迪斯，在那里过冬后，于前480年4月离开，继续前进。但是，战争的准备工作已经进行了三年。准备工作包括组织和调动数量庞大的人员和武器，配置船只和补给，修建桥梁和开凿运河。事实上，在前486年11月薛西斯继承父亲大流士的王位之前，战争已现端倪。就在去世前夕，65岁的大流士还在为入侵希腊做准备，以雪波斯前490年在马拉松大败的耻辱。32岁的新皇帝薛西斯不得不面临抉择，是否要发动战争以及发动哪种形式的战争。

毫不夸张地说，薛西斯统治了当时世界上最大的帝国。他管辖的地盘东起今天的巴基斯坦，向西延伸至中亚和西亚，北至马其顿，再横跨西奈半岛，延伸至南边的埃及。从帝国的一端到另一端大约要走4000英里的路程。帝国的疆域面积大约300万平方英里，人口多达2000万，与今天美国的本土面积大致相当。然而据估计，在前500年，世界总人口只有约1亿。薛西斯帝国的人口占了地球总人口的五分之一。

波斯创造的崇高威望与和平环境促进了多个民族与文化的繁荣和有序发展。波斯人是杰出的管理者和建设者，他们修建道路、宫殿、旅馆及公园［希腊语为paradeisoi，英语中"天堂"（paradise）一词即源于此］。他们建立了省级政府，制定了法律。他们创造了世界上第一个大规模实行的货币制度，实践证明，这种制度便于对各省征税。

薛西斯大约出生在前518年，他注定要继承这份惊人的遗产。他是大流士的儿子，其母是阿托莎（Atossa），所以他也是居鲁士大帝的外孙。成为大流士这种伟人的继承人既是福气也是诅咒。大流士是一个白手起家的人，通过政变获得权力，后来成了一个强大的征服者和杰出的管理者，笃信宗教，富有远见，在建筑方面颇有天赋。实际上，大流士是近东悠久历史上最伟大的帝王之一。大流士去世时，已经统治了波斯 36 年。

波斯人非常重视皇帝在他们眼中的形象，绝不含糊。皇室的婴儿由太监照料，而成年的皇帝则由理发师、化妆师和调香师侍奉——调香师甚至在军事行动中也跟着皇帝。皇帝涂抹油膏来保持容光焕发。这种油膏由碾碎的葵花籽、藏红花，棕榈酒和波斯领地里一种罕见狮子的脂肪混合而成。皇帝嘴唇上方是八字胡，下巴留着长胡子。万一先天不足，就使用假发和假胡须。为了维护他的尊严，皇帝在公共场合从不吐口水，不擤鼻涕，也不转头看身后。

在正式场合，薛西斯的穿着可能像他的某一个继任者，穿一件紫色长袍，"中间部分掺杂了一些白色，绣金的披风上有一个金光闪闪的图案，是两只鹰在用喙相互攻击"[4]。其他来源的资料还提到皇帝的长袍上有一队绣金的狮子。皇帝的剑吊在镀金的腰带上，剑鞘上镶有宝石。他戴着王冠，上面缠绕着带白色斑点的蓝色缎带。

然而，穿着看起来像皇帝要比做皇帝容易得多。薛西斯面临着艰巨的任务，要证明自己是大流士的好儿子。攻打希腊人，为父亲复仇，没有比这更能为薛西斯赢得声誉的了。薛西斯在铭文中宣称："我的确有这个能力，我身强力壮，我能征善战。"[5] 但是他必须说到做到。

他只能先等待时机。在大流士生命的最后几个月里，埃及的叛乱不断升级，镇压叛乱便成了薛西斯的责任。前 485 年，薛西斯亲自前往埃及，率军攻打叛乱分子。这是他第一次出征，并取得了决定性的胜利。到前 484 年 1 月，埃及再次成为效忠波斯的一个省。大约在同一时间（确切的年份尚不清楚），巴比伦也出现了动乱。薛西斯派遣一名将军率部镇压，轻而易举地将敌人击溃。前484年，埃及得到控制，波斯皇帝又重新考虑希腊的问题。发动攻打希腊的战争是一个复杂的问题。很多方面的势力都对薛西斯施加压力，要求他入侵希腊，但他仍有充分的理由阻遏这场战争。

宫廷里鹰派的代表人物是薛西斯的表弟马铎尼斯（Mardonius），他是戈布里亚斯（Gobryas）和大流士姐姐的儿子。鸽派的代表人物是薛西斯的叔叔、大流士的亲弟弟、希斯塔斯普（Hystaspes）的儿子阿塔巴努（Artabanus）。每个人都是基于自己的经验来表达观点。阿塔巴努早在前513年就建议大流士不要入侵塞西亚（Scythia，大约是今天的乌克兰）。他的建议是正确的，侵略战争后来被证明是一场灾难。阿塔巴努曾在塞西亚战争中担任指挥官。马铎尼斯了解希腊，前492年，即马拉松之战的前两年，他率领的一支舰队在那里遭遇失利，被爱琴海北部的一场风暴摧毁了。此后，大流士撤掉了马铎尼斯的指挥权。

前484年，野心勃勃的马铎尼斯试图一雪前耻，将希腊吞并为波斯的一个省，自己做第一任长官。大多数朝臣都支持他的强硬立场。甚至皇帝的宦官都放弃中立：有个宦官有一次拿给薛西斯一些来自雅典的无花果作为甜点，以提醒皇帝他理应率军远征希腊。

马铎尼斯和阿塔巴努各自提出了强有力的论点。一个强调机会，另一个强调危险。一个持有偏见，认为无知的希腊人只会残忍地让他们的军队去送死；另一个则提及了希腊人在马拉松战役中的胜利。一个认为应该抓住机会，打压崛起的势力；另一个则担心希腊的猛烈反击。

薛西斯犹豫了。他是一个年轻人，做皇帝的时间不长，更多依靠手下的顾问们，但是他们的意见存在分歧。波斯皇帝有很多紧急的事情要办，以至于很难做一个成功的战略家。例

39

如，不管他的日程安排得多满，他都必须记住一年一度的节日，在这个节日里，他独自一人在宫廷跳舞，喝得酩酊大醉。他必须亲手在皇家园林里种树，此举无疑是丰饶与繁荣的象征。他必须知道赏赐谁坐在他的右边，谁坐在他的左边，应该送给谁一把银制的扶手椅作为礼物，谁应该得到一把镶有宝石的阳伞，他必须知道谁的善行应该让书记官记录下来，谁的行为可以忘记。

然而，在希腊问题上犹豫再三之后，薛西斯需要先做出决定，然后强力贯彻这个决定。他需要像磐石一样，对抗马铎尼斯的野心和阿塔巴努的悲观，需要像闪电一般，激励迟缓、懒散的波斯官员。然而，薛西斯在这件事上采取了巧妙的处理方式。他的做法更像是政治家，而不是指挥官。

薛西斯不敢放弃父亲征服希腊的遗愿，但他也不敢在阿塔巴努的公开反对下发动战争。为了解决这个问题，薛西斯提到自己做的一个梦。古人相信梦中包含着神明的指示。薛西斯的梦预示着除非继续攻打希腊，否则波斯就会面临毁灭。阿塔巴努让步了，他说自己也做了同样的梦。就像历史上许多精明的政客一样，薛西斯运用神启获得了共识。

前484年，他做出了入侵希腊的决定。但是，他和顾问们仍要敲定战争的战略战术。他们必须在高温的兵器锻造炉前讨论，而不是在研讨室里闲聊。

就像政治一样，战争是关于可能性的艺术。即使是伟大的君主，也无法在真空中选择军事战略。薛西斯必须考虑很多因素。他和顾问们必须对希腊和波斯双方的优势和劣势进行彻底的评估。他们不得不考虑波斯国内政治的制约因素。在此之前，他们必须确定此次任务的目标。

按照希罗多德的说法，薛西斯告诉波斯的精英们，他计划烧毁雅典，但这仅仅是个开始。他的军队还将征服伯罗奔尼撒半岛。最后，他们将"让波斯的疆域与属于宙斯的天空相接"，他们会"把所有的土地连成一片"。[6] 毫无疑问，薛西斯确实说了类似的话，因为这听起来像波斯人称霸世界的政治宣言。但这并不意味着他自己相信。他可能宣称要征服世界，但真正的目标是征服希腊。

这是一个雄心勃勃但谨慎可行的目标，因为希腊北部和中部大部分地区已经在他手中了。大流士已经将色雷斯和爱琴海诸岛纳入了波斯帝国，并使马其顿成为其盟友。薛西斯在萨塞利的盟友热切地支持他的入侵计划。因此，波斯实际上已经扩张到距离雅典不足 200 英里的地方，再过去 135 英里就是斯巴达。波斯的骑兵几天就能到达。

但是，如果希腊陆上和海上力量顽强抵抗，那 300 英里可能是世界上最长的距离。波斯有着无与伦比的财富和人力资源、无可比拟的工程建造和后勤保障能力，在投射武器和骑兵方面具有绝对优势，拥有一流的船舶、港口和海上联盟，以及只有集中了世界最古老文明资源的国家才会具备的成熟外交能力和心理优势。但希腊人有更强大的步兵和更卓越的航海技术，补给线短，且熟悉地形。

对于波斯来说，使用巧妙和创新的战术可以使其实力大大增强。例如，对雅典不设防的港口发动突然袭击，或派骑兵突袭希腊中部，损毁农作物，以让亲波斯的叛徒在雅典掌权。如此一来，波斯便能以很小的代价赢得这场战争。

数十年以前，在居鲁士大帝的统领下，波斯在这种非常规战争方面表现出色。然而现在，这被认为有损"万王之王"的尊严。波斯的都城波斯波利斯（Persepolis）有一个占地350英亩的大平台，世界上最伟大帝国的指挥官们在这个具有象征意义的中心地带发号施令，自然要有雄心壮志。因此，波斯诉诸效率最低、成本最高的增加实力的法宝：人数优势。

这样的选择可能受到了国内政治的影响。薛西斯手下的人，跟敌人一样，都需要被震慑。而且，他们想有事可做。"我不会亏待忠诚的人。"[7]薛西斯将这句话刻在石头上，他是认真的。比起小规模的队伍，奖励一支庞大军队中的效忠者，薛西斯会有更多的选择。

入侵希腊的波斯大军统帅部是由其家庭内部成员组成的，这很能说明问题。薛西斯的亲兄弟和同母异父的兄弟中至少有10个充当指挥官，大流士兄弟的至少两个儿子、大流士妹妹的两个儿子、大流士的一个女婿、薛西斯的岳父、阿契美尼德家族远亲中的两人也都担任要职。

波斯大军人多势众，将从陆地和海洋两面展开攻击。波斯舰队越过达达尼尔海峡之后，到6月时，已拥有1207艘三层划桨战船。到8月中旬，大约在阿提密喜安之战一周之前，希腊北部的波斯盟友派出120艘战船加入，三层划桨战船总数达到1327艘。希腊人无法弄到这么多战船。1207艘之说来自希罗多德和埃斯库罗斯；这个数字经常遭到质疑，但未必不真实。它与前494年在拉德之战中的船只数量相吻合，而且波斯在前480年时十分重视后勤供应和补给。希罗多德称，三层划桨战船后面跟随的是3000艘大大小小的商船，装载着食物、物资，也许还有后备的划桨手。

但是，庞大的舰队面临着巨大的问题。由各国人组成的海军素质千差万别，很难形成一支具有战斗力的队伍。波斯的一些海军盟友，特别是爱奥尼亚人，其忠诚度值得怀疑。此外，如此庞大的舰队将很难找到港口。

在陆地上，波斯拥有强大的骑兵、技艺高超的弓箭手，以及在围攻战中的优势。被希罗多德称为"长生军"（Immortals，也许是波斯语"追随者"的误译）的上万名精锐步兵受过良好的训练。不幸的是，他们的凝聚力不如希腊步兵，装备也难以匹敌希腊人的重型盔甲。至于骑兵，在希腊多山的乡村，几乎没有骑兵冲锋的机会。一旦希腊人做出弃城的艰难决定，波斯的工兵和修筑围城壁垒的匠人就没什么用处了。

有一点是肯定的，在薛西斯的指挥下，军队的士兵数量非常庞大。6月在色雷斯的多里斯卡斯（Doriscus）集结时，波斯步兵由来自帝国各地的47个不同种族的人组成。他们穿着各异，包括青铜盔甲、豹子皮；装备的武器也五花八门，包括长矛短剑、用锋利石头做箭尖的箭、带有铁钉的木棒。骑兵由10个不同的种族组成，甚至包括一队骆驼骑兵。

骆驼骑兵没有参与任何战斗，其他种族的人也很少参战，战斗几乎全靠雅利安人，即波斯人及其近邻。大多数人只是去挥舞一下旗帜，同时保持警惕，别因为消极作战被皇帝的刽子手砍断脖子。事实上，薛西斯在多里斯卡斯举行的不像是阅兵大典，更像是历史上规模最大的赛前动员大会。

希罗多德称，多里斯卡斯聚集了170万名步兵和8万名骑兵。但是这些数字远远超出了古代条件允许的范围，现代学者把数量缩减了，使其更加合理。对于薛西斯的军队而言，最可能的是总共约有7.5万只动物和20万人，其中包括15万名战斗人员及5万名官员、奴隶、宦官、嫔妃和其他随从。

说完了人数，再看战术。波斯人不喜欢非常规战争，但他们熟悉外交和心理战。他们知道希腊人只有团结起来才能在战场上取胜，所以波斯要做的就是分化敌人。波斯以前做到过这一点：前494年在拉德，还有更早一点的时候，前497年在塞浦路斯，波斯的指挥官说服了希腊的主要首领，使其叛变，随后将其余的希腊人击溃。在前490年的马拉松之战中，同样的战术几乎再次奏效。波斯人尽管在战场上失败了，但得到了城内变节者的帮助，还是差点占领了雅典。

43

简而言之，波斯战胜希腊的关键是找到叛变者。前 480 年，薛西斯很清楚这一点，他试图用贿赂或威胁的手段让大多数希腊城邦投降。这件事轻而易举，因为很少有希腊人准备抵抗。

薛西斯的外交官们可能走得更远，这很耐人寻味。前 480 年的另一次重大军事入侵是迦太基对希腊西西里岛的袭击。迦太基是北非重要的军事力量，拥有强大的海军，最初是腓尼基的殖民地，自然也是波斯的盟友。迦太基占领了希腊城邦西西里岛，使那里的人无法向希腊同胞提供帮助。因此，薛西斯有帮助迦太基的动机，但后来对于波斯与迦太基在前 480 年合作的描述可能只是一个猜测。

可以肯定的是，波斯在备战阶段准备了心理战手段，并且大规模实施了这些手段。波斯人一边甜言蜜语，一边恐吓威胁。例如，他们在行军时途经的色雷斯和马其顿选定一些地点，大肆招摇地为军队储备了大量食物。在马其顿的斯特里蒙河（River Strymon）的河口附近架起桥梁。此外，薛西斯派数千名士兵在希腊北部开展了一项巨大的工程：他们在阿陀斯山（Mount Athos）半岛一个狭窄的地峡上挖了一条运河，宽约 1.2 英里，并在两侧用石头修筑了防波堤。这项工程历时 3 年，使海军得以避开阿陀斯山南端的暴风雨和危险的地理环境。

阿陀斯山半岛最近的考古发掘发现了薛西斯挖掘的运河的痕迹。沉积物中没有任何建筑物、港口设施或海洋生物，这都指向一个结论：船只一通过，运河就被废弃了。考古人员写道，这些证据"表明薛西斯开掘运河，除了单纯发挥实际功能之外，也是为了制造声势和炫耀武力"[8]。

薛西斯在达达尼尔海峡上建桥的目的亦是如此。达达尼尔海峡是一条狭窄的水带，长约 38 英里，将安纳托利亚与欧洲大陆隔开。薛西斯决定在其西南端靠近阿拜多斯城（Abydos）的水道上架桥，达达尼尔海峡在此地仅宽约 1 英里。埃及和腓尼基的工程师负责该项目。

光看希罗多德对于建筑过程的描述就很耗神。把近 300 艘战船（由五十桨战船和三层划桨战船组成）用缆绳连接在一起，锚定在两座桥边。腓尼基人的缆绳是白色亚麻做的，埃及人的缆绳用的是纸莎草。两点之间留有空隙，小船可以通过。每座桥上都铺设了人行道，这些人行道上有土覆盖，两侧用栅栏围起来，以防止动物向下看时受到惊吓。缆绳连接到陆地上，紧紧缠绕在木制绞盘上。在建第二座桥时发生了不幸的事情：两座桥临近完工时，暴风雨来临，将桥摧毁了。

在第一批建的桥被暴风雨摧毁后，薛西斯下令将桥梁建造者斩首，并惩罚兴风作浪的水域：达达尼尔海峡将接受 300 下鞭笞，佩戴一对脚镣，甚至可能被用热熨斗烙上烙印。希罗多德嘲笑道，这是野蛮人的傲慢表现到了极致。被处决的人可能有过失，而对达达尼尔海峡的鞭打无疑是一种宗教仪式。

首先，桥梁的实际用处一开始就是值得讨论的。阿塔巴努担心它们会成为希腊人的攻击目标，希腊人会效仿塞西亚人。当年塞西亚人险些摧毁了大流士在多瑙河上建的桥。波斯的后勤运输也不需要桥梁，因为本来是可以用渡船把军队运过达达尼尔海峡的。但是，那样一来，人们就无缘目睹波斯大军跨过大桥的壮观景象。希罗多德叙述了远征当天举行的仪式。

黎明时分，波斯人在桥上燃烧香料，并用桃金娘树枝铺满道路。日出时，薛西斯端起一只金杯，将杯中的酒倒入达达尼尔海峡，祈求太阳神保佑。然后他把金杯和一个金碗、一柄波斯剑抛入水中。过桥花了七天七夜的时间，只有频繁使用鞭子才能让队伍顺利前进。在这期间，大约有 20 万人和 7.5 万只动物过了桥。

45

大多数指挥官愿意把军队的规模和实力当作秘密，而薛西斯不是这样。当他的手下在安纳托利亚抓到雅典人的间谍时，薛西斯释放了他们，并将他们送了回去。同样，他的舰队俘虏了一支给希腊运送谷物的商船船队，薛西斯并没有扣押他们。他开玩笑说，这些船运送的食物是为抵达雅典的波斯军队准备的，于是放行了。薛西斯不愿出其不意地攻击敌人，他想在敌人知情的情况下彻底击溃他们。

罗马时代有一本关于战争策略的册子，如果其中的一份报告可信的话，薛西斯似乎也向自己的盟友传达了同样的信息。

> 薛西斯在发动入侵希腊的战争时，派遣间谍散布消息说希腊的领导者同意背叛自己的国家，因而很多城邦加入了他的阵营。这次出兵看起来不像战斗，而像是一次有利可图的探险，因此许多野蛮人自愿成为他的盟友。[9]

前480年4月，波斯皇帝的大军浩浩荡荡地从萨迪斯出发，这既是对敌人心理上的震慑，又像是政治作秀。后勤部队、驮畜和大批非波斯人军队走在最前面。隔了一段距离之后是1000名精锐的骑兵和1000名精锐的长矛手，他们全都是波斯人。接下来是10匹尼塞亚（Nisaean）马拉的圣战车，尼塞亚地区的马在波斯非常有名。紧接着就是薛西斯本人的皇家战车，也是尼塞亚马拉着。随后是两队精锐的骑兵和长矛手，每队由1000名波斯人打头，后面跟着1万名波斯步兵和1万匹波斯马。再隔一段距离，便是其余的军队，各色人等混杂在一起。披提欧斯（Pythius）不幸的儿子被砍成两截，尸体被置于道路两边，每个士兵都从中间经过。

吕底亚人披提欧斯是当地的一个领主。前481年，他迎接薛西斯和他的军队来到安纳托利亚，慷慨解囊，款待大军。此外，他还把大部分财产都捐给了薛西斯，用作战争资金——披提欧斯的财富几乎跟国王不相上下。薛西斯非常体贴地回馈披提欧斯：他不仅拒绝了老人的捐赠，还从国库中拿出礼物给老人，实际上是增加了老人的财富。更重要的是，他把披提欧斯当作他的一个"班达卡"（bandaka），希罗多德称之为"世袭的朋友"。波斯皇帝的班达卡就是他的附庸，字面意思是"那些系着封臣腰带（banda）的人"[10]。

可怜的披提欧斯让这一切冲昏了头脑。几个月后，前480年春天，在萨迪斯，他向薛西斯提出一个请求。披提欧斯已将他的五个儿子送往薛西斯的军中当兵。他再三考虑，为了确保自己有个继承人，恳求薛西斯免去他长子的兵役，那也是他最喜欢的儿子。

薛西斯很愤怒。皇帝的班达卡竟然不看好这场战争，必须受到惩罚。作为对老人先前慷慨大方的回报，薛西斯可以饶恕他的四个儿子，但皇帝下令让他的手下"找到披提欧斯的长子，将他切成两半，然后将一半放在路右侧，另一半放在路左侧，并命令军队从中间穿过"[11]。

薛西斯的残暴显露无遗，这让他的陆军和海军成为最强大的军事力量。跨越达达尼尔海峡的桥梁、军队巨大的规模、穿过阿陀斯山半岛的运河、沿预期行军路线储备的大量食物——这些都是显示自身实力，给敌人施加心理压力的手段。通过分化敌人、炫耀武力来威慑敌人，波斯意在让敌人变得羸弱。剩下的事情则交给皇帝人数众多的士兵和战船来完成。

实际上，作战计划中的缺陷就是剩下的事情。如果希腊人没有在波斯的炮舰之前惊恐万分、无力招架，那么波斯的入侵可能会在青铜和木头组成的防御墙前遭到毁灭性的打击。令人好奇的是，薛西斯是否意识到自己所面临的危险。

希罗多德描述了前480年春天在达达尼尔海峡的一次精

彩对话，谈话的双方是充满疑虑的阿塔巴努和自信心爆棚的薛西斯。阿塔巴努早先提醒过薛西斯波斯君主历次遭遇的惨败：居鲁士在前530年被生活在今天哈萨克斯坦地区的马萨格泰人（Massagetae）打败，因此丧生；前524年冈比西斯二世（Cambyses）进攻埃塞俄比亚失利；大流士在前513年远征塞西亚时失利，以及前490年在马拉松战役中败北。据称，阿塔巴努说，在陆地和海洋波斯都占不到便宜。海上没有足够大的港口在暴风雨中庇护薛西斯的舰队。陆地上的胜利或许吸引军队不断深入，但走得越远，补给线就越不安全。阿塔巴努还怀疑波斯舰队中爱奥尼亚人的忠诚度：这种担忧不容小觑，因为爱奥尼亚人与腓尼基人是波斯海军中最厉害的。

根据希罗多德的说法，薛西斯驳回了这些反对意见。然后，他将阿塔巴努送回波斯，让他作为皇权的唯一守护人，保护薛西斯的"家庭和专制统治"[12]。薛西斯巧妙地处置了持悲观看法的阿塔巴努，同时显示了对他的尊重，这展现了他的政治技巧。但是皇帝也把阿塔巴努的话记在心里了。他召开了一个高层会议，警告波斯的领导者们要意志坚定，不能让光荣的传统蒙羞。他说，希腊人骁勇善战，如果波斯人想要获胜，就必须更加勇敢。

前480年5月，在士兵们越过达达尼尔海峡之前，薛西斯下令在阿拜多斯建造一个大理石宝座，放在一个小山坡上。从那里，皇帝俯视下方，平原和海滩上的景象一览无余。士兵人头攒动，达达尼尔海峡上千帆竞发。他下令三层划桨战船进行一个比赛。他的愿望立刻实现了。获胜者是西顿城的腓尼基人船队。看到壮观的大军，薛西斯欣喜不已，不过接着他做了一件奇怪的事：波斯皇帝开始哭泣。

希罗多德叙述了薛西斯流泪的原因。他写道，皇帝突然想到再过100年，他所见的人中没有一个还会活着。我们在世上的时间如此短暂。但是，也许还有另一个原因让他流泪。也许他已经考虑到了庞大的陆军和海军面临的巨大风险，因此哭泣。

波斯皇帝或许还记得温泉关之战后流下的眼泪。战斗结束后，他不得不强忍着泪水，跟那个不同寻常的顾问交谈，那人就是被驱逐的斯巴达国王德玛拉托斯。

德玛拉托斯七年没有回过斯巴达了。他已到中年，渴望获得失去的王位，但德玛拉托斯不太可能对斯巴达人抱有幻想，他们不会接受一个曾经的叛徒。但因为他是斯巴达人，是赫拉克勒斯的后裔，所以他可能根本不在乎。德玛拉托斯是一个盼望复仇的人。而且，正如希罗多德指出的，接纳了德玛拉托斯的人都不会有好下场。

斯巴达人拥有古代地中海地区最强大的步兵。德玛拉托斯知道这一点，但是温泉关之战让波斯人真正领教了斯巴达人的厉害。薛西斯无法再否认他的手下将要面对的挑战。他也不能轻视这个斯巴达人的建议。

在希罗多德的记载中，德玛拉托斯扮演着聪明的流放者角色，冒着生命危险，告诉了皇帝一个他难以接受的事实。德玛拉托斯警告薛西斯，希腊人将会迎战，斯巴达人将竭尽全力抵抗。因此，波斯皇帝最好放弃他的战略，并提出新的作战计划。这是奉承德玛拉托斯的好故事，许多学者对此表示怀疑。他们认为，希罗多德是从德玛拉托斯的一个儿子那里听到了这个故事，并将其传播开来。

但希罗多德并不会那么容易就相信别人。他很可能已经采访了德玛拉托斯的后代，但他不想完全听信他们所说的。希罗多德没有因为德玛拉托斯直言不讳而对其热情赞美，他把这个斯巴达人描述成一个骗子。德玛拉托斯是个被驱逐的国王、一个逃亡的叛徒，希罗多德揭露了他的秘密。

德玛拉托斯是斯巴达僵化的社会环境造就的引发政治内讧的老手，性情冷酷。据说，他在波斯宫廷称，他不怕被侮辱，更怕被奉承，不怕被拒绝，更怕被贿赂，这透着酸腐的气息。可能的情形是德玛拉托斯从约前515年到前491年，统治了斯巴达20多年。一场艰苦的权力斗争之后，德玛拉托斯被废黜，与新国王发生冲突，最终被驱逐出斯巴达。他最后投奔了公认的无依无靠者的朋友：波斯皇帝。

大约在前487年，波斯已经成为希腊权力斗争中输家的天堂。大流士热情地欢迎了德玛拉托斯，让他成为自己的班达卡，格外青睐他。大流士知道德玛拉托斯是一个宝贵的消息来源，一旦恢复王位，可能是一个盟友。

但是，德玛拉托斯拥有作为军事顾问的资历好坏参半。一方面，作为前任国王，德玛拉托斯了解斯巴达的政治，有指挥作战的经历。另一方面，除了后来一份并不可靠的报告外，没有证据表明他参加过战斗。报告称他率领一支军队冲向阿尔戈斯（Argos）的城墙。那时保卫城市的是一群女人。男人在与德玛拉托斯的竞争对手率领的斯巴达军队作战时被屠杀殆尽。据说，阿尔戈斯诗人泰勒希拉（Telesilla）带领女人包围了城墙，击败了德玛拉托斯和他的士兵。

所以，就目前所知，德玛拉托斯并不是一个伟大的战士。他给薛西斯的建议也不能证明他有军事天赋。希罗多德记录了波斯人入侵希腊期间，波斯皇帝与斯巴达流放者德玛拉托斯之间的三场对话：一次在多里斯卡斯，两次在温泉关。

两人看上去一定非常怪异。万王之王穿着他的紫色长袍，佩戴着金光闪闪的珠宝，那个斯巴达人则衣着朴素。在斯巴达，公民都是睡在稻草垫子上，男孩子一年只允许穿一件披风。薛西斯在行军途中生活也不艰苦。皇家帐篷是不折不扣的微型宫殿。依据后来的复制品判断，帐篷大约有50英尺高，周长约 2500 英尺。拥有装饰奢华的帷幔，上面绣着各种动物图案，并悬挂着贵重的金属饰件。美食摆在金子和银子做的餐桌上，食客坐在金子和银子做的长椅上用餐。甚至还有黄金做的马笼头和青铜做的马槽。

在多里斯卡斯，德玛拉托斯警告薛西斯，无论士兵的数量差距有多大，斯巴达人都会抵抗。他说，斯巴达人是伟大的战士。他们会按照制度的要求行事，战斗至生命的最后一刻。

在温泉关，德玛拉托斯来到了前线，要破解一个波斯间谍从希腊营地带回来的奇怪报告。间谍发现了斯巴达人在户外排队演练，但他们演习的形式使他感到困惑。一些斯巴达人在裸体训练，另一些人则梳理头发。薛西斯也觉得这种行为很奇怪，但德玛拉托斯解释说，斯巴达人有在冒生命危险之前梳理头发的习惯。因此，侦察兵看到的是凶猛的斯巴达人要拼命的迹象。

温泉关之战后，薛西斯再次召见了德玛拉托斯。德玛拉托斯之前正确地预见了斯巴达人的强硬立场，因此薛西斯向他寻求信息和建议。还剩下多少斯巴达人？波斯将如何击败他们？

德玛拉托斯可能对这些问题感到兴奋，因为这打开了向斯巴达复仇的大门。他告诉薛西斯，斯巴达有 8000 名士兵，他们和在温泉关作战的士兵一样勇敢。为了击败他们，他建议波斯皇帝改变策略。薛西斯应派遣部队进攻斯巴达本土，迫使希腊人分散兵力，这样一来，斯巴达军队就会被迫返回。与此同时，波斯的主力部队可以击败其余的希腊人。

德玛拉托斯已经准备好了一个计划：派遣 300 艘三层划桨战船——几乎占目前波斯舰队的一半——到伯罗奔尼撒南部海岸的塞西拉岛。波斯人可以以塞西拉为基地，突袭斯巴达本土，这可能引发斯巴达农奴"黑劳士"（the Helots）的反抗。这些奴隶一直渴望反叛虐待他们的领主，这成了斯巴达的致命弱点。

德玛拉托斯说："如果你突然从岛上出现，一定会吓坏斯巴达人。而且，因为在自己的领土上迎战外来入侵者，他们变得不再那么可怕。即便是希腊其他地区遭到围困，他们也不会派步兵去支援。当希腊其他地区被征服了，剩下的斯巴达就变得弱小了。"[13]

如果薛西斯听从了德玛拉托斯的建议，那么波斯皇帝就不会冒险把整个海军赌在一场战役中了。他的战船和士兵在风暴中遭到重创，希腊人在阿提密喜安占了先机之后，薛西斯几乎不愿意再冒这样的风险。如果他能保持海军的完整，就可能会赢得这场战争。但是德玛拉托斯提出了一个错误的策略。如果波斯人依此行事，他们就不是面临一场生死攸关的海战，他们就会面临两场必定失败的海战。

波斯大约有650艘三层划桨战船，数量上仍然占据绝对优势，希腊人能集结的三层划桨战船不超过350艘。但是希腊人的优势是在本地水域作战，补给线短，擅长海战。如果波斯人将舰队分开，那么希腊的船只将与波斯的数量相当，可以随意发起攻击，分两个阶段攻击波斯人。波斯人有失去一切的危险。

薛西斯的兄弟——舰队司令阿契美尼斯出席了会议，他对德玛拉托斯的提议气愤不已。他当即指出其战略上的缺陷，并指责德玛拉托斯叛国和嫉妒，说那是希腊人典型的特点。

薛西斯认可阿契美尼斯关于妒忌的看法，同时为自己的班达卡做了礼节性的辩护。德玛拉托斯毕竟是薛西斯的客人，阿契美尼斯不得不放过他。尽管如此，波斯皇帝还是接受了阿契美尼斯的建议，舰队保持行动一致，进攻塞西拉的计划没有实施。

这是战争中的关键时刻。波斯最高统帅部考虑了另一种策略，但放弃了。像大多数军事决策一样，选择不是单单基于军事上的考量，而是受到各种政治因素的影响。

在与薛西斯的三次对话中，德玛拉托斯表现出一个妄想者的固执。在他眼中，斯巴达战士有 10 英尺高。在温泉关之战前，他让斯巴达人成为超人。战役结束后，他把他们描述成波斯人在希腊取胜的唯一障碍。不必在意雅典人及其海军，目标锁定斯巴达人，就能赢得战争。这与其说是战略家的建议，不如说是复仇者的偏执。

斯巴达的步兵确实对薛西斯的军队构成了威胁。但是薛西斯对抗斯巴达的最佳策略是消灭希腊海军。之后波斯就能在海上运送士兵，畅通无阻地在希腊的任何地方登陆。波斯可能会瓦解希腊联盟，并将敌人逐个击破。因此，薛西斯没有分兵，而是率领整个舰队前往雅典。当然，一切都取决于他在那里做出正确的决定。但是如果没有一支统一的舰队，他甚至连获胜的机会都没有。

一位斯巴达国王在试图阻止波斯向南进军时阵亡了，另一位斯巴达国王拿性命做赌注想要改变波斯人的进军路线。列奥尼达将作为希腊的英雄被铭记，而德玛拉托斯则被视为叛徒，但两人都未能成功地阻止薛西斯既定的计划。无论是众神的意志还是波斯皇帝的固执，波斯人不到雅典不罢休。

波斯士兵艰难地突破了温泉关和阿提密喜安，一天之后，薛西斯下达命令，大军开始水陆并进，向南进发。所有人的目光都转向了雅典。

第三章　雅典

　　他虽然身材高大，四肢修长，但看上去有点发福。皮肤光
滑，没有胡须，浓密的头发卷成紧密的小卷儿。虽是一个成年
男子，但保留了男孩子尖利的高音。波斯皇帝进入雅典时，他
走在随行队伍中，其他的人还包括将军、政客、祭司、使节、
保镖、文书、侍从、厨师、服装师、奉承者、情妇和私生子。

　　像波斯宫廷的其他显贵一样，他穿着长而飘逸的袍子，上
面饰有刺绣。因为他在薛西斯的眼中地位很高，他的披风很可
能是皇室的礼物，染成了皇帝常穿的紫色或猩红色。他头戴一
顶布帽，脚上穿着一双带子鞋，身上配有大量的金饰——臂章、
脚链、项圈，还有一副耳环作为点缀，可能非常精美，或许是
金子和彩陶珠制成的。当然，他还搽着香水。

　　他的名字叫海尔摩提莫斯（Hermotimus），是个宦官。
结合古代的一些证据，以上对其外貌的描述是有根据的猜测。
但是关于海尔摩提莫斯的其他很多事情是可以确定的。他小时
候就被阉割，送到苏萨（Susa），作为礼物送给薛西斯。苏萨
是波斯皇帝过冬的都城。他尽心服侍波斯皇帝，受到重用，成
为宫廷中的第一宦官。宦官在人们眼中往往阴险狡诈，但显然
他们的勤奋和对细节的关注是其优点。因为宦官没有自己的孩
子，所以波斯皇帝对他们的忠诚度十分放心，常加以奖励。宦
官在波斯赢得了特殊的信任，他们在皇家宫殿中负责管理、监
视、看门等工作，特别是在后宫为皇室的女眷和孩子服务。

　　大概是在 9 月 20 日，温泉关战役大约三周之后，海尔摩
提莫斯来到雅典。温泉关和雅典之间最短的距离仅为 140 英里
多一点。[1] 毫无疑问，波斯人想一鼓作气，迅速追击敌人。但
他们最好的选择是派遣一支由骑兵和精锐部队组成的先头部
队。薛西斯的大军数量庞大，成分复杂，行动非常缓慢，以每

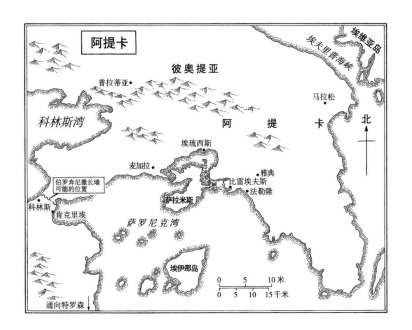

天大约 10 英里的速度前进，每七天要停下来让驮畜休息一天。[2]
拖慢行军速度的还有一点，即需要在到达阿提卡之前征服福基
斯（Phocis）和彼奥提亚（Boeotia）。

薛西斯的全部人马花了两个多星期才到达雅典。假设在温
泉关之战后需要几天的时间进行重新调度，波斯军队可能是在
9 月 1 日前后开始向南进军，大约在 9 月 20 日到达雅典。波
斯的先头部队大概以更快的速度走完全程。

希罗多德认为，波斯舰队在阿提密喜安和温泉关战斗结束
后仅 9 天就抵达了位于法勒隆湾的雅典主港口。他还暗示，波
斯的军队已经在舰队之前到了雅典。假设这里所说的军队是
指先头部队，那么第一批波斯陆军是在 9 月 5 日前后到达雅典，
而舰队是在 9 月 7 日前后到达法勒隆。波斯军队的大部分则远
远地落在后面。

海尔摩提莫斯跟薛西斯和他的手下一起，从温泉关向南进

55

人多里斯（Doris）和福基斯的山区。来自萨塞利的亲波斯的希腊人给他们充当向导，这些人憎恨相邻的福基斯人胜过憎恨任何外来入侵者。在向导的带领下，波斯人沿着蜿蜒的道路穿过遍地岩石的福基斯山谷，掠夺和焚烧财物，其中一座阿波罗神庙被烧毁。大多数居民出于安全考虑已经上山躲了起来，但有少数人不幸落入波斯人手中。不少女人被轮奸致死。多里斯地区跟萨塞利和波斯关系都比较亲密，因而得以幸免，未遭到屠戮。

在彼奥提亚的边境，薛西斯将军队一分为二。人数较少的一部分向西前往德尔斐的阿波罗神殿，这是希腊世界最富有、最著名的神殿。薛西斯率领规模较大的一部分驾战车向南进发，经过彼奥提亚，直达雅典。德尔斐到处是忠实信徒进献的金银礼物，包括重 570 磅的精致的狮子金像。据说薛西斯渴望将这样的战利品带回家，但这些神秘的宝藏却没让他得偿所愿。德尔斐郊外出现了雷暴雨，闪电击中了军队，巨石从帕纳索斯山（Mount Parnassus）轰然坠落，迷信的波斯人惊慌失措，掉头返回。

彼奥提亚的城镇普拉蒂亚和塞斯比阿（Thespiae）并不那么幸运。他们是彼奥提亚平原上支持希腊的城邦。以底比斯为首的其他城邦都加入了波斯人的阵营。希腊语中有一个动词"米底化"（to Medize）来描述这一情形。米底人是从波斯人中独立出来的雅利安人，但比较亲近希腊人——哪些人是希腊人口中的野蛮人并不明确。

彼奥提亚人有很高的军事素养，他们知道士兵看到一座城市在阳光下闪着金光时，是多么渴望抢夺战利品。他们不想冒被波斯军队觊觎的风险。因此，当他们"米底化"时，他们又做了一件事，接纳了马其顿的使节，这些人是由薛西斯可信赖的朋友马其顿国王亚历山大（亚历山大大帝的祖先）派来的。

由于没有这样的保护者，塞斯比阿的领土被蹂躏，普拉蒂亚被焚毁。这两地的居民都早已到伯罗奔尼撒半岛避难了。

薛西斯的军队接着穿过山口，进入雅典的领地。海尔摩提莫斯乘坐马车登上山顶，他第一次鸟瞰雅典的土地，心中想些什么，我们只能猜测。但如果他心中想的是惩罚，我们不会感到惊讶。薛西斯即将惩罚雅典人，因为他们曾焚烧萨迪斯，在马拉松之战中羞辱了他父亲率领的军队，更不用说背弃了他们要俯首称臣的承诺。同其他少数人一样，海尔摩提莫斯明白，所谓正义就是以其人之道还治其人之身。希罗多德说，实际上，在报仇雪恨这件事上，没有人比海尔摩提莫斯做得更好。

海尔摩提莫斯来自卡里亚的一个城市——佩达萨（Pedasa），距离希罗多德的故乡哈利卡纳苏斯只有几英里。住在佩达萨的是莱勒格斯人（Leleges），莱勒格斯人不是希腊人，如今人们对他们也不甚了解。有个传说提到一个非同寻常的细节，住在佩达萨的雅典娜的女祭司遇到麻烦的时候长出了胡须，这也许象征着即使是女性也愿意为捍卫自己的土地而战。

佩达萨人坚韧不拔，英勇尚武，坚守城池，在前546年抵抗住了波斯最初的侵犯。在前499年加入爱奥尼亚叛乱时，作战非常勇猛。也许是在波斯镇压叛乱的时候，或者是在某次未留下记录的海盗突袭中，年轻的海尔摩提莫斯被俘，做了奴隶。碰巧他是个长得特别好看的男孩，卡里亚的许多男孩子都相貌堂堂。

前480年，薛西斯把海尔摩提莫斯带到了希腊。皇帝对这个宦官非常信任，返回安纳托利亚后，任命海尔摩提莫斯做皇帝某些私生子的次级护卫，他们都参加了皇帝的远征。哈利卡纳苏斯的阿尔忒弥西亚女王负责将这些男孩子安全地带回家。皇室的家庭成员陪伴皇帝参战并不罕见。特拉乌斯

泰斯 (Tithraustes) 是薛西斯在希腊的私生子之一。[3] 14 年后, 即前 466 年, 他在安纳托利亚的欧律墨冬河 (Eurymedon River) 战役中指挥了一支大型波斯海军与希腊人展开较量。前 480 年, 他只能满足于在雅典观战。

阿提卡平原是雅典城邦的领土, 一直延伸到山下。阿提卡大部分是农田和森林; 前 480 年的雅典城市面积很小, 从一端走到另一端只需一个小时。9 月阳光明媚, 天空湛蓝, 波斯人的先头部队可以辨认出雅典卫城石柱的模样, 卫城就矗立在雅典城中心。风吹过, 树林沙沙作响, 这让波斯人想起了躺在城里柔软床上的景象。他们先前露营时都是睡在松枝上, 经常被松针刺痛。

萨罗尼克湾 (Saronic Gulf) 的海水和伯罗奔尼撒半岛的远山是这幅美丽画面的背景。萨拉米斯岛近在咫尺, 全部呈现在波斯人的视野中, 与雅典大陆之间只隔一条狭窄的海峡。波斯人登上阿提卡的山顶时, 可能已经觉得胜利易如反掌。主要的障碍就是希腊舰队的大约 300 艘三层划桨战船, 阿提密喜安战役结束后它们在萨拉米斯港重新集结。波斯海军沿埃维亚岛的西海岸航行, 将沿途洗劫一空。波斯人有一个希腊引航员, 引导他们通过彼奥提亚的萨尔加涅斯城 (Salganeus) 的曲折水道。[4] 但是他们对埃夫里普海峡如此狭窄的水道感到惶恐, 认为引航员故意带错路, 就将他处决了。这是不公平的, 因为这确实是最佳路线。

波斯舰队终于绕过阿提卡南端的苏尼昂海角 (Cape Sunium), 现在停泊在雅典卫城以南 3 英里处的法勒隆。同时, 在雅典西南约 40 英里处, 一支希腊军队急忙在狭窄的科林斯地峡建造一道防御墙, 以便在陆路阻挡波斯人。但是, 波斯皇帝的军队前往雅典报仇的那个早晨, 一切似乎都变得遥远。

雅典距离大海仅 3 英里，但感觉并不像个港口。相反，这座古城的山丘——缪斯山（Muse）、女神山（Nymphs）、战神山（Areopagus），当然还有卫城——让来访者感到雅典是坐落在山脚下。的确，这座城被群山环抱：东南部是伊米托斯山（Mount Hymettus），东北部是彭特雷山（Mount Pentele），西北部是帕恩斯山（Mount Parnes），西南部是埃加利昂山（Mount Aigaleon）。雅典只有在南面朝向大海。在 3 英里之外的海岸上，一个人来到了一个别样的世界，阳光灿烂，空气清新。

雅典也许能让海尔摩提莫斯想起他出生的城市。古代的佩达萨已被初步认定为今天的古格勒城堡（Gokgeler Castle），位于哈利卡纳苏斯遗址西北方向几英里的地方。古格勒城堡高高地坐落在博德鲁姆半岛（Bodrum peninsula）的山丘上，掩映在爱琴海美丽的山景之中。它的卫城是一个陡峭的易于防御的山丘。尽管树木和灌木丛肆虐地生长，但城墙的雄伟线条以及巨大的、棱角分明的石头仍然清晰可见。这里非常适宜放牧绵羊和山羊，适宜开垦梯田，种植橄榄，也是猎鸟的好地方。佩达萨在群山之中显得格外宁静，似乎是远离大海的世界，而在远处，至少从城堡顶部，可以看见几英里外的碧海。

海尔摩提莫斯可能已经带领皇子们游览了雅典，确切地说是城市的残迹。他可能会指着波斯人劫掠后的景象，来说明复仇是一件多么令人愉快的事情。他也可能提到自己的经历，那是个很好的例子。

就在几个月前，前 481 年到前 480 年的冬天，在萨迪斯的时候，他曾到希腊的沿海城市阿塔纽斯（Atarneus）做短途旅行。在那儿，他碰巧遇到一个从希俄斯岛来的希腊人，名叫帕尼欧纽斯（Panionius），正是几年前阉割海尔摩提莫斯的那个人。的确，帕尼欧纽斯把阉割俊俏的男孩作为职业。现在是海尔摩提莫斯的复仇时刻。他对帕尼欧纽斯撒谎，声称自己没有感到难过，因为帕尼欧纽斯的刀为他开辟了在波斯宫廷获得财富和权力的道路。海尔摩提莫斯邀请帕尼欧纽斯带上家人一起从希俄斯岛搬到阿塔纽斯，分享他的成功。

帕尼欧纽斯上当了，举家搬迁，这时海尔摩提莫斯开始出击了。他对被阉割一事表达了真实的愤怒之情。海尔摩提莫斯说，帕尼欧纽斯让自己"一无是处"[5]。此刻，海尔摩提莫斯宣布了他的复仇计划。海尔摩提莫斯强迫帕尼欧纽斯阉割了自己的四个儿子，然后强迫这几个孩子对他们的父亲做了同样的事。希罗多德的论述有一个暗示，那不仅仅是以牙还牙，海尔摩提莫斯仅是失去了睾丸，帕尼欧纽斯和他的儿子们只留下了一个排尿孔。[6]这种野蛮的报复表明了所谓的血腥正义——如果不是精确惩罚的话。这也是薛西斯内心对雅典人的态度。

在他执政的第六年年末，越过达达尼尔海峡四个月后，波斯皇帝终于踏进了雅典。毫无疑问，波斯人早就计划对叛乱分子和顽固分子按照惯例实施惩罚。雅典男人将被处死，女人将被强奸，孩子将被抓起来。要做大规模拉网式搜查；大批士兵要在乡村搜寻敌人，并将他们囚禁起来。然后，波斯复仇行动中成千上万的雅典幸存者将被解押着徒步或者乘船向东行进，远离爱琴海，前往波斯湾或中亚山区，以显示波斯皇帝的威严。在那儿，他们会为子孙后代担忧，担心没有能力把对雅典的哪怕是模糊的记忆传递给年轻一代。

从被屠戮到被赶出家园，再到伤心哀悼，这一切都是熟悉的模式。前494年，爱奥尼亚人失败之后，希俄斯岛和莱斯博斯岛（Lesbos）以及埃雷特里亚（Eretria）和米利都等城市，还有更早的古代近东其他城市，命运皆是如此。但这并未在雅典发生，波斯人到达时，那里几乎见不到人了。整个阿提卡地区约有1000平方英里，面积与美国的罗得岛或英国的汉普郡相当。从马拉松山脉到埃琉西斯（Eleusis）低地，从罗立温（Laurium）的银矿到比雷埃夫斯的港口，阿提卡几乎空无一人。

　　将雅典城邦的人全部撤离并非易事。另一个城邦曾试图这样做过，结果好坏参半。前540年，爱奥尼亚岛的福西亚（Phocaea）人没有投降波斯，而是投票决定将全部家当搬走。但是这个决定遇到了很大的阻力。他们只好把一块铁扔进海里，所有人都发誓要等到它再次浮上来时才回到福西亚，也就意味着永远不回来了。他们还诅咒任何留下来的人。即便如此，该城一半以上的人违背了誓言，不惧诅咒，回到家乡，成为波斯的臣民。其余的人历经磨难，最终在意大利安顿下来。

　　雅典人在前480年面临类似的诱惑，也遇到了更大的问题。福西亚是个小地方，而雅典是希腊世界最大的城邦之一。前480年，阿提卡地区男女老少大约有15万人，大多数都会离开。

　　他们将前往三个目的地。妇女和儿童本打算穿过萨罗尼克海湾，去往伯罗奔尼撒半岛东海岸的城邦特罗森，但也有些人去了萨罗尼克湾的埃伊那岛。埃伊那岛和特罗森均距离雅典大约一天的航程。年龄适合打仗的雅典男人——在这样的紧急情况之下，从18岁到59岁的都包括在内——前往萨拉米斯，这个岛似乎也是老年人和任何可以运输的生活用品的首选目的地。萨拉米斯距离阿提卡海岸仅约一英里。

　　像埃伊那岛和特罗森一样，萨拉米斯也是要从水路抵达。就目前所知，雅典人是靠船只疏散的。阿提密喜安战役的老兵们没有时间休息，他们又返回船上，把同胞运送到安全的地方。对于撤离者来说，他们在码头泪流满面，告别故园的逸事将流传后世。

　　转移到特罗森是雅典人合理的选择。特罗森与雅典有着长期的联系。根据神话传说，雅典传奇英雄忒修斯的外婆家就在

60

特罗森。埃伊那岛显然不是一个好去处，因为在薛西斯入侵之前，它一直是雅典的主要敌人。但是埃伊那岛已经与反抗波斯的希腊人团结起来。前480年时，该岛希望摒弃前嫌，修补双方的关系。欢迎雅典人撤往该地是一个良好的开端。

萨拉米斯是雅典战略的关键。与特罗森和埃伊那岛不同，萨拉米斯是雅典的领土。萨拉米斯最初是独立的，地理位置颇具战略性，位于阿提卡和邻近的城邦麦加拉外围，是希腊大陆上邻近城邦的必争之地，发生过很多次战争，直到前600年之后被雅典征服。后来，雅典人就在岛上定居下来。在前480年的前几年，萨拉米斯最著名的子民之一诞生了，即雅典悲剧作家欧里庇得斯（Euripides）。从雅典卫城望过去，萨拉米斯的战略价值一览无余。雅典卫城正西方的狭窄海峡将萨拉米斯与大陆隔开。小岛崎岖的轮廓在一小片水域中清晰可见。人站在雅典卫城上，感觉好像可以将这座小岛一把抓住。希腊人转移到萨拉米斯，把此处作为一个离家不远的基地。

雅典人的撤离早在前480年8月就已开始了，但随着温泉关陷落的消息传来，速度加快了。伯罗奔尼撒人曾承诺，如果他们不得不从山口撤退，那就在彼奥提亚全力阻击敌人。在任何情况下，他们都不会离开雅典去寻找自己的生路。然而伯罗奔尼撒人食言了。他们的军队在科林斯地峡设置了一条防线，科林斯地峡在雅典西南方向约40英里处，是通往伯罗奔尼撒半岛的门户。盟友们已经抛弃了雅典。雅典人不得不与伯罗奔尼撒人达成协议，即在阿提密喜安战役之后，希腊舰队将在萨拉米斯重新集结而不是在科林斯地峡的港口。但是伯罗奔尼撒人渴望后撤，以便更靠近家乡，他们没有答应在萨拉米斯进行战斗。然而雅典人想要在萨拉米斯开战，而且雅典拥有希腊最大的舰队，地位举足轻重，所以双方的分歧无法弥合。

雅典人独自被遗弃在陆地上，所以他们决定撤离自己的家园，并在萨拉米斯立足。这不是匆忙之间或最后一刻制订的计划。这是在雅典舰队向北前往阿提密喜安之前就决定的，差不多是一年之前了。该计划已得到雅典公民大会的批准，6000人或更多的人集会、辩论，对行动计划进行投票，它最后作为一项法令获得通过。"这是由议事会和公民大会决定的"，因此，雅典人的每一项法令都开始实施了。当公民大会到了最严肃的时刻，要为是否大规模撤离而投票时，平日吵吵闹闹的大会上出现了最罕见的事情：沉默。

雅典人民投票决定自己的流亡。但在这一策略的背后，一个人起了关键的作用。地米斯托克利作为领导者，他的名字被写进官方记录中，如果一切以失败告终，他应受到谴责。

一份刻在石头上的文件被称为《地米斯托克利法令》，以提议通过该法令的人的名字命名，证实了希罗多德的描述，同时增加了几个重要的细节。该铭文可追溯到大约前300年，可能真的是基于雅典公民大会通过的法令。《地米斯托克利法令》表明，雅典人的撤离行动早在前480年8月阿提密喜安战役之前就开始了。这说明了雅典人的确是深谋远虑，未雨绸缪。

他们从好几个方面拿萨拉米斯做文章。例如，为了内部的团结和共同利益，曾经被放逐的政客都被召回，但由于其中一些人是因为亲波斯的言论被放逐的，在萨拉米斯岛上大家与这些人保持了一定的距离。

宗教信仰的作用也没有被忽视。例如，在舰队离开之前，掌权者要向众神之王万能的宙斯、雅典的守护者胜利女神雅典娜和安全捍卫者海神波塞冬献祭，为的是获得威力，祈求胜利，保证安全。

该法令对军事动员的作用更是异乎寻常。不仅召集了雅典公民，还召集了外国居民。对人员做了精心的配置，在200艘船组成的雅典船队中，每艘船上都有经验丰富的划桨手和不谙水战的步兵。每艘船上船员的姓名都张贴在公告板上，所有人都能看到。

每个名字都显示着地米斯托克利的政治敏锐性。薛西斯已把与雅典的家族世仇变成了征服战争，但是地米斯托克利随后将其变成了一场全民战争。这既是他的预谋，也是他的天才之处，因为撤离激发了雅典人的斗志，而波斯人未能达到目的，这为血战埋下了伏笔。

现在，雅典人转向诸神，他们最想听到阿波罗的神启。他们在德尔斐祈求权威的神谕（字面意思是"代言人"），但其结果并不令人欢欣鼓舞。雅典人征询神谕的时间不太明确，大概是前481年底或前480年初。

希腊人坚信，只要人们知道如何解读神谕，神就会预告未来。因此，占卜这种伪科学对于希腊宗教至关重要。占卜的形式包括对梦的解释、观察鸟类、献祭、一些偶然的征兆（如打喷嚏），以及在神示所咨询神的代言人。在最后一种形式中，最负盛名的就是德尔斐神示所，处于迷狂状态的女祭司为神灵代言。德尔斐的声望不仅来自人们的虔诚和其自我宣传，还因为神谕能传递好的建议，多年来积累了良好的记录。这反过来也反映了德尔斐维持了深度的信息交流。神谕经常基于事实，的确值得关注。

在德尔斐代言阿波罗的女祭司亚里斯多尼斯（Aristonice）告诉雅典人无须考虑抵抗波斯。她问道："可怜的人，你为什么坐在那里？"她的建议是"逃到世界的尽头，离开家园，离开城邦的高处"，因为"悲惨的事情正在发生"。[7] 阿波罗的信徒对这样的回应，用委婉的字眼说就是，不够满意。看到这一点，德尔斐的一名负责人让雅典人再试一次。这次，他们应手持月桂树枝，以哀求的姿态接近女祭司。毫无疑问，他们最终将不得不以一份更丰厚的礼物来回报阿波罗的耐心。

这次，女祭司带来了更多一点的希望。她说，尽管雅典的其他一切都将被敌人占据——

> 目光远大的宙斯赠给诞生三次的雅典娜一堵木墙，
> 唯一不被洗劫的地方，将帮助你们和你们的子孙。
> 不要等待来自大陆的伟大主人，
> 骑兵和步兵；转身避开敌人。
> 最终，你们将站在他们对面。
> 哦，神圣的萨拉米斯，在播种或是收获的时候，
> 你将把女人的儿子们毁灭。[8]

固然众神的意图神秘莫测，但是从如此详尽的回答中得出结论也不是太难的事情，这样的回答是阿波罗的祭司在了解了雅典正在考虑的政策后给出的。神谕为每个人都提供了建议，就像在雅典激烈讨论的那样。

几乎每个人都想打这一仗，问题是如何打。一些雅典人，尤其是老一辈的人，认为"木墙"的意思是应该用木栅栏把卫城保护起来。但是其他人说，"木墙"指的是木制的船，即雅典船队。应当全力以赴准备与前493年创建的年轻的波斯海军开战。但是他们的反对者提出了不同意见：萨拉米斯。

如果阿波罗想要鼓励雅典人在海上作战，他就不会提到在萨拉米斯的毁灭；相反，他是在警告雅典人要避开萨拉米斯。有些人显得烦躁不安，领头的是神谕的收集者。这些传播预言书的专业占卜人在雅典拥有大批追随者。他们感到一定会失败，不想抵抗薛西斯，想让雅典人像福西亚人一样移居国外。但是地米斯托克利用计谋挫败了他们。

地米斯托克利说，神并没有劝阻雅典人，而是引导他们走向"神圣的萨拉米斯"。如果阿波罗想劝阻雅典人出海，他肯

64

定会说"可怜的萨拉米斯"。他说，将被摧毁的"女人的儿子们"一定指的是波斯人。还要留意，神谕预言在春季（雅典的收获季节）或秋季（雅典谷物播种的季节）会发生一场战斗。战争跟其他事情一样，时机决定一切。这一点非常重要，后面发生的事情也将更清晰地证实这一点。

没有盟友，任何政客都不会获胜。任何一个盟友都比不上曾经的敌人，尤其是一个众所周知的敌人。米提亚德（Miltiades）的儿子西蒙（Cimon）正是地米斯托克利需要的。米提亚德是前490年马拉松战役的胜利者。他不是地米斯托克利的朋友。前489年米提亚德因生坏疽而死，小儿子继承了他的衣钵。在前481年末或前480年初，西蒙本可以带人向地米斯托克利发难，但他在大庭广众之下做了相反的事情。

在对神谕的辩论最激烈的时候，西蒙领导了一场公开游行。他是个贵族，也是雅典骑兵成员，骑兵是雅典最高级的团体之一。雅典骑兵通常留着长发，穿着华丽的衣服，兼具斯巴达人的坚韧和爱奥尼亚人的奢侈。身材高大、头发卷曲的西蒙走在骑兵游行队伍的最前面。他们从城市的边缘出发，穿过街道，向雅典卫城行进。在雅典最神圣的神庙雅典娜神庙，西蒙将他的马缰绳献给了女神。然后他拿起挂在神庙墙上的一面盾牌，向雅典娜祈祷，然后奔向大海的方向。

在这一场盛大的政治表演中，雅典保守派的无冕之王向持激进态度的一方公开表达祝福。实际上，西蒙说的是，国家的紧急状态消除了贵族骑士与充当划桨手的下层阶级之间的差别。在希波战争期间，所有的雅典人都是海员。西蒙实际上宣告了一个神圣的联盟。这是一个勇敢的政治家做出的姿态。如果不是因为知道雅典聪明的爱国者并非只有一人，人们恐怕会猜想地米斯托克利在幕后起了作用。西蒙为了国家利益放弃阶层之见，值得称赞。

地米斯托克利在有关战争策略的辩论中赢得胜利。希罗多德称，雅典人通过投票，决定把全部人力部署在船上，以等待野蛮人入侵希腊。根据希腊联盟在科林斯地峡会议上达成的协议，其他希腊盟国将在陆地上抗击敌人。他们将阻击从北部杀来的波斯人，如果失败了，雅典人决心撤离阿提卡，在萨拉米斯展开决战。把城市交由守护神雅典娜来照看，这一决定让虔诚的人感到宽慰。

没有什么比离开他们土地的方式更代表雅典人的了。鉴于民主被普遍批评是软弱和顺从的表现，有必要评价一下民主的雅典愿意为自由而付出的代价。雅典公民大会投票通过了提议，不仅派年轻男人参加战斗，还将老人、女人和孩子全部带走。雅典城的人纷纷登上难民船，告别这个古老的城市，雅典的名称甚至在希腊语出现之前就有了。他们迈着坚定的步伐，不知道是否还能再回来，那种景象可能会像薛西斯的军队七天穿过达达尼尔海峡一样震撼人心。

子孙后代会钦佩这个关于背井离乡的决定，会将其反复写入铭文当中。他们赞颂这一壮举，它的确值得赞颂。虽然大多数希腊人投降了，虽然他们的伯罗奔尼撒盟友试图背弃他们，但雅典人认为抵抗波斯无上光荣。希罗多德写道，他们没有逃离希腊，而是"留下来勇敢地等待入侵他们家园的敌人"[9]。撤离雅典的提议通过的那天，雅典人就断定，他们的士兵和划桨手以及所有的其他雅典人都创造了历史。

根据对当时情况可能的推演，雅典人决定分两个阶段实施撤离。法令执行的日期可能是前480年6月。雅典的女人、儿童和老人首先离开，年轻男人留在后面，等待分配到战船上。

开始撤离是在士兵们从阿提密喜安回来的时候，大约是9月1日。雅典舰队离开阿提密喜安，航行了约214海里，大约三天后停靠在法勒隆的港口。波斯舰队在埃维亚岛北部停留了六天，用来维修船只，等待来自希腊各岛的援军，并查看温泉关的战场。这意味着雅典人只有不到一周的时间来完成他们大规模的迁移。可以肯定的是，9月5日前后到达阿提卡的波斯海军和波斯陆军的先头部队均无法对整个阿提卡展开搜索，也就是说，在9月20日波斯的全部军队到达之前，雅典人仍有时间撤离。但毫无疑问，看到波斯人出现在阿提卡会激励掉队的雅典人。

撤离比雅典公民大会所计划的更为自发和仓促。斯巴达人尊重法律和秩序，而雅典人崇尚自由。雅典人强调个性、质疑权威是出了名的。毫无疑问，许多人没有在意早先撤离家园的命令。还有不少人可能先离开了，但后来看到波斯人并未出现，又返回了雅典。因此，前480年9月成群结队撤离的人包括妇女和儿童，这些人早应该动身去特罗森了。现在一些人去特罗森，一些人去埃伊那岛，其余的去萨拉米斯。

然而，即使有阿提密喜安和温泉关的战报，要说服雅典人离开家园仍不容易。雅典的战神山议事会提供了帮助。议事会由卸任的执政官组成，因会议厅设在雅典卫城附近的战神阿瑞斯之山而得名。战神山议事会投票决定，给每名水手8德拉克马的生活津贴，这笔钱足够买三个星期的食物。这笔钱可能来自国库。古希腊海军一般仅携带最精简的生活用品。水手们得在当地的市场上购买食物，津贴对大多数士兵来说是至关重要的。

地米斯托克利是战神山议事会的一员，但另一种说法否认了他有能力说服议事会将国家的钱财分配给舰队。相反，这笔钱来自他的一项计划。趁着撤离的混乱，有人偷走了雅典卫城中雅典娜雕像上金子做的戈耳工（Gorgon）蛇发女怪的头。以寻找这个无价之宝为借口，地米斯托克利设法搜查人们的行李。他没收了找到的所有的钱，并把这些钱分给了士兵。我们不知道哪个故事是真实可信的，也不知道后来是否找到了戈耳工的头。

可能特罗森也是欢迎雅典人撤离的。至少在后来的几年中，特罗森人声称，他们通过了一项法律，用公共开支来帮助雅典难民。经投票表决，同意给搬到特罗森的每个雅典家庭发放适当的日常补贴；他们的孩子可以随意从树上采摘水果，特罗森人还为孩子们聘请了教师。

促使人们离开雅典的另一个动因与雅典卫城有关。古代人认为，一座城市面临毁灭时，它的守护神会首先离开。雅典的守护神是雅典娜，她的形象有很多种，其中一个据说是生活在雅典卫城神庙里的一条大蛇。据称，神庙的神职人员有证据证明蛇的存在，但其他人从来没有见过。守护神雅典娜的女祭司每个月都会留出一块儿蜜糕。不知怎的，蜜糕就消失了。应该是被蛇吃掉了。然而，这个月发生了一件不可思议的事情：蜜糕没有被动过。女祭司因此得出结论，雅典娜已经放弃了这座城市，也就是说波斯人将摧毁雅典。她将此告知了雅典人。

有人低语，在女祭司的身后、站在演讲台上的就是一条狡猾的蛇——地米斯托克利。他们说，关于蛇和蜜糕，只是他编造的戏剧性的故事。据称，地米斯托克利说服女祭司杜撰了蛇没吃蜜糕的故事，以操纵公众舆论。如果地米斯托克利的确与女祭司协商，她可能不会轻易被说服。她是一个成熟的女人，家庭背景显赫，看护着这座城市最重要的宗教偶像。她住在雅典卫城，一生尽责。她笃信宗教，十分虔诚，政治上也同样有见识。

女祭司以不同的方式表露雅典娜已经离开，但并非每一个留下的雅典人都听从了建议。大多数雅典人居住的乡村，看起来像是安全的藏身之处，让那些舍不得离开的人心存侥幸。结果，波斯人抓住了他们，并将 500 名雅典人押解到爱琴海对岸，送往萨摩斯岛。他们在阿提卡屠杀了多少雅典人，没有历史记录。

这是雅典历史上最为危急的时刻。雅典的民主持续了250年，而在大部分时间里，雅典都是海军强国。这次战争中，每一个雅典男人都被征召到战船上服役。这种情况仅出现过两次，另一次是在伯罗奔尼撒战争最困难的时候。在长久的历史上，民主很少遭遇此时这般巨大的考验。

如果行之有效，撤离雅典将被视为战争史上最经典的战略撤退之一。如果失败，人们将在流亡中悲叹不已。

雅典贵族中很少有人愿意冒被薛西斯俘虏的风险。在撤离人员中，有一个名叫伯里克利（Pericles）的少年，他是贵族桑西巴斯（Xanthippus）的儿子，桑西巴斯是浩腊戈斯（Cholargos）德莫区的阿里佛龙（Ariphron）的儿子。将来有一天，伯里克利会是雅典首屈一指的人物。但在前480年，伯里克利和他的家人，包括他的兄弟姊妹，被迫离开，这是他14年来的第二次流亡。前484年，桑西巴斯被放逐，一家人离开了雅典，可能去了伯罗奔尼撒北部的城市西锡安（Sicyon），那里有他们的亲戚。那只是个人的遭遇，但是在前480年，所有雅典人都经历了伯里克利生活中的动荡。

关于撤离的逸事非常多。例如，有一个故事说，桑西巴斯的狗非常忠诚，它跟随主人的三层划桨战船，游过一英里宽的萨拉米斯海峡，到达对岸后就因筋疲力尽而死。几个世纪后，萨拉米斯的一个地方被称为"忠犬墓"，据说是埋葬这条狗的地方。

希腊战士出征前，通常要举行一个仪式。一般说来，女主人会在一个小陶罐中斟上祭酒，将其献给诸神，期盼男人能平安归来。但是，前480年9月，大多数雅典人全家都要离开，谁来供奉祭酒呢？不管是谁主持仪式，希腊诗人麦加拉的泰奥格尼斯（Theognis）用诗句表达了这种情感——

> 愿住在天上的宙斯永远用右手护住这座城市，使其免遭伤害，愿各路神灵也这样做，愿阿波罗让我们心口一致。
>
> ……在把酒献祭给众神之后，让我们也一起畅饮……不要担心米底人的战争。[10]

雅典难民去流亡，仅携带了很少的物品。他们留下了大量的东西，从陶土餐具、烛台、织布机到玻璃碗、硬币和埋藏在后院的珠宝，以及各种青铜制品，包括锅、碗、长柄勺、三足器、装饰着海豚图案的量具。最富有的人丢下了家人的陵墓，上面刻有各种图像，包括骑士和运动员、移民和步兵、狮子和野猪、狮身人面像、花环和鲜花。他们留下了过去悼念亲人的记录，比如纳克索斯（Naxos）的一个叫安纳克西拉斯（Anaxilas）的人，死于前510年前后，他的墓志铭上写着他的离世让家人"满怀悲伤、痛苦和哀悼"[11]。他们留下了陵墓，里面放有金戒指、金耳环和金项链，还有铁剑和矛头、陶制玩具、指骨，以及形状各异、大小不一的彩绘陶器，上面的装饰图案有神灵和英雄、情人和征服者、公鸡和斯芬克斯、运动员和战士、织布工、萨蒂尔（古希腊神话中半人半羊的森林之神）和海豚。

波斯大军横扫空旷的阿提卡，掠夺了几乎所有的东西，并摧毁了一切值得破坏的东西。终于可以为马拉松之战的失利报仇雪恨了。

波斯人砸碎花瓶时是如何看待雅典人的？他们会停下来看看碎片上描绘的场景吗？他们是否注意到那些图画当中，战斗的场景要远远多于喝酒、玩耍和祈祷的场景？图画上战士挥舞长矛短剑或者拳打脚踢置敌人于死地，然后争夺尸体，当然首先要除去死人手中的武器。他们有没有考虑这些图画的意义？

波斯人打翻雕像时是如何看待雅典人的？他们是否注意到，比如说，一尊阿波罗拉弓的铜像[12]，这个高大、健壮、精瘦和强大的光明之神更像街头的斗士？他们又是如何看待手持箭袋的阿尔忒弥斯，或戴着青铜头盔、披着山羊皮胸甲、身上缠着蛇的雅典娜的？

波斯人有没有想过他们面对的是一个杀手遍布的国度，还是只把希腊人当成夸夸其谈的野蛮人？毫无疑问是后者，因为士兵们很少去想象自己的死亡。无论他们在被遗弃的阿提卡发现了什么，波斯人都可能更喜欢关注雅利安圆柱形滚筒印章[13]所描绘的那种场景。将这个由半宝石玉髓制成的物件在湿的黏土上滚动按压后，就出现了波斯人获胜的图案。它描绘的是波斯皇帝用长矛刺向一名倒下的希腊步兵。

70　　波斯人到达雅典城时，发现那里已是空空如也。除了在雅典卫城，其他各处都不见雅典人的踪影。卫城里人数不多，但各类人都有。粗略估计，有几百个人，包括雅典娜神庙的司库，他们都是有钱人；还有过于贫穷或身体过于虚弱、无法在萨拉米斯维持生计的男人；还有一帮人，他们认为"木墙"指的不是船只，而是雅典卫城的木栅栏。他们实施了保卫战，比预想的要勇猛。

雅典卫城是一座天然堡垒，山坡陡峭险峻。外形是椭圆的，高 512 英尺，面积约 50 万平方英尺，约为橄榄球场的三倍。守城的人把门板和木梁从庙宇中拆下来，堵住卫城。他们极有可能在通往雅典卫城门口的石头路上设下了路障。

与此同时，波斯人驻扎在附近的战神山，或称阿瑞斯山（Hill of Ares）。这是一个多石的山峰，高 375 英尺，就在雅典卫城西端狭窄的山谷对面。从那里，波斯弓箭手向着雅典人建造的木制围栏射出带火的箭头。每根箭头上都系着一团麻线或者其他植物纤维，这些纤维在松脂等易燃液体中浸泡过，并在射出前被点燃。

在此之前，波斯人召集麾下的雅典流亡者，将其送到雅典卫城，去劝降守城的人。这些流亡者是前任僭主希庇亚斯（Hippias）的后嗣，最后一次在雅典露面是在前490年马拉松战役中。雅典卫城的守军不为所动。他们对劝降者的回应就是用滚石把试图爬上雅典卫城的波斯人击退。

一连几天，即希罗多德所说的"很长一段时间"[14]，波斯人陷入了困境。后来，他们在雅典卫城西北一块儿巨石的罅隙中找到一条小径，这里连着上山的路，那条路十分陡峭，因此无人把守。波斯人顺着这条路攀上山顶，守军看到了，一些人跳下山顶自杀而亡，其他人则躲在女神的神庙里。根据希腊法律，在圣殿里杀人是一项重大罪行。然后，根据希罗多德的说法，波斯人一到达雅典卫城的顶峰，就直奔圣殿，"他们闯入大门，杀死了苦苦哀求的人"[15]。没有一个幸存者。

雅典名不见经传的勇士们并非不勇敢：他们要么太贫穷，连盔甲也没有；要么另有责任，未能加入去往萨拉米斯的舰队；要么太虚弱了，走路都离不开拐棍。然而，就像在温泉关的斯巴达人一样，这些雅典人保卫希腊的土地，直到最后一刻。到目前为止，还没有为这些人建过纪念碑，但是正如伯里克利不久之后说的那样，勇士把大地当作坟墓。

屠杀了雅典人之后，波斯人劫掠了神庙的宝藏，然后纵火焚烧了整个山丘。石头建筑上的木梁熊熊燃烧，留下了带有焚烧痕迹的断壁残垣。

波斯人摧毁了雅典卫城，但不是我们现在所知的雅典卫城。今天世界闻名的雅典卫城废墟主要是希波战争后的一代人建成的。雅典卫城最著名的建筑——雅典娜神庙，即帕特农神

71

庙，于前 432 年建成。

前 480 年的雅典卫城并不是后来成为西方艺术标志的那一个。它的艺术和建筑特色充满生气，富有探索性，甚至是怪诞的，一点也不沉静。雅典卫城的古老神庙里到处都是雕像，雕像各式各样，有狮子和海怪、戈耳工女怪和色彩艳丽的蛇，还有留着修剪过的黑胡须的男人、穿着百褶长袍的长发女人、梳着像蜗牛壳样式的卷发的年轻人。

雅典卫城杂乱空间里的这些小摆设反映出数百年的文化积淀，而不是一个单一的传统进程。雅典人要重建卫城，首先必须清理旧建筑物和雕像。他们也是这样做的。前 5 世纪 40 年代，雅典卫城开始重建。因此，薛西斯在前 480 年放的一把大火是一种创造性的破坏，尽管当时的希腊人并不这么看。

相反，这在他们眼中如同世界末日。波斯人摧毁了一个民族的宗教信仰。雅典人几个世纪以来耐心而虔诚地积累的一切都在一个下午被毁坏殆尽。对于古希腊人来说，波斯人的所作所为等于对神灵的犯罪。此后与野蛮人的战斗不再仅仅是自卫行动，而变成了虔敬之举。

72　　薛西斯现在占领了雅典。他派一名骑兵赶回苏萨，把好消息带给他的叔叔阿塔巴努，阿塔巴努是摄政王，也是远征前辩论时反对出战的鸽派代表。薛西斯完全有理由欣然接受手下人争先恐后表达的称颂和祝贺。海尔摩提莫斯无疑是其中的一员。

回到波斯，在波斯波利斯的大流士的宫殿中，一个门框上刻着一个没有胡子的随从的浮雕像。他穿着整齐，精心修饰，容貌英俊，通常被认为是个宦官。他右手拿着香水瓶，这是个圆底的长颈瓶，瓶口有塞子；左手上搭着一条毛巾。他大步向前，好像要把这些东西带给波斯皇帝。

因此，我们可以想象，这描绘的是雅典卫城沦陷后，海尔摩提莫斯在服侍薛西斯。作为一个高级别的宦官，海尔摩提莫斯带给统治者的是甜言蜜语，而非脂粉和布料，但是宗旨是一样的：忠诚。海尔摩提莫斯不想错过奉承波斯皇帝的机会。

但是他这个复仇行家很可能会对雅典上空的大火心存疑虑。希腊舰队还在萨拉米斯海峡列阵，占领了雅典卫城的胜利者远远地就能望见。海尔摩提莫斯最想看到的就是敌人的战船灰飞烟灭。

希腊人并没有投降。雅典陷落了，雅典火光冲天，但雅典人没有屈服。雅典卫城遭到洗劫，无疑让一些雅典人感到恐惧，但在很大程度上，更激发了他们的斗志。实际上，希腊人此时最大的敌人不是波斯，而是他们自己。希腊海军的总部产生了激烈的分歧，观点来回摇摆。希腊人已经放弃了雅典，但他们的海军现在就在一英里之外。舰队停靠在萨拉米斯，海峡的对岸就是希腊大陆，它已经落入敌手。这支舰队将决定希腊的未来。

第四章 萨拉米斯

他穿着一件粗糙的羊毛长袍，长袍紧紧地包裹着身体。[1]猩红色的披风披在肩膀上，一直延伸到脚踝。精心编织的长发辫顺着胸部和背部向下垂。青铜头盔上装饰着横列的羽毛顶饰，那是他身居高位的标识。他手持一根木杖，作为权力的象征。他赤着脚。

他的脸，或者说头盔以下看到的部分，清瘦结实，像是一直都在经受严苛的训练。如果他的眼睛流露出任何情感，那很可能是冷静，在斯巴达人看来，这样的表情总是恰当的。除非他们哀悼在战斗中丧生的家人，在这种情况下，他们应该骄傲地微笑。斯巴达人是一个自相矛盾的民族，在尤利克雷德的儿子尤利比亚德那里，这种反讽表现得最为极致。对他的描述是有根据的猜测，但是他承受的压力是实实在在的。

他是希腊海军的总司令。9 月 23 日在萨拉米斯，他的任务是为存在巨大分歧的盟友制定共同的战略。在萨拉米斯，山羊在安静地吃草，希腊人在喋喋不休地争吵。充当调解人的角色对这个斯巴达人来说并不容易，舰队司令的角色也同样面临挑战。斯巴达人步兵比较强大。海军规模很小，不太重要，仅仅是因为斯巴达的领土延伸到大海才有其用处。然而作为舰队指挥官，"海军司令"尤利比亚德行使了他在陆地上无法获得的权力。只有国王可以在陆地上指挥斯巴达军队，而尤利比亚德是个平民。

尤利比亚德是一个雄心勃勃的人，但不擅长管理。据我们所知，他既没有坚定的观点，也没有深刻的见识。他并不想严格管教萨拉米斯争吵不休的希腊人。但是他是一个爱国者，值得称赞的一点是他知道何时向更强的人让步。

战争使得萨拉米斯的人口急剧增加。[2]在和平时期，岛上

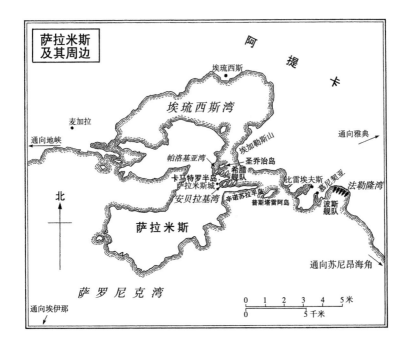

可能有5000至1万名居民。突然又有10万至15万人来到这里。其中包括希腊舰队300多艘三层划桨战船上的人员以及从雅典撤出的大部分难民。有时，似乎在萨拉米斯的每一个希腊人都与其他希腊人发生矛盾。[3]毫无疑问，当地人对新来的人感到厌倦，有一些不善良的人甚至想从新人那里揩点油。划桨手抱怨他们的队长。队长抱怨他们的指挥官。每个城邦的船队指挥官都抱怨其他城邦的船队。每个人似乎都有自己的策略，并誓死捍卫。此时，希腊人向海峡对面空旷的阿提卡乡村望去，他们在等待野蛮人。两个星期以来，波斯军队一直在缓慢推进，轻骑兵在最前面，最后是随军人员。

萨拉米斯这个古老的岛屿，按索福克勒斯（Sophocles）的说法是"被大海连续冲击的地方"[4]。耕地短缺，几乎每个海湾都住着渔民。到现代也是如此。每天黎明之前，他们便出

75

海了。此时海水最为平静，容易撒网。但是，即使萨拉米斯岛上的每个渔民都将捕捞量提高一倍，岛民仍然无法养活所有的外来移民。雅典人无疑向该岛运送了谷物和其他物资，但他们所能提供的数量是有限的。对他们来说，携带淡水也不切实际，淡水在希腊总是很稀缺。

难民感到害怕是很正常的，水手也需要时刻保持警惕，每个人都有疲惫之感。平民已经被迫离开了家园，船上的桨手和士兵已经战斗了三个多星期了。在那段时间里，水手们还得修理船只，火化死者，演练战术，组织大规模的撤离。而且，经过来回奔波，大多数人跋涉了 500 英里甚至更多。然而，最重大的战斗还等待着他们。

这就是前 480 年 9 月第四周开始时的萨拉米斯，一个普通的港口变成了庇护所，一片平静的水域变成了海军基地。希腊舰队出现在萨拉米斯，这本身就是地米斯托克利的计谋。阿提密喜安战役之后，雅典人得知在彼奥提亚没有部署步兵，他们要求盟友在返回埃伊那岛、伯罗奔尼撒半岛或凯奥斯岛（island of Ceos）的途中在萨拉米斯停留。雅典人需要把他们的人从阿提卡撤出来。之后，他们就能在萨拉米斯与盟友会合并计划舰队下一步的行动。盟友们同意了。与此同时，未参加阿提密喜安战役的增援船只聚集在了波贡（Pogon），此地靠近特罗森，位于萨罗尼克湾的西侧。他们也向萨拉米斯驶去。

76　　　萨拉米斯只是一个会合点。没有盟友同意在那里打仗。相反，看似显而易见的行动是将舰队转移到了科林斯地峡的一个港口。希腊联盟的军队在那里站稳了脚跟，因此，在那附近部署海军肯定是顺理成章的。

8 月底，斯巴达人收到了温泉关失守的坏消息。8 月 19 日的满月标志着奥林匹克运动会以及斯巴达卡尼亚节（Carnea）的结束。在节日期间，宗教方面的顾虑有助于斯巴达鸽派反对大规模调动人员。既然他们现在已经满足了众神，而且温泉关已经陷落，斯巴达人便立即将军队召集起来，向科林斯地峡进发。在这里，他们同来自科林斯和其他十几个伯罗奔尼撒城邦的军队一起，封锁了主要道路，并开始在狭窄的地峡修建防御墙，地峡最窄处不到 5 英里宽。他们夜以继日地使用石头、砖块、木材和沙筐来修筑防线。

在萨罗尼克湾有一个绝佳的港口，离防御墙不远，那个地方叫作肯克里埃（Cenchreae）。如果科林斯人和其他的伯罗奔尼撒人倾向于在那里而不是在萨拉米斯战斗，是完全可以理解的。

然而，舰队当时在萨拉米斯，任何行动看上去都像是撤退。想在萨拉米斯作战的地米斯托克利知道这一点，正如他知道雅典的约 200 艘三层划桨战船占希腊海军战船总数的一半以上。雅典有很大的影响力。

萨拉米斯是一个中等大小的岛屿。面积约为 36 平方英里，是阿提卡的二十五分之一。这是一个由低矮山丘组成的岛屿，其最高点是南部一座海拔 1325 英尺的山峰。

萨拉米斯是个马蹄形的岛屿，海岸线长 64 英里，其内凹的一面朝西。萨拉米斯坐落在阿提卡的西海岸，向西延伸至麦加拉，麦加拉是位于雅典和科林斯之间的城邦。在萨拉米斯北边对面的海岸上，麦加拉和雅典之间是雅典的埃琉西斯城。大海在这里变宽，成为一个海湾。埃琉西斯是农业女神得墨忒耳（Demeter）的圣地，也是厄琉息斯秘仪（Eleusinian Mysteries）*举行的地方，这是一年一度的宗教仪式，为死去的人提供重生的希望。

---

* 古希腊为祭祀农业女神得墨忒耳及冥后珀尔塞福涅，每年在雅典附近的厄琉息斯村举行的仪式。——译者注

萨拉米斯的东北角是狭长的辛诺苏拉（Cynosura）半岛。[5]在希腊语中，"辛诺苏拉"的意思是"狗的尾巴"。辛诺苏拉延伸入大海，像匕首一样，指向东北方的比雷埃夫斯和更远处的雅典。辛诺苏拉东北方是一座叫塞塔利亚（Psytalleia）[6]的小岛。小岛和半岛几乎将萨拉米斯海峡的东端与萨罗尼克湾隔开。沿海峡向西行驶，在塞塔利亚以西约3英里处，就是另外一个小岛，即今天的圣乔治岛（St. George）。在两个小岛之间，即萨拉米斯岛的东北侧、雅典大陆的对面，就是萨拉米斯古城的港口。

这个港口，今天称作安贝拉基湾（Ambelaki Bay），是绝佳的天然锚地。入口宽约四分之一英里，总是风平浪静。卡马特罗（Kamatero）半岛向北延伸，保护港口免受北风的侵袭。而在港口的南面，辛诺苏拉半岛挡住了南风和萨罗尼克湾的海浪。

我们可以想象，前480年，一部分希腊舰队驻扎在安贝拉基湾。作为古代城市的所在地，安贝拉基湾一定配备了供船只停靠的码头。但是舰队规模太大，船只可能会往北延伸到下一个海湾帕洛基亚湾（Paloukia Bay）。帕洛基亚湾两边是沙滩，卡马特罗半岛和圣乔治岛把风挡在外面，是三层划桨战船理想的停泊之地。

在神话中，萨拉米斯是国王埃阿斯（Ajax）的家乡。埃阿斯是忒拉蒙（Telamon）的儿子，在特洛伊之战中是希腊军队的坚定支持者。埃阿斯高大魁梧，被称为"堡垒"（bulwark）[7]。作为英雄人物，埃阿斯有勇无谋，也就是说，与他的死敌狡猾的奥德修斯（Odysseus）正相反。尽管驻扎在埃阿斯的岛屿，希腊人若要击败波斯，就必须效仿奥德修斯。他们必须言行一致。

毫无疑问，一些雅典难民会被安置在萨拉米斯的私人住宅和公共建筑里，但是几乎没有地方容纳那么多的人。船长们可能一直待在他们的船上，也许在临时的小舱里，但是三层划桨战船太窄小，超过一半的船员找不到睡觉的地方。许多刚来到萨拉米斯的军队，即便不是大多数，也有在外面露营的。

条件完全称不上奢侈。在正常情况下，若船长给划桨手时间，让他们去公共浴池洗澡，就会被认为是非常丢脸的，这会使他们在战斗中过于软弱。[8] 在前480年的紧急情况下，没有时间可以浪费。如果萨拉米斯有一个澡堂，对于蜂拥而至的士兵来说，连一小部分人都难以容纳。

划桨手们将不得不在海里洗澡，否则就满身污秽。但是如果雅典人事先计划得当，他们可能不会挨饿。因为雅典的领导者曾期望以萨拉米斯为基地，所以他们很可能在那里为希腊舰队储存了大量的粮食。

萨拉米斯会聚了22个希腊城邦的代表，共有300多艘船。还有伯罗奔尼撒的6个城邦提供了船只，包括斯巴达、科林斯、西锡安、埃皮达鲁斯（Epidaurus）、特罗森和赫尔迈厄尼（Hermione）。在希腊中部，雅典和麦加拉贡献了船只，而安布拉西亚（Ambracia）和卢卡斯（Leucas）则代表希腊西北部城邦。一些岛屿上的城邦派出了船队，包括埃维亚岛的哈尔基斯、埃雷特里亚和斯蒂拉（Styra），萨罗尼克湾的埃伊那岛，以及基克拉迪群岛（Cyclades）的凯奥斯岛、纳克索斯岛、塞索诺斯岛（Cythnos）、瑟利佛斯岛（Seriphos）、锡弗诺斯岛（Siphnos）和米洛斯岛（Melos）。意大利的克罗顿（Croton）是唯一加入的希腊西部城邦。它派出了一艘三层划桨战船，船上的水手可能全都曾在希腊生活，他们都是政治难民，渴望找到一个资助人来帮助他们重返家园，并推翻他们的敌人。

这些城邦中的大多数仅提供了少量的船只。例如，莱夫卡斯岛（Leucas）只派出了三艘三层划桨战船，塞索诺斯岛派出了一艘三层划桨战船和一艘五十桨战船，而米洛斯岛、锡弗诺斯岛和瑟利佛斯岛共派出了 4 艘五十桨战船，其中两艘来自米洛斯岛，锡弗诺斯岛和瑟利佛斯岛各有一艘。勒姆诺斯岛在阿提密喜安倒戈，提供了一艘三层划桨战船。这些数字很有说服力地表明各个城邦人口规模不同，贫富有差异，对希腊事业的忠诚度亦有区别。普拉蒂亚曾派人到阿提密喜安参战，在雅典的三层划桨战船充当划桨手，这次未派人到萨拉米斯。阿提密喜安战役之后，普拉蒂亚人赶回家中，将他们的家人和财产转移到安全地带。

　　这些城邦中有几个正在被波斯人蹂躏。普拉蒂亚、哈尔基斯、埃雷特里亚和斯蒂拉都已沦陷。雅典正在全城撤离，一旦波斯人到达雅典，没有什么能阻止他们占领西面紧邻的城邦麦加拉。特罗森挤满了雅典难民。除了瑟利佛斯岛、锡弗诺斯岛和米洛斯岛之外，基克拉迪群岛的船只都来自已经臣服波斯的城邦。指挥官们违抗命令，加入了希腊人的行列。

　　不过，联盟可能对无法吸引更多船只前往萨拉米斯感到失望。有一个城邦的缺席令人关注。希腊西部的克基拉岛人（Corcyreans）已向希腊联盟的使节承诺，要为希腊而战，反抗波斯的奴役。克基拉岛［Corcyra，今天的科孚岛（Corfu）］甚至组织了 60 艘三层划桨战船，其舰队规模仅次于雅典。但是，克基拉岛只是把战船派往了伯罗奔尼撒南部的泰纳隆海角（Cape Taenarum），为的是不激怒薛西斯，他们确信薛西斯是战争的最终胜利者。他们把地中海季风作为借口，向希腊人解释说秋天时而会刮这种强劲的东北风，寒气逼人，不宜航行。

　　还有西西里岛。它的主要希腊城邦是叙拉古（Syracuse），前 480 年时由一个名叫革隆（Gelon）的僭主统治。希腊联盟曾向革隆寻求帮助，对抗波斯。他许诺提供大批舰船和士兵，

79

但开出的价码太高：要做最高统帅。去见他的斯巴达和雅典的使节都拒绝了。此外，革隆正在与迦太基交战。最后，革隆只派了一位代表带着珍宝到德尔斐，如果薛西斯获胜，就把珍宝作为礼物送给他。

萨拉米斯三支最大的船队分别是埃伊那岛船队，拥有 30 艘战船；科林斯船队，拥有 50 艘战船；雅典船队，拥有 180 艘战船，约占希腊舰队的一半。斯巴达仅贡献了 16 艘战船。

基于一些不易确定的证据，能给出的合理推论是，希腊人在萨拉米斯拥有 368 艘战船。仅以前 5 世纪的资料来源为例：剧作家埃斯库罗斯说，希腊在萨拉米斯的“战船多达 300 艘，另有 10 艘精锐战船”[9]；历史学家修昔底德提到一种说法，希腊人拥有 400 艘战船，其中三分之二（267 艘）是雅典的。埃斯库罗斯的数据不严谨，属于文学创作；修昔底德的说法不准确，据说源自战斗结束 50 年后一个演说家的吹嘘。希罗多德的数据即便有问题，相对来说也更可信一些。

希罗多德说，希腊人有 378 艘战船，其中 180 艘是雅典人的。他还补充说，有两艘波斯战船叛逃到希腊这边，使船只数量达到了 380 艘。不幸的是，当希罗多德逐个城邦计算船只数量时，加起来只有 366 艘。希罗多德还明确指出，萨拉米斯的希腊舰队比阿提密喜安的希腊舰队规模大，而后者最后一共有 333 艘船。假如希罗多德逐个城邦计算的数据比他的总数更准确，那么在萨拉米斯战役那天，希腊人共有 368 艘战船（366 艘加上投靠过来的 2 艘）。

大概是在前 481 年秋天的科林斯会议上，希腊联盟成立时，斯巴达曾被任命为联盟舰队的统领。舰队指挥的最佳人员本来应该是雅典人，大概会是地米斯托克利，但是其他希腊人忌惮雅典新崛起的海军力量，担心雅典人炫耀武力，他们坚持要求斯巴达人做舰队司令，否则将解散舰队。雅典人屈服了，

80

斯巴达任命了尤利比亚德。

可能有两个城邦带头反对任命雅典人担任指挥官：埃伊那岛和科林斯。埃伊那岛是萨拉米斯南边萨罗尼克湾的一个小岛，面积约33平方英里，距雅典约17英里。从雅典卫城可清晰地看到埃伊那岛及其圆锥形山峰（约1750英尺高）。就像古希腊的许多邻邦一样，雅典和埃伊那岛是长期的竞争对手。在后来的几年中，伯里克利表达了雅典对其邻邦的惯常鄙视，在提及前479年后雅典的主要港口时，把埃伊那岛描述为"比雷埃夫斯碍眼的东西"[10]。既然碍眼，就需要除掉。在伯里克利的率领下，雅典彻底地摧毁了埃伊那岛的军事力量。然而，在前480年时，竞争处于白热化状态。

地米斯托克利时代以前的埃伊那岛虽然很小，但海军力量却比雅典强大。埃伊那人海洋经验丰富，他们把乌龟作为硬币上的符号。前480年之前的20年间，埃伊那岛和雅典之间发生过非常激烈的战争。前490年，波斯人在马拉松登陆前夕，因为斯巴达人的干预，埃伊那岛才未能参加对雅典的进攻。两个城邦在前481年成立希腊联盟的大会上搁置了分歧。前483年，雅典决定建立一支拥有200艘战船的海军，在军备竞赛上无疑已经占据先机，埃伊那岛不得不放下敌意，寻求和平。

科林斯与雅典的积怨并不是太深。传统上，雅典和科林斯是竞争对手，曾避免了全面的冲突。但当地米斯托克利在仲裁科林斯和克基拉岛之间的争端时，未让科林斯对雅典产生好感。克基拉岛是海军强国，曾是科林斯的殖民地，对其宗主几乎没有什么感情。再往西，地米斯托克利也加强了雅典与意大利和西西里岛希腊诸城邦的联系。

雅典与西面的城邦交好，科林斯并不感到高兴，因为科林斯一直就跟这些地方在海上交流密切。从现代的路程看，科林斯和雅典相距55英里。古代的科林斯是一个富裕的城市，土壤肥沃，橄榄的种植很普遍，靠着橄榄油、海上贸易和卖淫业发家致富。科林斯长时间被一个邪恶的僭主统治，前480年，变成了喜欢向他人输出邪恶的寡头政治。科林斯人对雅典心怀嫉妒和疑虑。雅典曾经是一个闭塞落后的地方，但先是超越了科林斯，成为贸易中心，如今又有了强大的海军。

前480年，科林斯的海军司令是欧库托司的儿子阿狄曼托。科林斯是斯巴达的盟友，但科林斯人喜欢奢华，阿狄曼托的穿着无疑比尤利比亚德更光鲜。就此而言，他可能比地米斯托克利穿得更体面。与雅典人不同，科林斯的寡头们不需要看起来与民众一样。我们可以想象阿狄曼托穿着精致的、亚麻编织的、有深紫色镶边的米黄色披风。青铜胸甲上的图案就像一绺一绺的肌肉。头盔也是青铜的，用一整块铜制成，肯定是科林斯风格：量身定制，带有鼻甲和眼孔。头盔的下缘可能装饰有精细的、螺旋形的坠饰。头盔在遇到打击时不会破裂，同时填充在其里面的衬垫能起到缓冲作用。为了避免擦伤，阿狄曼托可能在护胫甲下缠了一圈布。他的盾牌上可能绘制着飞马的形象，长着翅膀的飞马是科林斯的象征。

雅典舰队从阿提密喜安返回，在波斯人到来之前，雅典人只有五六天的时间完成撤离。我们不知道萨拉米斯的联盟船只是协助了雅典人从雅典撤离，还是在原地等待。毫无疑问，当第一次听到敌人的马蹄声时，从阿提卡到萨拉米斯的狭窄通道上，最后一刻撤离的人员、财产和物资组成的队伍仍在不停地行进。不管怎样，即便敌人已经逼近，尤利比亚德仍在萨拉米斯召集联盟的将军开了一次军事会议。日期大约是9月23日。

在这支海军中，主要的舰队司令相互仇视。海军总司令来自一个众所周知根本不重视海战的城邦。海军基地到处是无法长久维系生活的难民，还有一帮渴望离开战场的盟友。正是这种前景暗淡的状况让希腊人不得不制定一击制胜的战略。

82

由于在萨拉米斯有各城邦的 20 名指挥官，他们需要一个相当大的空间进行商议。据推测，他们是在一个公共建筑或大型的私人住宅里会面的。每个希腊城市都有自己的集市广场，这是个位于市中心的兼具市场和政治论坛的开放空间。广场的一侧或多侧连接着柱廊或有顶的门廊，可以遮阳、挡风、防雨。

我们可以想象，萨拉米斯的将军们在广场上有顶的门廊下开会，也许可以看到伟大的雅典政治家梭伦（Solon）的雕像[11]，刻画的是梭伦在向人民发表演讲，手臂比较谨慎地塞在披风里。也许他们是在纪念伟大英雄埃阿斯的神殿里开的会。

如果能忙里偷闲的话，希腊人是否会充分利用闲暇时间进行讨论，我们尚不得而知。希腊人以善于交谈和辩论闻名，以至于有些人怀疑他们的行动能力。例如，波斯的居鲁士大帝曾经打发走斯巴达军队[12]，他说希腊人就是在城市中心留出一个地方，在那里他们可以发誓和欺骗对方，那个地方指的就是集市广场。

参加萨拉米斯军事会议的希腊人将有机会证明居鲁士的说法是错误的，但他们必须迅速采取行动。不管波斯大军从温泉关到雅典需要多长时间，一旦他们到达，就锐不可当。

会议一开始，尤利比亚德要求对采用何种战略提出建议。在他们管辖的土地中，哪一块儿应该作为基地进行海战，以对抗敌人？他明确排除了阿提卡，因为希腊人并未在此设防。如此赤裸裸的事实陈述可能会刺痛地米斯托克利。的确，尤利比亚德并没排除萨拉米斯，但也不赞成。

大家提出了各种各样的意见，但最普遍的观点是舰队应向西转移到科林斯地峡。地米斯托克利可能提出，萨拉米斯与科林斯地峡相距不远，仅有 25 英里，比阿提密喜安与温泉关之间 40 英里的距离还近。综合来看，希腊人在阿提密喜安表现很好。如果地米斯托克利是这样说的，他可能会对得到的反馈感到震惊。

希罗多德叙述了军事会议上大多数人的观点，显然伯罗奔尼撒人在发言者中占主导地位。他们明确表示，他们关心的不是萨拉米斯是否能作为基地赢得胜利，而是遭遇失败之后如何逃亡。如果希腊舰队在科林斯地峡被击败，伯罗奔尼撒的水手只需要来到岸上，就能徒步撤回家乡。但是，如果希腊舰队在萨拉米斯遭受重创，幸存者将被封锁在一个岛上。

简而言之，伯罗奔尼撒的司令是失败论者。一名雅典信使的到来打断了会议[13]，他带来消息说，波斯人已经到达阿提卡，并将所有的东西付之一炬。这时，他们的沮丧情绪只会进一步加重。更糟糕的是，波斯人占领了雅典卫城。信使亲口说出的这一消息可能已经通过连续传递的信号证实了。从萨拉米斯的山丘上就可以看到建筑物着火散发的浓烟，而且通过预先约定的信号，也许是盾牌的反光，消息已经被传递过来了。

结果是一片混乱。希罗多德将其描述为"喧嚣""混乱""骚动"[14]。一些指挥官迅速撤走了。他们冲上船，下令扬帆起航。其他的将军们留下继续开会，并通过了在科林斯地峡与波斯人作战的动议。无论哪种情况，结果都是一样的：萨拉米斯，最后一片独立的雅典领土，将被放弃。希腊人已经惊慌失措，即便薛西斯制订了作战计划，也没有比这更好的结果了。

指挥官们散会后回到了自己的船上。现在已经是晚上了，不是平常的登船时间。但是如果希腊人准备在黎明时分出发前往科林斯地峡，那么还有很多事情要做。当然他们也渴望尽快离开。衣服和其他补给品必须装上船，设备必须经过测试，而且总是要对木船进行修理，尤其是像三层划桨战船这样脆弱的船。容易出现的问题包括船桨破碎、绳索绷断、船帆撕裂、皮制的桨孔盖泄漏、座椅裂缝等。在前 4 世纪，一艘雅典的三层划桨战船装备了30支备用桨，可见船桨是多么易碎。通常，修理工作是在白天进行的。毫无疑问，在阿提密喜安战役之后，士兵们已经做了很多维修工作，但如果不是要帮助雅典人撤离，会有更多的时间用来修理船只。现在，他们不得不在手提陶土油灯昏暗的灯光下干活。

地米斯托克利也回到了他的三层划桨战船，他的船可能停泊在帕洛基亚湾。[15] 我们可以想象，此时，他一定是倍感沮丧。计划失败了，即使是英雄也会情绪低落，他肯定已经对萨拉米斯的战斗策略进行了周密思考。就在这时，尼西菲卢斯（Mnesiphilus）上船来找地米斯托克利。[16] 尼西菲卢斯是雅典的政客，显然年龄比地米斯托克利大不少，地米斯托克利跟他是同乡，一直对他十分尊重。现在，地米斯托克利地位更高。但尼西菲卢斯无所顾忌，也不惧怕争议。现存的一些证据表明雅典人曾试图将其放逐（就目前所知，他成功地避免了被放逐的命运）。听地米斯托克利说起军事会议上的争论导致整个海军陷入混乱，尼西菲卢斯给出了他的建议。

尼西菲卢斯坦率地告诉地米斯托克利，必须让尤利比亚德改变主意，重新讨论实施何种战略。毫无疑问，地米斯托克利心里很清楚这一点，但他需要听到其他人的看法。尼西菲卢斯更为大胆。他说，如果舰队离开萨拉米斯，就放弃了为共同的希腊而战的机会。一旦战船离开萨拉米斯，每个城邦都会考虑各自的利益而回家。不管是尤利比亚德还是其他什么人，都无法再把他们团结起来。这是一个敏锐的论点。它利用斯巴达人的自命不凡，在尤利比亚德和其他指挥官之间制造嫌隙。虽然尤利比亚德是城邦中品德高尚之人，但他仍会轻易怀疑别人有最坏的一面。

简而言之，尼西菲卢斯提出了一个与地米斯托克利不谋而合的观点。这正是地米斯托克利所需要的激励。尽管听到尼西菲卢斯的推断很是兴奋，但他并没有说什么。他只是默默地离开了，随即前往尤利比亚德的旗舰。我们可以想象，他从帕洛基亚湾出发，翻越了小山，来到安贝拉基湾，斯巴达舰队可能停泊在那里 17，也许是被拉进了码头。地米斯托克利来到尤利比亚德的三层划桨战船，要求见他，说希望跟他谈谈共同关心的问题。一名助手把口信汇报给总司令，尤利比亚德回复说，如果地米斯托克利愿意的话，可以上船。我们可以想象，地米斯托克利爬上木梯，在甲板上见到了尤利比亚德。他在尤利比亚德身旁坐下。他们可能坐在船尾，也许在帆布篷下，也许在折叠凳上，或者盘腿坐在木甲板上。他们大概是在陶土油灯的灯光下交谈的。

乍看上去，地米斯托克利和尤利比亚德是一对奇怪的组合。地米斯托克利身上彰显着雅典人的自信与自由，尤利比亚德则有斯巴达人沉稳和清醒的特质。雅典和斯巴达都是强国，都是波斯的敌人，地米斯托克利和尤利比亚德都是爱国者。尽管地米斯托克利没有斯巴达人的长发，但他酷似斗牛犬的脸却传达出斯巴达式的韧性。地米斯托克利灵活善变、难以捉摸，而尤利比亚德是一个实用主义者。

几年后，一个雅典人说道："在我们所了解的人中，斯巴达人最会盘算什么是令人愉悦的荣耀，什么是有利的正义。" 18 毫无疑问，尤利比亚德认为重新召开军事会议是不令人愉悦的，但如果到科林斯地峡去的不是团结统一的舰队，那就更糟糕了。那只会证实他的同胞对海军强国的偏见。对尤利比亚德来说，能给斯巴达人带回一场胜利的海战该有多好啊！尤利比亚德在阿提密喜安已经体会到，胜利取决于听取地米斯托克利的建议。

接着还有温泉关。列奥尼达没有向敌人让步，而是献出了自己和手下士兵的生命。从萨拉米斯撤军可能会带有投降的意味，作为斯巴达人，尤利比亚德会感到难堪。

86
在与尤利比亚德的会面中，地米斯托克利重复了尼西菲卢斯的观点，但并未说明观点的来源。地米斯托克利将此揽到自己身上，既美化了自己，也避免了尤利比亚德因为它是一个不起眼的小卒的推理而将其驳回的风险。随后，地米斯托克利加上了自己的一些论据。不清楚他到底说了什么，但地米斯托克利的话里很恰当地掺杂了威胁和奉承。尤利比亚德同意重新召集指挥官开会。

在晚上召开军事会议的情况可能并不罕见，因为指挥官们白天忙得不可开交，尤其是 9 月末，白天正一天天变短。但是，军事会议重新考虑刚刚决定的计划是非同寻常的。在还没有任何人质疑程序问题之前，甚至在尤利比亚德尚未解释为什么重新召开会议之前，地米斯托克利就开始对同僚们发表演说。那时，地米斯托克利也处于兴奋状态。

科林斯的指挥官阿狄曼托闯了进来。"地米斯托克利，在体育比赛中，那些在发出信号之前就抢先的人要被裁判打棍子的。"[19] 这是巧妙的侮辱，既是在调侃，又威胁要使用暴力。

"是的，"地米斯托克利争辩说，"而那些被抛在后面的人是不会赢得胜利的花环的。"

接下来就是雅典人和科林斯人之间史诗般的较量。埃伊那岛原本跟科林斯一样，对雅典不屑一顾，但并不支持撤退到科林斯地峡，因为这会使埃伊那岛被波斯大军横扫。因此，最终是两个演讲者之间的交锋。希罗多德从荷马那里学习到描写个性冲突是多么有分量，因此他无疑在叙述中强化了两人的剑拔弩张，但即使是平铺直叙也能表现出辩论的戏剧性。

作为斯巴达人，尤利比亚德对公开场合的交锋并不陌生。他见过人们用各种希腊语的修辞手法作为武器来论战：荣誉、耻辱、羞辱、智慧、痛苦、威胁，以及在文雅表面之下的暴力——

因为受到控制而变得更加危险的暴力。

但是在斯巴达，演讲却简短而犀利，这种风格被称为拉科尼亚（laconia），是以斯巴达的地名命名的。相比之下，其他说希腊语的民族显得格外唠叨。据说，在这次会议上，心情沮丧的尤利比亚德举起手杖，扬言要痛打地米斯托克利。

"打可以，但要听我说。"[20] 地米斯托克利说道。毫无疑问，尤利比亚德赞赏这样简明扼要的回答。不管怎么说，他放下了手杖，让地米斯托克利继续。

地米斯托克利没有理睬阿狄曼托，保持了克制，他的重点是要向尤利比亚德阐明观点。在军事会议上，他没有提及如果舰队离开萨拉米斯就会有分裂的危险，因为那等于当面指责他的同僚叛国，是极其严重的侮辱。相反，他强调了在萨拉米斯战斗的相对优势。

地米斯托克利说，在科林斯地峡，他们将不得不在"广阔的海域"[21]作战。希腊人将陷入被动，因为他们将被更轻、更快、更多的波斯三层划桨战船包围。即使希腊人在交战中获胜，波斯人也会再杀回来，消耗希腊人的兵力。与之相反，地米斯托克利继续说，他的计划是做好准备，在狭窄的水面进行海战，波斯人施展不开，无法部署全部的兵力。

他总结道："在狭窄的地方进行海战对我们有利，而在开阔海域对他们有利。"[22]他打出感情牌，让将军们想想在萨拉米斯的雅典妇女和孩子。他坚持认为，波斯人不会向伯罗奔尼撒半岛推进，除非希腊舰队将其引诱到那里。最后，地米斯托克利回忆起曾经预言在萨拉米斯赢得胜利的神谕。毫无疑问，他并未提及在雅典关于神谕意思的辩论。他提醒同僚，自助者天助也。

地米斯托克利关于在狭窄水域作战需要大型战舰的看法不可小觑。如果雅典特意将新的三层划桨战船造得很重，那么就需要在狭窄的区域战斗，敌人较轻快的战船就难以发挥机动性强的优势。最好有些风，轻型船会颠簸，而大船就很稳当。这就是为何地米斯托克利坚持要在萨拉米斯开战。萨拉米斯海峡地势狭窄，风势有利，这不久就会显现出来。

88　　事实将证明，地米斯托克利关于在狭窄处进行海战的观点十分具有预见性。他对科林斯地峡附近海域的判断是正确的：那里不可能有像萨拉米斯海峡一样的封闭空间。但是，地米斯托克利关于波斯人进军伯罗奔尼撒的看法是错误的，即使没有萨拉米斯的希腊人的引诱，他们也打算进攻那里。

阿狄曼托完全可以因为科林斯为希腊事业而战感到自豪。由于薛西斯与科林斯之间不存在争端，科林斯人本可以"米底化"。但相反，他们的男人在每一次重大战役中都十分英勇，而女人则向神祈祷，不是盼望男人们平安回家，而是让这些战士们在战场上赢得胜利。

但是阿狄曼托错过了反驳地米斯托克利推理错误的机会。他侮辱了地米斯托克利。阿狄曼托让地米斯托克利保持沉默，因为地米斯托克利没有祖国。然后他转向尤利比亚德，坚持认为不能让地米斯托克利参与投票，因为他现在是一个没有国家的人。让地米斯托克利先给自己找个所属的城市，再提出建议。

现在，地米斯托克利非常生气，或者装出生气的样子。他呵斥一个试图反驳他的埃雷特里亚指挥官："对战争都要争论，你想干什么？你们这些人就像乌贼——只有壳，没有胆。"[23]地米斯托克利这样说一语双关，乌贼既有坚硬的嘴，又有匕首状的内壳，而埃雷特里亚的硬币上是章鱼（与乌贼非常相似）的符号。

阿狄曼托的粗鲁言论无意间激起了在场者对地米斯托克利这个雅典人的同情。地米斯托克利将这种情绪变成了恐惧。在辱骂了阿狄曼托和科林斯之后，他提醒同僚们，雅典有人员齐备的 200 艘三层划桨战船，军事会议中的各方都比不上雅典。实际上，希腊没有哪个城邦可以抵御雅典的进攻。

然后他转向尤利比亚德。"如果留在这里，"地米斯托克利说——

> 你将成为一个勇敢而光荣的人。如果不这样，你将葬送希腊。因为战船承载着我们对获得胜利的全部希望。记住我的话。如果您不按照我的建议去做，我们将把家人带上船，把他们送到意大利的西里斯岛（Siris），那里自古以来就是我们的，神谕说我们一定会在那里建立一个定居地。[24]

地米斯托克利亮出了他最后一张牌。他曾威胁要带领雅典采取所谓的"福西亚方案"：离开希腊并迁往意大利南部。希罗多德认为，正是这种听起来十分可信的威胁让尤利比亚德改变了主意。他知道，如果没有雅典的战船，希腊人将无法抵抗波斯的舰队。因此，尤利比亚德屈服了。 89

显然，尤利比亚德有权推翻军事会议的投票结果，他现在就是这么做的。他决定，他们将留在萨拉米斯，在海上战斗到底。希罗多德说："他们曾为萨拉米斯争论得不可开交。"[25] 如今，尤利比亚德告诉指挥官们，准备带领他们的战船与敌人决战。他们还是服从了命令，但是不如对投赞成票做出的决定那么有热情。唯一记录在案的投票决定是要撤退到科林斯地峡。其他的希腊人是否会继续遵守总司令的命令还有待观察。

此时大约是 9 月 24 日黎明时分。希罗多德的描述暗示，军事会议持续了整整一个晚上，或者至少大部分时间都在开会。指挥官们几乎没有时间睡觉。戏剧性的夜晚过后，迎来了白天的震惊。黎明后约一个小时，日出时分，陆地和海洋都发生了地震。希腊人将此视为来自天堂的征兆。指挥官们提议向众神祈祷，并呼吁英雄埃阿科斯（Aeacus）的后裔们站在他们这边。在希腊神话中，那些后裔包括埃阿斯和他的父亲忒拉蒙。希腊人大概是在萨拉米斯的埃阿斯神庙里祈祷的。不幸的是，埃阿科斯和他儿子们的雕像被供奉在约 15 英里外的埃伊那岛。希腊人立即派船前往那里，将雕像带到他们的营地。

接下来，萨拉米斯之战即将打响，这是一场带有偶然性的战斗，一场几乎从未出现过的战斗，一场许多希腊人不得不参与的保卫希腊的战斗。希腊联盟说，已经做好战斗准备，至少联盟中的一些人是这么说的。但是，波斯人还未有什么动静。现在，一切都取决于他们决定做什么。

陷 阱

第五章　法勒隆

她坐在那里，披着一件染成紫色的亚麻束腰外衣，外衣随风飘动，皮肤散发着鸢尾花油的香气。脸颊上涂着鲜艳的腮红，眉毛染成黑色。头发向后卷起，挽成一个高高的精致的发髻，系着紫色的发带。

她的耳朵、脖子、手腕和手指上都戴着珠宝饰品，金光闪闪。[1] 她戴着精致的耳环，一条装饰复杂的项链，配着水滴形吊坠，手上戴着两只手镯，开口处有羚羊图案。她戴着三枚戒指。一枚金戒指的玛瑙封口处刻着一个女人头像，另一枚金戒指上刻着精致的花纹，还有一枚镶嵌玉髓的金戒指，雕刻的图案是一个波斯士兵靠在长矛上。她的举手投足也带有军人的样子，英气逼人，虽然跟波斯皇帝交谈时是不能带武器的。在战场上，她戴着胸甲和头盔，手持短剑和弯刀，就像一个全副武装的女神。

我们可以想象，她是一个了解男人、喜欢男人，并想支配男人的女人。她很早就知道要接受自己的弱者地位，依靠智慧生活。一生的经历让她学会了把自己的精明隐藏起来，施展个人魅力，惯于甜言蜜语。她具有诗一般的气质和充满激情的天性。她的哥哥皮格雷斯（Pigres）用希腊语写过叙事诗，后世流传了这样一个故事，说她被情人拒绝后，伤心欲绝，但还是趁着他熟睡之际，抠出了他的双眼。[2] 她集雅典娜的狡猾和阿佛洛狄忒的性感于一身。除此之外，更有奥林匹斯山女王赫拉的野心。

我们可以想象，在任何一群男人中，她都会对最有权势的男人产生兴趣。当她看着一个有权势的男人时，眼睛就会闪闪放光，反射着他的荣光。她随声附和他的话，显得更加年轻漂亮。她用缪斯女神的美妙声音为他歌唱。歌声结束后，她就得

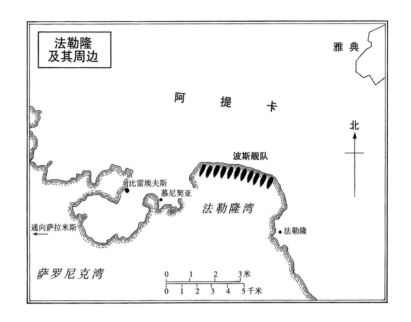

到了她想要的东西。虽然她野心勃勃，但绝不过分索取。

我们知道，对付小人物时，她更喜欢武力，尤其是有人敢于挑战她时。她坚韧而勇敢，大家都知道她心怀怨恨，而且倾向于用剑来解决问题，当然，她会利用男人来帮她实现愿望。

虽然她希望看到波斯的胜利，她的首要目标是强化她的城邦在薛西斯眼中的地位。如果她能通过帮助薛西斯取得对希腊的胜利来实现这一目标，那就更好了。但如果薛西斯战败，通过安慰他能更好地达到目的，那么她也会毫不犹豫地让他栽跟头。

95　　　在波斯皇帝麾下的所有海军中，没有人比得上她。她指挥着一支来自哈利卡纳苏斯和卡里亚其他城邦的船队。卡里亚位于安纳托利亚的西南部。她是哈利卡纳苏斯的女王，她的名字叫阿尔忒弥西亚。

在古代近东地区，执政的女王并非闻所未闻，但能战斗的女王却是例外。在法勒隆的波斯舰队有 15 万人，阿尔忒弥西亚是唯一的女性。不仅这在波斯是少见的，在整个历史上，她也是为数不多的指挥海军作战的女性之一。

阿尔忒弥西亚也不是只会纸上谈兵。"在埃维亚岛附近的海战中，我不缺乏勇气，我的战绩也不平凡。"[3] 在法勒隆，阿尔忒弥西亚是这样介绍自己的。希罗多德被深深打动了。他写道："一个女人竟然参与对抗希腊，我真的对此感到惊讶。"[4]

前 480 年 9 月 24 日是考验阿尔忒弥西亚聪明才智的一天。因为今天她要在海军会议上，在其他所有指挥官面前，独自与波斯皇帝对话。

波斯皇帝薛西斯，是万王之王，他的铭文上写着"各个国家、说各种语言的人的皇帝，整个地球的皇帝，大流士皇帝的儿子，阿契美尼德人，一个波斯人，波斯人的儿子"[5]。薛西斯通常不会到海边的海军营地去。这位自诩"唯一能向其他国王发号施令的皇帝"[6]也通常不与他的领地上一些偏远小城邦的君主们商量，更不会与他舰队的基层指挥官们商量。然而就在 9 月 24 日这天，薛西斯这样做了。

在攻陷雅典卫城的第二天[7]，薛西斯从雅典出发，走了大约 3 英里的路程，来到了法勒隆湾。他要亲自去看望他的舰队，并召开一次军事会议。除非他有非常充分的理由，否则不会冒着政治风险，轻易让那么多人见识他神秘的威严。但他确实这样做了。其中的缘由不久就会浮出水面。先看看迎接他的这一群人。

薛西斯一坐下来，舰队中各城邦的国王以及各分队的指挥官也都纷纷坐下。他们按照薛西斯排定的等级依次就座。首先是两位腓尼基国王，他最喜欢的海军盟友。在腓尼基人之后，是来自三大洲的国王、王子和指挥官：塞浦路斯人、埃及人、马其顿人、西里西亚人、爱奥尼亚人、多利亚人（Dorians）、

96 利西亚人（Lycians）和爱琴海诸岛的岛民。舰队有四名指挥官，他们都是波斯人，包括薛西斯的两个兄弟。这个场面就像波斯宫殿墙壁上的一幅画：各地的新贵们身着民族服装，满眼都是崇拜的目光，前来效力。其中还有一位女王。

阿尔忒弥西亚统治着哈利卡纳苏斯的卡里亚城和附近的科斯岛（Cos）、卡利姆诺斯岛（Calymnos）、尼西罗斯岛（Nisyros）。她继承了已故丈夫的王位。她丈夫名字不详，他的王国曾在波斯帝国的统治之下。卡里亚人曾派了70艘船到达达尼尔海峡，我们不知道在法勒隆还有多少幸存下来的船只。虽然阿尔忒弥西亚只指挥了5艘船，但她在波斯海军中的名气仅次于腓尼基人。

阿尔忒弥西亚年龄不小了，有一个20多岁的儿子。她本可以把他送去参加前480年的远征，自己留在家里，但她选择了加入战斗。希罗多德说，她有"男人的意志"[8]。考虑到古代世界大多数女性的结婚年龄都比较小，前480年，阿尔忒弥西亚可能接近40岁了。阿尔忒弥西亚统治的是希腊人和卡里亚人的后裔。阿尔忒弥西亚本人也是如此：她的父亲吕戈达米斯（Lygdamis）是卡里亚人；母亲名字不详，来自希腊的克里特岛。阿尔忒弥西亚这个名字是希腊语，是一个常见的名字，来源于狩猎女神阿尔忒弥斯。卡里亚还有一个叫莱勒格斯的民族，其起源不详；还有一些人的名字是波斯语，他们也许是殖民者。

哈利卡纳苏斯城有一个宏伟的天然港，其主入口外面是一座近海的岛屿。[9]这座城耸立在山坡上，看起来就像一个天然的圆形露天剧场。想象一下，阿尔忒弥西亚坐着抬椅，沿着陡峭的山坡，上上下下。从卫城上，她可以清楚地看到远处科斯岛的轮廓，该岛狭长崎岖，凹凸起伏，蔚为壮观。

也许是好战的多利亚人首先来哈利卡纳苏斯定居的，这里有一个地理条件非常优越的军港，但这座城市并没有让人感觉到战争的气息。炎热的天气、潮湿的环境、波光粼粼的水面、浅绿色的植物、叽叽喳喳的鸟儿、四处爬行的蜥蜴，共同营造了迷人的氛围。古代的哈利卡纳苏斯郁郁葱葱，富足祥和，依偎在大海和群山的怀抱中，在那里能够眺望到远处希腊的岛屿和蓝色的爱琴海。

阿尔忒弥西亚的臣民中有不少优秀的水手和士兵，传说他们曾给克里特岛的弥诺斯（Minos）国王送去船只以代替交税。历史上，他们曾在埃及法老手下当雇佣兵。虽然前480年哈利卡纳苏斯的船队只有5艘船，但他们得到了薛西斯的高度评价——希罗多德大概是这么说的。希罗多德是土生土长的哈利卡纳苏斯人，但他反对阿尔忒弥西亚的统治。

要统治卡里亚混杂的各个民族需要相当高超的政治技巧，更不用说还要保持对波斯霸主的忠诚了。哈利卡纳苏斯是希腊人和异邦野蛮人交界处的一个文化多元的城邦。雅典宣布放弃近东艺术，并创造了欧洲的独特风格，在此之后很久，哈利卡纳苏斯仍深深地受到近东艺术规范的影响。在哈利卡纳苏斯，通往希腊的海上之路开启了，而通往波斯的陆路也畅通无阻。在哈利卡纳苏斯，你听到的是来自中亚的马蹄声，呼吸的是地中海的海风。

想想阿尔忒弥西亚坐在旗舰船尾的甲板上，头顶上是帆布遮篷。船上到处是全副武装的男人，她形单影只。她可能比大多数船上的人都要矮，但也许矮不了太多，因为贵族比普通人吃得好。阿尔忒弥西亚是一个彻彻底底的指挥官。只有强硬而自信的女人才能坐在这个位置上。面临挑战时，她没有退缩。例如，5月在达达尼尔海峡，波斯战船集结时，她与来自卡里亚的船长坎道列斯（Candaules）之子达玛西提摩斯（Damasithymus）发生了争吵，她据理力争，毫不退缩。坎道列斯是卡林达（Calynda）城邦的国王，该城位于哈利卡纳苏斯东南方向。据说，她跟达玛西提摩斯之间仍心存嫌隙。

不仅是在前480年，从后来的历史来看，哈利卡纳苏斯也比希腊大陆更容易接受一个女人的统治。前4世纪，哈利卡纳苏斯出现了强势的女王阿尔忒弥西亚二世和埃达（Ada）。无论是在哈利卡纳苏斯还是在德尔斐神庙，女王的雕像都是跟她们丈夫的雕像并排竖立在一起。

如果哈利卡纳苏斯的男人能允许一个女人来领导他们，波斯人不一定会效仿。可以肯定的是，波斯社会对妇女的限制并不像希腊社会特别是雅典社会那样多。然而波斯也不是人人平等的天堂。例如，母亲生孩子时可领取特别配给的食物，但生男孩的母亲得到的是生女孩的母亲的两倍。希罗多德称，波斯男子在战场上以奋勇争先证明自己，而在卧室里则以多生儿子证明自己。[10]

因此，对于波斯人来说，女指挥官总是显得格格不入。但即便如此，阿尔忒弥西亚还是指挥了一个分队。这既证明了她对薛西斯具有一定的影响力，也是对她的宣传价值的肯定。波斯人让她加入海军，这传递了一个信息：即使是女人也能与柔弱的希腊人作战。雅典人受到了应有的侮辱。希罗多德说："他们对女人参加对抗雅典的战斗感到相当愤慨。"[11] 他们悬赏1000德拉克马（一个工人三年的工资），要求船长们活捉阿尔忒弥西亚。在波斯人入侵70年后，在阿里斯托芬的喜剧名作《吕西斯忒拉忒》（*Lysistrata*）中，阿尔忒弥西亚仍是傲慢女人的象征。[12] 而在希波战争后，在斯巴达人为邪恶的波斯敌人竖立的一组雕像中，阿尔忒弥西亚位列其中。[13]

所以薛西斯很可能重视阿尔忒弥西亚在法勒隆的象征意义。按照希罗多德的说法，他应该也很重视她的建议，因为这是他从下属那里得到的最好的建议。但听取好建议并不是薛西斯在法勒隆的主要目的。那里的会议与其说是一次战略会议，不如说是一次集会。海上作战的决定已经做出，薛西斯只是想亲自到场敲定这个计划。

诣媚者一定会祝贺他取得了阿提密喜安战役的胜利。毕竟，雅典舰队有一半的船只受损，残部艰难地撤走了。然而，波斯皇帝并没有被欺骗。根据他的判断，他的部下在阿提密喜安战绩糟糕。而且他知道原因：他不在场指挥导致他们吃了亏。如果皇帝在阿提密喜安露面，他的部下就会全力以赴，奋勇杀敌。他的魅力会激励他们，他的奖赏会鼓励他们，他的惩罚会让他们害怕。

薛西斯明白了波斯陆军和海军的一个基本特征：在军队中，士兵没有什么战斗的动力，除非能在皇帝面前崭露头角、引起注意。因此，他决定去萨拉米斯和法勒隆。在这两个地方，他都要表明自己亲自参与海战的决心。并不是说他登上三层划桨战船进行厮杀，皇帝地位尊贵，不能在海上冒险。他将在岸上观察，在那里，双方交战的情况差不多可以尽收眼底。

在法勒隆，薛西斯想要的不是建议，而是顺从。在萨拉米斯 5 英里之外，希腊人正在积极商讨，而在法勒隆，波斯指挥官并没有被鼓励自由表达观点。事实上，根本不允许他们跟薛西斯说话。皇帝的表弟、首席军事顾问戈布里亚斯的儿子马铎尼斯征求了每一个人的意见，然后再向皇帝汇报。

法勒隆是个绝佳的天然港湾，周围是一片沙滩。它形成了一个半圆形，风吹不进来。西北方向是慕尼契亚山（Hill of Munychia，海拔 282 英尺），东南方向是狭窄的平原，延伸至 10 英里长的伊米托斯山山麓，其顶峰海拔 3370 英尺。在法勒隆湾外圈东南端是个规模较小的海滨城镇法勒隆，它坐落在平缓的海角上，伸入海中。9 月末的时候，法勒隆湾碧绿的海水在蓝天的映衬下闪闪发光，而初秋时节，蓝天上常常会有斑

99

驳的云彩。海面上，微风轻拂。

慕尼契亚山是阿尔忒弥斯的圣地，也是一个很好的堡垒，可以看清广阔的陆地和大海。前510年，雅典暴君希庇亚斯被迫流放时，就参与了加固慕尼契亚的行动。毫无疑问，前480年，波斯人在慕尼契亚驻扎了军队。伊米托斯山出名的特产是甘甜色淡的百里香蜂蜜和略带蓝色的大理石。山上供奉着宙斯。

波斯舰队在法勒隆驻扎了大约两个星期。许多船可能被轮流拖上海滩，垫着涂了油的木头，由人用绳子拉上岸去。这些船被拖到岸上修理或晾干；不然，就停泊在近海，船尾勉强靠在海滩上。自然，士兵们在船附近扎营。

整个海岸线一定是挤满了船只和水手。依据后来的战斗序列，我们可以对当时的情况做一个合理的推测。腓尼基人防守海岸的西端，埃及人在中间，而爱奥尼亚人和卡里亚人则把他们的船停泊在东面。[14]

在法勒隆的几个星期里，士兵们都在修理三层划桨战船。每艘船，或者至少每个分队，都会携带一套工具。我们可以从一艘拜占庭战船上留存下来的木制工具箱中了解常备的工具，包括锤子、凿子、冲头、钻头、锉刀、刀子、斧子、锯、锥子、锛和钉子。[15] 除了关注船只之外，士兵们还治疗自己的伤口，哀悼失踪的战友，演练作战策略，化解阿提密喜安战败带来的愤懑，侦察海上航道和敌人的准备情况，翻找战利品，思念家乡，抱怨食物，互相教对方几句各自的家乡话，在斗鸡活动中下注，轮流与随军的女人交欢或者拿男孩儿凑合一下，闲聊吹嘘，表达担忧，向各自信仰的神灵祈祷。在前一天，他们看到雅典卫城上火光冲天，感到终于报了仇，因而欢呼雀跃。

波斯皇帝在法勒隆召开会议的前一天晚上，空气中一直弥漫着神庙焚烧的气味，以及神灵愤怒的气息。船上很多迷信的人听到雅典娜的猫头鹰的夜啼，感觉受到了警示。那天早上，地震把他们惊醒，这可能进一步引起信神者的关注。如果得知薛西斯在当天早上下令让军中的雅典流亡者走上雅典卫城，与神灵讲和，那些敬畏神灵的人可能会松一口气。阿契美尼德人并不是用发动圣战来建立多民族帝国的。

法勒隆的会议无疑是以祈祷开始。之后，马铎尼斯从西顿国王开始，挨个走访了指挥官。每个人都知道薛西斯想听的话，他们纷纷表示，是时候打一场海战了。舰队已经做好准备，士兵们斗志昂扬，宜在萨拉米斯击溃希腊人，赢得战争的胜利。只有一个人提出了不同的建议：阿尔忒弥西亚。也许只有女人才会被允许说出自己的想法，而不会激怒其他人。

无论如何，她建议薛西斯不要出战，而且她没有闪烁其词。"保住战船，不要在海上开战。他们的士兵在海上比我们的士兵强，就像男人比女人强一样。"[16] 她提醒薛西斯，他已经实现了主要的目标，即征服雅典。

毫无疑问，薛西斯知道她说的并不完全对。的确，他是要攻占雅典，但他的主要目标是征服整个希腊，伯罗奔尼撒半岛仍在掌控之外。而且，雅典人和他们的舰队也逃出了他的手掌心。阿尔忒弥西亚默认了这些观点，于是建议对地峡的希腊军队发动陆上进攻。她确信，与此同时，希腊舰队会离开萨拉米斯，分散到各自的城邦。萨拉米斯的希腊人内部存在分歧，此外，她还听说那里的粮食供应不足。

阿尔忒弥西亚说，如果波斯人在萨拉米斯强行实施海上作战，她担心不仅海军会遭遇重创，陆军也会受到毁灭性打击。最后，她对同僚们毫不避讳，坦率地说出了自己的看法。她对薛西斯说："好人有坏的奴隶，坏人也有好的奴隶；既然你是最优秀的人，那你的确会有坏的奴隶。"[17] 阿尔忒弥西亚指名道姓：埃及人、塞浦路斯人、西里西亚人和潘菲利亚人都一文

101

不值。

阿尔忒弥西亚如此直言不讳，一定是需要勇气的，当然有人会怀疑希罗多德描述的未必真实。但他坚称，他知道这些话很刺耳，阿尔忒弥西亚的朋友们担心这会让女王丢掉性命，因为薛西斯会把这些话当成一种侮辱。希罗多德还以典型的希腊现实主义手法，论及了阿尔忒弥西亚的敌人从她的言论中获得的快感，因为他们不满她在薛西斯眼中的显赫地位，以为她现在已经彻底完了。但事实上，薛西斯说，他比以往任何时候都更欣赏她的出色言论。但不管怎样，他还是拒绝了她的建议。他执意要在海上作战。

我们可以想象，阿尔忒弥西亚是多么的自信，才不担心自己性命不保。对自己未能说服皇帝，她也不会感到惊讶。她很有政治头脑，知道薛西斯在来法勒隆之前就已经下定了决心。但她可能已经把目光投向了战后的世界。如果如她所料，波斯在萨拉米斯海峡战败，那么她在皇帝眼中的地位将大大提升。这是一个值得女王冒险去做的事情。

薛西斯可能在法勒隆没有花时间去考虑阿尔忒弥西亚的建议。如果他沉下心来，就会发现她的建议是很好的，只是不够完善。除了在萨拉米斯开战或在法勒隆等待之外，波斯还有第三个选择，那就是在地峡发动海陆联合攻势。科林斯地峡是一个崎岖不平、群山耸立的地区，最窄处只有 5 英里左右。希腊人可以封锁仅有的几条道路，将波斯军队引向山路和沟壑。但希腊人没有足够的时间来修建高大坚固的防御墙。即使他们夜以继日地工作，也只能勉强弄出一些木栅栏和胡乱堆砌的石墙。[18] 只要坚定不移地推进，波斯人就能攻克，甚至摧毁四处的防御工事。

可以肯定，在地峡的战斗将是惨烈的。如果波斯人从海上运送军队，并在希腊后方登陆，包围敌人，他们的胜算几乎会增加一倍。这可能是另一个温泉关之战。

为了实施包围，波斯人必须将他们的舰队从雅典转移到科林斯地峡。在肯克里埃有一个很好的港口，它是科林斯人在萨罗尼克湾上的一个港口，离城墙很近。但在肯克里埃登陆并不容易，因为岸边几乎肯定会驻扎希腊的军队。

此外，希腊舰队如果看到波斯人从法勒隆起航，就会离开萨拉米斯，跟随波斯人前往肯克里埃。双方都不会冒险在远海作战，因为幸存者无法游到安全的地方；以三层划桨战船为主体的海军总是倾向于在看得见海岸的海域内作战。但是，一旦波斯人靠近肯克里埃，而希腊人发起进攻，那么波斯人将不得不在敌方控制的海岸线附近作战，希腊人可以随时准备捕捉或杀死任何设法游到岸边的波斯人。

简而言之，波斯人将舰队派往肯克里埃是冒险行为，这也许可以解释为什么阿尔忒弥西亚从未提及这种可能性。但如果没有舰队，波斯人在科林斯地峡将面临与在温泉关几乎同样艰难的战斗。他们将不得不面对 8000 名斯巴达人，而不是温泉关的 300 人。薛西斯肯定不愿看到这样的局面。

剩下的选择就是在萨拉米斯击溃希腊舰队。而这意味着要么等待希腊人内部叛乱或崩溃，要么打一场硬仗。毫无疑问，波斯人已经在努力寻找有可能成为希腊叛徒的人。他们可以攻击任何试图给萨拉米斯运送补给的舰队，这个小岛已经被团团围住。但在时间上，波斯不占优势。

在 9 月下旬，雅典白昼时长大约有 12 个小时。白天比夏季时更短，夜空中星星的位置已经变化。有时候可以看到飘落的树叶。夜幕降临时，山上常有凉飕飕的微风吹来。有时到了晚上，微风会变成寒风。在雅典异国的天空下露营，许多波斯人会想到季节的更替。现在是秋天，冬天将随之而来。

古代地中海适宜航行的季节很短，尤其是对三层划桨战船来说。三层划桨战船虽然速度快，但也很脆弱，在波涛汹涌的海面上有倾覆的危险。5月到10月比较适合航行，最好只在夏季航行。9月下旬，正是波斯舰队返回各个港口的时候。

而且他们还得解决吃饭的问题。雅典人已经把阿提卡能带走的食物都带走了。不过毫无疑问，饥饿的人还是能找到一些东西吃：树上的果实、田野里的鸟和兔子。然而，波斯人的大部分补给不得不运到阿提卡。陆路运输费时又费钱，所以必须走海路。由于三层划桨战船太轻，无法运载货物，波斯人就用补给船队运送食物。这些船包括希腊的阿卡塔（akata）和腓尼基的高罗伊（gauloi），前者是中等大小的尖壳船，由30—50名船员划船，后者是较大的圆壳帆船。波斯人在8月的风暴中损失了一些补给船，但并非全部的船只，新的补给船可能与从希腊赶来增援的三层划桨战船船队一同抵达。

当代的一位专家估计，波斯人至少需要84艘补给船在阿提卡和马其顿的补给站之间穿梭，才能供应法勒隆陆军和海军的生活所需。[19] 即使是波斯皇帝手下经验丰富的官僚也不会觉得提供这样的后勤支援是件容易的事情，不过他们也许能做到。秘诀就是这里缺斤短两，那里造假掩饰。结果是，法勒隆的桨手们饥饿难耐，在战场上无力划桨。但这只是猜测。

104

波斯人不可能永远待在法勒隆。毫无疑问，他们考虑在萨拉米斯岛登陆，向希腊舰队发起进攻。岛的西海岸有不少良港，登陆之后向东行进，只需很短的时间就能到达希腊人的阵地。但希腊人肯定派兵驻守每一个登陆点。另一种可能是在一英里宽的萨拉米斯海峡上架设一座桥，然后像波斯人在达达尼尔海峡架桥那样，让士兵从桥上通过。[20] 但萨拉米斯海峡的水深达24英尺，即使拥有制海权，这项工程也是困难重重。只要希腊海军能自由行动，就需要一场海战来保护建桥的人，这就使波斯人重新认识到必须得在海上作战。

很多人因此压力倍增。波斯负责外交的官员得去找一个希腊的叛徒，负责征兵和后勤的人要去招募更多的人员和船只。风暴过后，受损的船只还未修复。阿提密喜安之战的第二天，波斯舰队的三层划桨战船已经从1327艘减少到650艘左右，大约是原来规模的一半。还有数万人在风暴和战斗中丧生。在此后的三个星期里，希腊本土和各岛的援军已经陆续抵达。希罗多德写道："波斯皇帝在希腊逐步推进，越来越多的城邦服从他的号令。"[21]

希罗多德对于他所了解的这些援军的规模印象深刻，于是大胆地做出猜测："在我看来，无论如何，波斯人从陆路和海上入侵雅典的军队规模并不比他们到达塞披亚斯和温泉关时小。"[22]几乎没有学者愿意赞同他的观点。希罗多德本人评论过那场在埃维亚岛沿海毁坏200艘波斯战船的风暴："这都是神做的，这样希腊人的军队就能得救，而让波斯人的军事力量变得不再那么强大。"[23]看起来这个判断没有发生改变，毕竟只过了不到一个月的时间，而且附近的地区也没有庞大的海军。

希腊腹地人口众多，但无论这里还是基克拉迪群岛，都无力为波斯人提供船只，更不用说成百上千艘战船了。波斯舰队在萨拉米斯的三层划桨战船可能会超过700艘。希罗多德所说的大规模增援，要么只是指的人力而不是船只，要么就是他说错了。

毫无疑问，波斯人在法勒隆已经派他们的新兵出海了，并给他们充当桨手或者在甲板上做舰载步兵的机会。但是波斯人一定留意到来的援军都是希腊人，所以并不完全值得信赖。阿尔忒弥西亚指责的一些盟友，也许是所有的盟友，也有理由不被信任。塞浦路斯人参加了前499年的爱奥尼亚叛乱。埃及人也反抗过波斯，最近一次叛乱是在前486年。在阿提密喜安，埃及人因为英勇作战可能从薛西斯那里得到奖赏，但也许

105

这更多的是他做出的一个善意的姿态，而不是对埃及人贡献的认可。西里西亚的分队在阿提密喜安的第二天就被雅典人打败了。我们对潘菲利亚人（最初派出 30 艘战船）一无所知，但他们是希腊人的后裔，所以忠诚度也值得怀疑。

军队缺乏忠诚，船只数量缩减，补给有可能存在问题，地理形势危险：薛西斯有这么多的理由避免在海上作战。但薛西斯可能会认为，在阿提密喜安，敌人发挥了突然袭击的优势；在萨拉米斯，波斯人不会再一次轻敌了。他也可能考虑到了军队的士气。在占领雅典卫城的鼓舞下，他的士兵们会向沮丧的希腊人全力发起攻击。他前一天从间谍那里得到报告，希腊人已经陷入了恐慌。

薛西斯可能会得出这样的结论：机会自己送上门来了。敌人的两个都城，第一个已经攻陷。希腊的陆军和海军虽然没有大的损失，但已经乱了阵脚。敌军正在进行仓促的防御；敌军舰队内部四分五裂，一片惶恐。波斯人发动一波凌厉短促的攻击也许就足以把希腊人推到灭亡边缘。已经占领雅典的军队可能会在斯巴达最终结束战斗。

所以，海军要在萨拉米斯发起进攻。高超的战略家波斯皇帝决定把他的命运和一个形象联系起来。儿时的教育让他了解塑造的光辉形象能产生巨大的威力。复仇者高高坐在萨拉米斯海峡的王座上，刚刚被焚毁的神庙烟雾升腾，形成影影绰绰的背景，这一形象将激励他的战船夺取胜利。斗争可能会很激烈，但最终波斯人会取胜，就像他们在温泉关一样。谁知道呢？他的侦察兵可能很快就会找到一个合适的敌军叛徒。对薛西斯来说，他不会空手而归。

皇帝一发出指示，开船的命令就下达了。预料之中的是，舰队不会在接到通知后立即行动，一支优秀的舰队不会这么做。薛西斯已经在战场边的陆地上找好了瞭望的位置。命令从中队长传达到船长，再传达到船员，数万人排好队，爬上水边的木梯，登上了自己的战船。

阿尔忒弥西亚对薛西斯的决定有何反应，没有相关的记载。她是个英勇的女人，但她不是安提戈涅（Antigone）*：她愿意对权力说真话，但不会抗命不遵。当船队驶出法勒隆湾时，阿尔忒弥西亚和她的手下也在其中。

波斯人向萨拉米斯海峡进发，海峡的入口位于法勒隆湾西北约 4 英里处。在那里，舰队排列成不受敌人干扰的战线和中队。据推测，他们在萨拉米斯海峡的入口摆开阵势，战船分布在萨拉米斯和大陆之间的一条 5 英里宽的水道上。[24] 波斯人希望把希腊人引出狭窄的海峡，但敌人始终没有出现。天色渐暗，波斯人得到命令，返回法勒隆。9 月 24 日，雅典的日落是在傍晚 7 点 19 分，因此我们可以想象波斯人在下午 6 点前后开始撤退。

希腊人没有选择在不利的水域作战，波斯指挥官并不感到惊讶。但这也许不是全部。波斯人也可能在心理战游戏中迈出了第一步。通过在萨拉米斯海峡的入口处列队，他们向希腊人展示了咄咄逼人的势头和增补后的舰队的庞大规模。萨拉米斯的希腊人看到了将要面对的敌人舰队的全貌。[25] 希腊人原以为波斯海军已经在希腊中部的暴风雨和战斗中遭到毁灭，看到这支井然有序、实力增强的舰队时，他们的希望破灭了。

海军也不是波斯人唯一的武器。当晚，希腊舰队回到萨拉米斯后，波斯陆军开始向伯罗奔尼撒半岛进军。在夜空中，千军万马向西踏过阿提卡的声音会跨过海峡，传到希腊人的营

---

* 希腊悲剧作家索福克勒斯悲剧中的一个人物。安提戈涅是俄狄浦斯的女儿，她不顾国王克瑞翁的禁令，将自己的兄长、反叛城邦的波吕尼刻斯安葬，后被关在一座石洞里，自杀而死，而一意孤行的国王也遭致妻离子散的命运。——译者注

地。事实上，波斯人可能命令士兵紧挨着岸边行进，更多是为了吓唬敌人。运气好的话，波斯人行军造成的恐怖气氛可能会使萨拉米斯的希腊人动摇分裂，迫使部分船队匆匆赶往地峡，其余的船队要么战败，要么投降，落入波斯人手中。[26]

波斯舰队驶回法勒隆，计划在那里停泊过夜。军士们可能像往常一样吃了晚餐，然后为第二天的事情做准备，届时他们将进入海峡，挑起波斯指挥官们想要的大战。阿尔忒弥西亚并不期望如此。然而，一个消息传来，改变了一切。

第六章 从萨拉米斯到法勒隆

一个人坐在一条小木船上。可能是雅典派遣的船，也可能是萨拉米斯上百艘渔船中的一条。我们可以想象，为了不引人注意，只有两个人在划船。他们在黑暗中驶向法勒隆湾。途中经过慕尼契亚山，只有少量的油灯照亮，几乎看不见山的轮廓，船员们感觉到海浪一次次冲击着薄薄的船体。萨拉米斯海峡外的海域没有了岛屿或半岛的遮挡，海面上的波涛比海峡内的海面更为汹涌。当天傍晚时分，强大的波斯舰队，约有700艘三层划桨战船驶过同一片水域，从法勒隆去往萨拉米斯海峡入口，然后掉转航向。现在，这艘小船正紧跟着波斯人的航迹。这大概是9月24日晚上。

这个人穿着简单，上身穿着一件束腰外衣，也许外面还有抵御海风的披风，脚上是一双靴子，头上的帽子扣得很严实。毫无疑问，他没有拿着那根粗糙的棍子。通常负责照看小孩子的人会拿那样的棍子。他可能没有带武器，以表明其和平的意图。

如果他看上去有些担心，那不仅仅是因为他的同伴在黑暗中划船，肯定面临风险，也不仅仅是因为他们将前往敌人的营地，一旦上岸就危机四伏。他之所以忧虑主要是因为知道自己承担着决定战争走向的重担，希腊的命运取决于他要说的话。对于一个没有国家、没有姓氏，甚至没有自由的人来说，这是巨大的负担。

后来，关于他的谣言满天飞。他是波斯人，不，是个宦官。他是战俘，不，是个奴隶。他在黎明时分执行任务，不，是晚上。一些学者认为，他做的惊天动地的事情根本没有发生过。如果是那样，他的故事不仅欺骗了希罗多德，也欺骗了塞斯比阿人。希波战争结束后，这个彼奥提亚小城的居民按照地

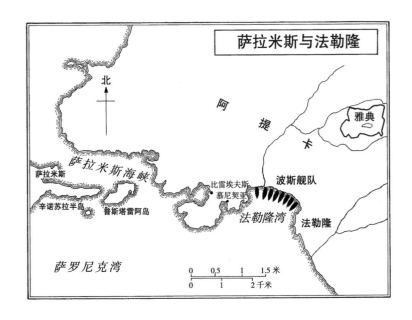

米斯托克利的建议，让西琴诺斯（Sicinnus）——我们就称他为西琴诺斯吧，因为我们既不知道他父亲的名字，也不知道他的原籍——成为一名公民。似乎那还不够，地米斯托克利还让西琴诺斯变成了有钱人。

我们可以确定西琴诺斯是希腊人。希腊的城市，例如塞斯比阿，既不赋予波斯人选举权，也不会给宦官政治权利，因为公民的职责之一是让希腊的后代成为城市的主人。他的名字可能表明，西琴诺斯来自安纳托利亚西北部的佛里吉亚（Phrygia）。佛里吉亚因信奉大母神（the Great Mother）而闻名，这位伟大的女神也是地米斯托克利崇拜的神灵。由于佛里吉亚处于波斯的统治之下，西琴诺斯可能非常熟悉波斯人的处事方式，也许他还会说波斯语。至于他的身份，西琴诺斯确实是个奴隶，而且他曾经做过战俘也是说得通的，因为许多人都是因为战争而不幸沦为奴隶的。地米斯托克利一定是在前480年之后让他获得了自由，然后推荐他成为塞斯比阿的公民。

西琴诺斯是个奴隶，不过他在一个富裕的希腊家庭中扮演了受尊敬的角色：他是地米斯托克利儿子们的教仆（paidagogos），类似于现代的教师。他得每天送男孩子们去学校，然后再接他们回家，背着他们上学用的东西和一盏灯，有时甚至要背上一两个累得走不动路的孩子。他还必须在街上监督他们，让他们远离像雅典这样蓬勃发展的城市里的各种诱惑。教仆不给孩子们正式授课，但通常要对孩子们的道德教育负责。简而言之，教仆必须坚定、机敏、品行端正，最重要的是值得信赖。难怪地米斯托克利委托他去执行如此重要的任务。

任务的确是执行了。除了过于离奇，没有理由否认这件事。说它不可能并不是有力的论断，因为历史充满了不可能。不仅是来自哈利卡纳苏斯的希罗多德，雅典人埃斯库罗斯也证实了西琴诺斯的事迹。希罗多德的作品写于前480年之后两代人的时间，埃斯库罗斯写于前472年。他们的描述在细节上有些差别，对于秘密任务的描述时有冲突。此外，埃斯库罗斯和希罗多德使用的体裁不同（前者写的是悲剧，后者写的是历史），针对不同的受众，有着不同的目的。两者之间明显的分歧不应令我们感到惊讶。

但是，在确认了西琴诺斯的任务确实存在之后，如果不回顾一下当时的情境，我们就无法理解它的目的或结果。整个事情开始于9月24日傍晚的萨拉米斯。

前一天（就是9月23日）的晚上，地米斯托克利和阿狄曼托之间的对决以尤利比亚德决定将舰队留在萨拉米斯而告终。但是伯罗奔尼撒人对这一选择并不满意。他们对科林斯地峡的防御工程听说得越多，就越想放弃萨拉米斯。此外，9月

24 日下午，整个波斯舰队出现在萨拉米斯海峡的入口，前来挑战。在敌人的海军撤回其位于法勒隆的基地之后，敌人的陆军开始沿着阿提卡的海岸线向西面的科林斯地峡进发。

9 月 24 日这一天慢慢过去，伯罗奔尼撒人开始三三两两地聚在一起，窃窃私语。他们压低了声音，却难以抑制怒火。他们对尤利比亚德的错误决定感到十分惊讶。他们担心被困在萨拉米斯，即将为了雅典打一场海战，如果他们输了，就会束手就擒，无法保卫自己的家园。也许他们抱怨一个说话滔滔不绝的雅典人蒙蔽欺骗了一个强壮果敢但头脑简单的斯巴达人。最终，不满情绪在公开场合爆发。他们渴望加入科林斯地峡的抵抗活动，"留在萨拉米斯，在船上浪费时间的那些人深感恐惧，以至于不再服从指挥官的命令"[1]，后来的一位历史学家说道。

尤利比亚德失去了对舰队的控制。也许另一个人会做得更好，但不会多么轻松。希腊人很少把服从命令看得比直抒胸臆更为重要，即使现在希腊处于危险之中。

已经到了晚上，又召开了一次会议。伯罗奔尼撒半岛的指挥官们发表了长篇讲话，没有闪烁其词。他们说，雅典失守了，用传统的委婉说法来表达，就是"成了被长矛占领的土地"[2]。现在要做的是立即离开萨拉米斯，在科林斯地峡碰碰运气。雅典人当然不同意。他们与埃及人和麦加拉人一起，主张留在萨拉米斯战斗。

但这没有用。地米斯托克利大概是这么想的：他做出的判断是自己的策略将被拒绝。普鲁塔克称，希腊人实际上决定当晚撤退，甚至给引航员下达了起航的命令。毫无疑问，在那之前，地米斯托克利悄悄溜出会议，找到了西琴诺斯。古代资料给人的印象是，西琴诺斯的任务是地米斯托克利因形势所迫，突发灵感想到的。但似乎更有可能是他事先计划好的。地米斯托克利具有非常敏锐的洞察力，之前肯定注意到伯罗奔尼撒船员对他的立场支持有限。

此外，地米斯托克利的拿手好戏就是思考不可思议之事。[113] 一个正直的人可能会用维护整个希腊的团结这样的想法来安慰自己，但地米斯托克利拒绝幻想。他当然考虑过伯罗奔尼撒半岛叛变的可能性。他可能已经想到，如果他不能在公开辩论中用直截了当的措辞挽救雅典，他将不得不诉诸更狡猾的方法。而且为了拯救雅典，像地米斯托克利这样的人几乎什么事情都可以做。他当然有能力违背大多数希腊海军统帅的意愿，促成在萨拉米斯进行战斗。

因此，他很可能已经提前计划了西琴诺斯的行动。还有一个原因是，有一些实际问题需要解决。西琴诺斯必须准备好执行一项秘密任务，尽管他可能直到最后一刻才被告知该说些什么。需要找到值得信赖的人来划船，必须确定出发的地点，必须说服或贿赂警卫对有人未经授权离开视而不见。地米斯托克利必须快速完成这些工作，然后回去继续开会，免得有人对他的缺席产生怀疑。虽然这一切可能都是在最后一刻安排的，但提前做好准备似乎更有可能。

西琴诺斯的任务是什么呢？他是要去给波斯人传递信息。在古代的资料中，有三种对该信息的详细描述。最早的一种出现在埃斯库罗斯前 472 年的戏剧《波斯人》里——

> 一个雅典的希腊人前来
> 对薛西斯说了下面的话：
> 当夜幕降临时
> 希腊人不会留下，而是急忙行动
> 把桨划起来，不管怎样
> 每一个悄悄逃跑的人都会保住性命。[3]

前 430 年后不久，希罗多德写道——

114

> 当他［西琴诺斯］乘船到达时，他对野蛮人的将军们说了下面的话："雅典人的将军偷偷派我来，瞒着其他希腊人（因为他心里想着波斯皇帝的利益，并且他希望你们而不是那些希腊人占上风），我是说希腊人害怕了，计划逃跑，现在是你们采取行动的最好时机，以免让他们跑掉。他们既不团结，也不抵抗你们，但你会看到他们之间也在打仗，有些站在你们这边，有些不站在你们这边。"说完这些，他就迅速离开了。[4]

普鲁塔克在几个世纪后，大约 100 年时写道——

> 他［地米斯托克利］偷偷地把他［西琴诺斯］送到了薛西斯那里，叫他说雅典人的将军地米斯托克利选择投靠皇帝，第一个向皇帝报告希腊人正在逃跑，他恳请皇帝不要袖手旁观，让他们逃掉，而是在他们与步兵分开、一片混乱的时刻发起攻击，摧毁他们的海军力量。薛西斯认为这是一个充满善意的消息，很是高兴……[5]

这三个故事是说雅典人向波斯人传达了一个信息，宣布希腊舰队正准备从萨拉米斯逃离。三个版本后面都说到，波斯人判断这个消息是真实的，因此派出了他们的船队。但是，这三个版本之间存在分歧。希罗多德和普鲁塔克都提到了西琴诺斯的名字，但埃斯库罗斯没有。埃斯库罗斯和普鲁塔克说西琴诺斯是直接向薛西斯汇报的，但是希罗多德的版本可能性更大，即西琴诺斯是讲给波斯的指挥官们听的。波斯皇帝很少直接跟人交谈，更不用说跟希腊奴隶了。尽管如此，西琴诺斯还是有可能当着薛西斯的面被某一个波斯人审问，就像阿卡迪亚（Arcadian）的逃兵在温泉关战役后被审问一样。

希罗多德说，西琴诺斯是在波斯舰队回到法勒隆之后，即晚上抵达的。埃斯库罗斯说任务是在日落之前进行的，而普鲁塔克暗示是在夜间，并未做特别说明。与历史学家或传记作家不同，埃斯库罗斯是个悲剧作家，具有文学创作的自由度。他可能在介绍行动的过程中添加了对日落时的景色描写，以增强戏剧性。无论如何，执行秘密的具有背叛性质的任务，更有可能是在晚上。

此外，还有一个因素需要考虑。埃斯库罗斯是爱国的作家，为 3 万名雅典读者而创作。描绘一个不知名的人在白天所做的事情要比明确指出地米斯托克利儿子的道德监护人在黑夜里偷偷摸摸地行动要明智得多。

爱国主义也可以解释上面三个说法之间的另一个差异。希罗多德和普鲁塔克清楚地指出，地米斯托克利让雅典投靠了波斯。埃斯库罗斯对此事保持沉默。不过，这并不奇怪。因为他的剧作是在仅仅 8 年之后的一次戏剧节上演出的，背叛无疑是广大雅典观众关注的敏感话题。给雅典人贴上叛国标签的外国奴隶也许在雅典并不怎么受欢迎。毕竟，地米斯托克利是在塞斯比阿而不是在雅典为西琴诺斯安排了一个家，而这仅仅是因为塞斯比阿在战争中失去了许多公民，亟须新人加入。

因此，综合起来，故事是这样的：地米斯托克利派遣值得信赖的奴隶西琴诺斯到波斯的海军总部执行了一次秘密而危险的夜间任务。西琴诺斯宣布希腊舰队即将撤离，敦促波斯人立即阻击他们。波斯人果然这样做了，在夜里派出了舰队。在萨拉米斯的希腊人了解情况之前，波斯人就设法包围了他们。结果，无须再谈论逃往科林斯地峡了。希腊人将不得不在萨拉米

115

斯战斗，否则只能投降。换句话说，地米斯托克利完全得到了
他想要的效果。

波斯人是如何包围希腊人的，以及"包围"在这种情况下
意味着什么，是我们将在下一章讨论的大问题。同时，另一个
问题出现了：为什么波斯人相信西琴诺斯？就这一点而言，为
什么波斯人让他逃脱，而不是拘留他进行讯问，甚至折磨？

116

回答这些问题，就是要了解地米斯托克利的天才之处和他
读懂对手心思的能力。地米斯托克利知道波斯多么想抓住一个
希腊叛徒。因此，他派西琴诺斯去见波斯人。

地米斯托克利知道波斯人是如何在 8 月的温泉关战役以及
15 年前拉德和塞浦路斯附近的海战中利用叛徒的。如果他审
问了在阿提密喜安俘虏的波斯高级指挥官，他可能就会知道找
到叛徒在波斯皇帝的心中是多么重要。

制造假消息的关键是告诉人们他们想要听到的东西。西琴
诺斯正是这样做的。西琴诺斯没有告诉波斯人要在萨拉米斯进
行海战。他不需要如此。当他到达他们的营地时，波斯人已经
决定在萨拉米斯海峡冒险了。西琴诺斯只是掌握了恰当的时机
而已。

西琴诺斯只做了这点事情，却起到了决定性的作用：在萨
拉米斯，时机就是一切。想想西琴诺斯和地米斯托克利机智的
妙招。似乎意识到撒一个大谎比撒一个小谎容易，西琴诺斯给
波斯人提供了许多细节性的秘密，它们碰巧都是真实的。他告
诉他们，萨拉米斯的希腊军事会议陷入混乱，这是真的。他告
诉他们，伯罗奔尼撒人想立即将船队撤回科林斯地峡，而雅典
人、埃伊那岛人和麦加拉人则想把战船留在萨拉米斯，这是真
的。他告诉他们，除非波斯海军进行阻击，否则希腊船只就将
逃跑，这也可能是真的。

西琴诺斯说的唯一的谎言是一个大谎言：地米斯托克利

准备加入波斯皇帝的阵营。这真是谎言吗？谁能确定，如果希腊舰队前往科林斯地峡，地米斯托克利会不会考虑与薛西斯做一笔交易？要说服雅典人与他们的敌对者做交易并不容易。但是，如果他们被希腊盟友抛弃，萨拉米斯的雅典难民在波斯的保护下回家会不会比去意大利碰运气更好呢？后者是在科林斯地峡实施抵抗最有可能的后果。地米斯托克利可能会推断，波斯人在雅典卫城实现了复仇，获得了荣耀，也许愿意谈判。务实的波斯人会立即意识到与地米斯托克利这样的实干家结盟的好处，而跟曾经的雅典僭主希庇亚斯的继承人这样过气的人结盟没什么好处。

确切地说，西琴诺斯的谎言提到了地米斯托克利想要归降波斯。实际上，地米斯托克利更愿意为希腊赢得胜利。他提议立即进行海战，以实现这一目标。

但是，我们不要认为西琴诺斯是个好的骗子。他未必善于说谎。地米斯托克利知道波斯人可能会折磨西琴诺斯，不想冒险让自己的人在压力下崩溃。如此一来，最好的办法就是对西琴诺斯撒谎，只是告诉他，他的主人已经决定叛逃，而不是对他说明这是个设计好的双重计谋。这样做其实更妥当。西琴诺斯对地米斯托克利的反叛越是相信，他的口信就越有说服力。看起来好像地米斯托克利不仅对波斯人和他的希腊同胞隐瞒真相，而且对他信任的仆人也隐瞒了真相。只要西琴诺斯值得信赖，勇敢且善于表达，他就能很好地执行这一任务。谁知道呢？西琴诺斯可能也曾经是亲波斯的，这会让地米斯托克利觉得派他去送信更为合适。

在听完西琴诺斯的话之后，波斯人放他走了。[6] 这不是标准的处理方式。早些时候，一个来自伯罗奔尼撒半岛中部阿卡迪亚的希腊叛逃者出现在波斯营地，被五花大绑了。也许西琴诺斯非常精明圆滑，也许他很幸运，但波斯人放他走可能是因

117

为他们需要这样做，而他们需要这样做的原因是地米斯托克利已经答应投降了。还要商定交易的具体细节。

毕竟，这是拉德战役中发生过的事情。波斯人在战斗前接见了萨摩斯人的叛徒，并安排萨摩斯人的军队在双方交战时掉头逃走。战斗一开始，萨摩斯人就扬起帆驾船逃离。看到这一幕，大多数希腊战舰也采取了同样的行动，让留下来的一些坚定的水手陷入困境，他们大部分来自希俄斯岛。

我们可以推测，西琴诺斯提出，或是波斯人要求，在萨拉米斯也做出类似的安排。波斯人冲向希腊舰队，雅典人将扬起风帆，惊慌出逃，向波斯人投降。这也许就是波斯人把西琴诺斯放走的原因。他是中间人，对确认地米斯托克利反叛的具体细节至关重要。

当然，有人对此表示怀疑。正如埃斯库罗斯所说，波斯皇帝的一位顾问警告他当心"希腊人的诡计"[7]。确实，薛西斯随从中来自雅典的流亡者和底比斯盟友斥责了雅典民主派代表地米斯托克利的奴隶。波斯人对阴谋诡计并不陌生：宫廷内部因阴谋而兴盛。波斯舰队中的许多希腊王子和基层指挥官都知道特洛伊木马的故事，了解希腊人是如何通过伪装的礼物而征服一座城的。然而，他们中没有一个人能够看穿雅典当时的"奥德修斯"的计谋。或者，他们看出了破绽，但无法成功说服薛西斯。

回想起来，他很容易地上当了。但是，在当时，西琴诺斯的故事似乎合情合理。叛徒和逃兵是战争中司空见惯的。西琴诺斯很可能不是第一个从萨拉米斯给波斯送情报的人。例如，阿尔忒弥西亚很可能从希腊叛徒那里获得岛上食物短缺的消息。

信任西琴诺斯的风险似乎也不大。如果那天晚上希腊人确实计划秘密逃跑，波斯人就有机会阻击他们。如果这些情报被证明是错误的，那么波斯人将在黎明时面对人心涣散、毫无斗志的敌人。希腊人要么硬着头皮接受波斯人的挑战，打一场大仗，要么承认自己的劣势，那样会有更多的人叛逃到波斯阵营。

此外，薛西斯可能会想到，如果他们立刻行动，他的舰队会有意外的收获。希腊人可能料想到波斯人会进入海峡，但不是在晚上，当然也不会在那天晚上。那天傍晚，希腊人已经见过敌人在海峡外集结的舰队。当天晚上他率军杀回来似乎没有多少危险，这次是要进入萨拉米斯海峡。

可能还有另一个要采取行动的理由：天气。在 9 月下旬的雅典，云彩很常见。一个多云的夜晚是最好不过的，也许是唯一能让波斯人在希腊人眼皮底下偷偷进入海峡的时机。无云的夜空中月光正亮的时候，很难在萨拉米斯展开隐蔽的行动。善用策略的人不会轻易放弃突袭敌人的机会。因此，如果 9 月 24 日的夜晚确实是阴天，那么一个急切的波斯指挥官可能会利用西琴诺斯的情报，趁机实施早已制订的计划。薛西斯同意出击。

于是他下达了命令，波斯舰队不会等到早晨再去攻击希腊人，而是像希罗多德说的那样，在"半夜"立即开始行动。[8] 确切的时间并不清楚。但是假设西琴诺斯在日落（晚上 7：19）后开始执行任务，他需要大约一个小时才能到达法勒隆。考虑到波斯人需要一两个小时才能听他讲完，并判断信息的真假，再加上还需要更多的时间来叫醒士兵，准备好船只，波斯舰队出发的时间最早也得是在午夜。

薛西斯一定事先安排好从法勒隆乘车到大约 6 英里远的地方，那里可以俯瞰萨拉米斯海峡。他希望在第二天结束之前，手下就会摧毁敌人的舰队，从而保证他在冬季来临之前征服希腊的其他地区。

这一切似乎都顺理成章。但是，如果希腊人内部并没有争

119

执不休呢? 如果他们热切盼望战斗, 斗志昂扬地想将波斯人从萨拉米斯海峡驱逐出去呢? 在这种情况下, 波斯人将正中敌人下怀, 在敌人选择的狭窄地点作战。

但是如果站在薛西斯的角度看的话, 要知道, 希腊人从混乱到一下子团结起来的可能性很小。地米斯托克利的计谋无论多么出色, 都不足以带来这个结果。地米斯托克利能耐很大, 但并不能把希腊人团结起来。这个任务需要其他人来完成。令人惊喜的是, 一个最有可能的候选人就在眼前。

这是古代世界历史上最著名的和解之一。利西马科斯(Lysimachus)的儿子阿里斯提得斯(Aristides)和地米斯托克利是不共戴天的政敌。阿里斯提得斯参加过前490年的马拉松战役, 当时他可能是雅典高级指挥官中的一员, 拥有光鲜的政治生涯。地米斯托克利和阿里斯提得斯之间的敌对有个人因素, 这可以在一些相关资料中找到记载。普鲁塔克写道, 地米斯托克利天生——

> 思维敏捷, 行事鲁莽, 不择手段, 容易仓促行事, 而阿里斯提得斯性格刚毅, 坚持正义, 不善于撒谎、插科打诨, 甚至在游戏中也不作弊。[9]

120

但是原则也会面临考验。一个传统使阿里斯提得斯变成一只狐狸, 仍然不时有亲波斯的情绪, 另一个传统使阿里斯提得斯成为贵族, 与平民主义的代表地米斯托克利剑拔弩张。相对于地米斯托克利的无赖, 阿里斯提得斯扮演了完人的角色。当然, 阿里斯提得斯享有很高的声望, 所以他的绰号是"公正的阿里斯提得斯"(Aristides the Just)。希罗多德称他为"雅典最好、最公正的人"[10]。

实际上, 阿里斯提得斯是个自命清高的人, 这一点我们可以从一个农民那里做出判断，他来城里投票，赞成放逐阿里斯提得斯。当被问到为何反对阿里斯提得斯时，那个人回答说，我只是厌倦了所有人都叫他"公正的阿里斯提得斯"。那个农民随心所欲，投了赞成票：阿里斯提得斯在前483年被放逐。地米斯托克利已经出人头地。

在波斯人入侵之前，阿里斯提得斯与其他流放在外的人一起被召回。任何担心他会继续与地米斯托克利作对的人都不必有什么顾虑了。罗马帝国时代的希腊作家伯利埃努斯（Polyaenus）讲述了关于两个人和解的充满戏剧性的故事——

> 阿里斯提得斯和地米斯托克利是政治宿敌。波斯人发动进攻时，他们走到城外的同一个地方，两人都垂下右手，手指勾在一起，说："我们在这里放下敌意，直到跟波斯人的战争结束。"他们边说边举起手，分开手指，好像埋下了什么东西。他们在祭祀坑里堆了土，然后离开了，在整个战争中都信守承诺。将军们之间的和睦关系对战胜野蛮人尤其重要。[11]

如果曾经被放逐的人都只能回到萨拉米斯，那么这一幕，如真实可信，一定发生在那里。这个令人称奇的仪式是否真的发生过，我们不得而知，但是将军们团结一致的重要性是毋庸置疑的。

9月24日夜晚，执行任务的西琴诺斯取得了丰硕的成果。西琴诺斯无疑让波斯阵营兴奋不已，大大松了一口气。我们不知道他何时设法返回了萨拉米斯，但我们确实知道他不是第一个把成功的消息告诉地米斯托克利的人。这项荣誉归于阿里斯提得斯。

那天早上的地震使人们感到不安，随后，阿里斯提得斯跟至少一位将军一起被送到一艘驶向埃伊那岛的三层划桨战船上，要接回埃阿科斯和他儿子们的雕像。这次行动充分说明了阿里斯提得斯在希腊阵营中的地位。他的重要性并不是体现在他在战争准备过程中或军事会议讨论中的不可或缺，而是体现在他是进行宗教活动和提升士气的关键人物。

阿里斯提得斯从埃伊那岛返回时，已经是深夜了。显然，他不是带着雕像来的，而是带来了在路上探听到的消息。在萨拉米斯登陆后，阿里斯提得斯直接去了会议厅，站在外面呼唤地米斯托克利。地米斯托克利出来了，阿里斯提得斯对他说，可以告诉同僚们停止关于是否撤退到科林斯地峡的辩论了。转移已经不可能了。正如阿里斯提得斯亲眼所见，希腊人现在被波斯舰队包围了。他从埃伊那岛出发，几乎是沿着波斯人的行军路径航行，他的船经过萨拉米斯的南岸，绕过辛诺苏拉半岛，进入萨拉米斯海峡。波斯人午夜之后才离开了法勒隆，而且他们需要花相当长的时间在漆黑的夜晚将船开到希腊人对面的位置。这样说来，阿里斯提得斯到达萨拉米斯的时间几乎不可能早于凌晨两三点。当然，那不是三层划桨战船航行的正常时间，但是阿里斯提得斯使命在身，需要船以超常规的速度前进。

"我们被敌人围了一圈儿。"[12] 阿里斯提得斯说。他的船好不容易才通过封锁，躲过了追捕。现在，他建议地米斯托克利回到屋里发布这一消息。

我们不用想象，阿里斯提得斯说的"一圈儿"表达的是字面意思。希腊人不仅用 kuklos 这个词指圆圈儿，还用它指天穹、地平线、银河、人的脸颊、集会场所、站在周围的一群人，以及一年四季的循环。阿里斯提得斯使用 kuklos 这个词，意思只是波斯人在萨拉米斯东海岸系泊站的两端围住了希腊船队。他不是说波斯舰队包围了整个岛屿。对于如何理解阿里斯提得斯的话，普鲁塔克说得很清楚——

> 野蛮人的三层划桨战船在晚上出发，把海峡围成一个圈儿，然后占领了这些岛屿。[13]

那么，我们可以说，波斯人已经围住了海峡的两端。

显然，地米斯托克利无法掩饰自己听到这一消息时的喜悦，也未隐藏自己作为幕后操纵者的骄傲。他告诉阿里斯提得斯："你应该知道，米底人正在按照我的设计行事。"[14] 希腊人很快也会屈从于地米斯托克利的意愿，他迫使他们在萨拉米斯开战，无论他们是否愿意。地米斯托克利盘算着他的影响力，肯定倍感幸福。而且，当着宿敌阿里斯提得斯的面发号施令，地米斯托克利肯定是如同到了天堂一般快乐。

地米斯托克利一向深谋远虑，在阿里斯提得斯面前，他并没有表现出洋洋自得。非但没有在其他指挥官面前邀功，他反而让阿里斯提得斯亲自去传递消息。"如果我这么说，"地米斯托克利说，"看起来好像我在撒谎，他们不会相信野蛮人确实在做这些事情。"[15]

在会议厅内，正如希罗多德所说，希腊将军们"用言语互相挤对"[16]。他们以为波斯舰队已经返回了法勒隆，他们前一天就看到舰队出发了。

阿里斯提得斯及时地加入了会议，并公布了他的消息。他说："希腊人的整个营地都被薛西斯的战船封锁了。"[17] 他建议他们做好防卫的准备。宣布完这个令人震惊的消息，阿里斯提得斯就离开了。

激烈的辩论立即爆发了。大多数指挥官决意离开萨拉米斯，他们拒绝相信阿里斯提得斯，尽管他以正直闻名。但是事情很快就被新来的人解决了，这个人名叫帕那提乌斯

（Panaetius），是索喜美涅斯（Sosimenes）的儿子。他是来自爱琴海小岛提诺斯岛（Tenos）的一艘三层划桨战船的指挥官，该岛是阿提密喜安和温泉关战役后向薛西斯派遣船只的众多岛屿之一。也许提诺斯人并非真心支持波斯，也许帕那提乌斯在舰队驶入萨拉米斯海峡的危险水域时丧失了对波斯事业的热情，不管出于何种原因，他投靠了希腊人。

这是决定性的叛逃。帕那提乌斯重复了阿里斯提得斯所说的话，军事会议终于认可了这个信息。帕那提乌斯是从波斯那边叛变的岛民，没有沾染雅典人的政治色彩，而阿里斯提得斯是雅典最公正的人，两个人的话加在一起终于起作用了。指挥官们承认消息的真实性，因此他们决定打一场海战。

到现在，已经是凌晨三四点了。立刻让 7 万人登上三层划桨战船，做好准备，出发去战斗，这不是常规举动。但必须这么做。

第七章　从法勒隆到萨拉米斯

他坐在三层划桨战船的后甲板上，斜倚在紫色的靠垫上，头上是布制的华盖，用来挡风。船几乎无声地滑过了黑暗的海岸。在远处，海峡对岸，他可以清楚地看到希腊舰队的火光。在附近，步兵从阿提卡向西行进的声音使他根本听不到船的动静。但是，他不时地分辨船的声音，听到的只是桨在轻轻击水，在有节奏的间隔中，两块石头敲击节拍，发出的声响跟脚踩在贝壳上一样轻。他们可能是一群去为腓尼基制造紫色染料的作坊采集贝类的工人。实际上，他们是世界上最好的水手，在 9 月 25 日拂晓时，他们出发去赢得战争的胜利。他们是西顿的水手，领头的是他们的国王，阿努苏斯（Ausus）的儿子铁特拉姆但司托斯（Tetramnestus）——在西顿语中，君主叫作 Eshmunazar。[1]

铁特拉姆但司托斯头戴青铜头盔，穿着一件染成紫色的亚麻束腰外衣，外面罩着亚麻胸甲。毫无疑问，他手里拿着剑。他可能戴着金耳环、金戒指和金手镯。脖子上戴着金链子，上面有一个蓝色的玻璃护身符，用来辟邪。

波斯舰队正在移动。700 艘三层划桨战船整齐划一地向萨拉米斯海峡悄悄地驶去。舰队的使命是包围敌人船只停泊的地方。希腊人一定会在当晚尝试向科林斯地峡突围。波斯海军要做的就是予以阻击。他们会出其不意地对希腊人发起攻击，阻止他们的行动，打一场歼灭战，彻底消灭那些毫无斗志、喋喋不休的人——这一切都是在一大帮希腊叛徒的帮助下完成的。

这是一个危险的任务，想要完成也不容易。波斯战船不仅要潜入萨拉米斯海峡希腊人控制的水域，而且必须在漆黑多云的夜晚悄然行动，没有月亮或星星的光亮，不能轻易被敌人发现。几个世纪以来，腓尼基人一直是地中海经验丰富的水手。

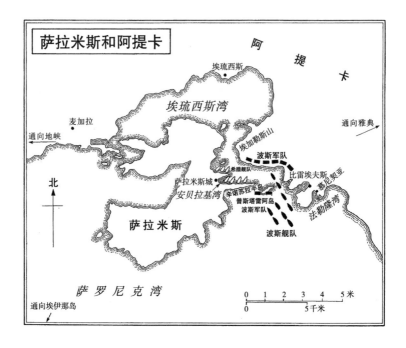

在前 5 世纪，西顿——众所周知的"伟大的西顿"[2]"迦南的母亲"[3]"迦南人的长子"[4]——是腓尼基的第一座城市。西顿坐落在冰雪覆盖的黎巴嫩山脉和清澈湛蓝的海洋之间的海角上。西顿实践着"从祖先那里继承来的海军行动的经验"[5]。除西顿人以外，还有谁能为波斯执行这样的任务？

铁特拉姆但司托斯是薛西斯最喜欢的国王，他大显身手的时候到了。在第二天日落之前，铁特拉姆但司托斯计划摧毁希腊海军，从而让他的主人迅速获得胜利，占领整个希腊。西顿国王是薛西斯海军中最重要的盟友。甚至波斯波利斯皇家金库的封印石上的战舰图像，也是复制的西顿硬币的图案。

薛西斯的兄弟——阿契美尼斯将军和阿里阿比格涅斯（Ariabignes）将军——也无须给西顿人或者他们的腓尼基战友推罗（Tyre）人和阿拉达斯（Aradus）人发号施令。波斯人必须盯着的是不可信的爱奥尼亚人和埃及人。像波斯指挥官美伽巴佐斯（Megabazus）和普列克撒司佩斯（Prexaspes）[6]这样的人，不是政治人物而是军事专业人员，被临时调到腓尼基的战队，因为波斯皇帝信任腓尼基人。在薛西斯眼中，没有一个腓尼基人比西顿人地位更高。波斯人不是在西顿城外建造了一个天堂般的皇家公园吗？他们难道不是在西顿城外出资修建了一座巨大的神庙，奉献给了在整个腓尼基都备受尊敬的西顿的治愈之神埃什蒙（Eshmun）吗？难道西顿最终没有超过它的长期竞争对手推罗吗？对于西顿来说，波斯人统治时期是其黄金时代。现在是回报波斯皇帝的时候了。

唉，只是这场战争并没有像铁特拉姆但司托斯所希望的那样进行下去。可以肯定的是，开端是极好的。5月在达达尼尔海峡，西顿在战船竞赛中脱颖而出，薛西斯在他的白色大理石宝座上看到了一切，十分欣喜。6月，在色雷斯的多里斯卡斯，皇帝选择乘坐一艘西顿的战船检阅他的舰队。腓尼基的船队最初有300多艘。波斯皇帝坐在金色的华盖下，沿着直线航行检阅队伍，所有的战船离岸400英尺，一字排开，船头朝向岸边，舰载步兵在甲板上严阵以待。薛西斯询问了每艘船的情况，书记官记录下他说的每一句话。对于西顿来说，那是多么荣耀的一天！

西顿人随后带领船队通过阿陀斯山运河，向南进入希腊中部。作为领航的分队，他们可能在塞披亚斯海岬把船拖上岸，因此没有在风暴中受损。接下来在阿提密喜安遇到了麻烦。毫无疑问，铁特拉姆但司托斯坚持认为，他的士兵尽到了职责，其他人打了败仗。要是波斯皇帝把那群"旱鸭子"留在家中就好了。西里西亚人、利西亚人和潘菲利亚人当水手能有什么用？一些塞浦路斯人有腓尼基人的血统，因此熟悉海上作战，但讨厌的埃及人和爱奥尼亚人是叛徒，不值得信任。

128

现在，西顿将有第二次机会证明自己。传说萨拉米斯岛是以腓尼基人的贸易站命名的，腓尼基语中，sh-l-m 意为"和平"[7]，因此西顿人来萨拉米斯再合适不过了。在萨拉米斯，希腊人会吃到苦头。

腓尼基人太容易忽视希腊人在海上的英勇了。腓尼基城邦文明比希腊文明时间更早，持续更久。腓尼基人很长时间内都在使用三层划桨战船，而雅典三层划桨战船虽然在希腊舰队中实力最为强大，但仅仅发展了三年。至于希腊人在阿提密喜安的成功，姑且看作初学者的运气。

铁特拉姆但司托斯可能回想起数小时前法勒隆湾的情景，波斯皇帝的舰队最后一次决定性的军事行动开始了。从精准地组织船队，到惊艳地掠过萨罗尼克湾，再到悄无声息地从毫无戒备的敌人身边驶过，波斯海军表现出色。然而，即使如此，到现在，随着黎明的临近，铁特拉姆但司托斯难免心中泛起阵阵疑惑。

行动于前一天即 9 月 24 日的日落时分开始。士兵们在萨拉米斯海峡入口处炫耀武力后返回了法勒隆湾。船员们汗流浃背、焦虑不安地上了岸，他们的厄运被延迟了。我们可以想象他们爬到沙滩上，没有流一滴血，或恼怒或兴奋。有些人害怕战斗，而另一些人只想"把希腊人封死在萨拉米斯，为阿提密喜安之战复仇"[8]。

上岸后，船员们吃了晚餐。他们到达萨拉米斯海峡的入口再返回，一共划了 10 英里。他们到达萨拉米斯近处时，一直坐在那里不停地向前或向后划桨，让船灵巧地移动，更像是在通过整齐的节奏和严明的纪律来吓唬希腊人。这不是轻松的事情，尽管从客观上说，它比不上三层划桨战船舰队每天 120 多海里的航行。[9]不过，到达法勒隆的划桨手们一定饥肠辘辘了。波斯军官和舰载步兵不必像划桨手一样消耗体力，而且他们的伙食很好。

划桨手的食物可能更简单，如洋葱、咸鱼、百里香、盐和大麦碎粒。负责搜寻食物的分队可能会去找季节性的水果，例如无花果和苹果，而猎人可能会把打的鸟或兔子用袋子背回来。辛苦划船之后，淡水必不可少。大多数人渴望的东西是葡萄酒，这是从希腊到波斯的标准饮品。埃及是例外，那里的啤酒是穷人的最爱。特别是在打仗之前，喝一点酒会大有帮助。能否满足所有这些需求，在很大程度上取决于波斯商船维持供给的能力。

吃喝之后，士兵分成几组。船上的木匠和他们的徒弟会做一些检查，发现问题就需要修理——在船上，维修总是需要的。有些人一起闲聊。有些人会玩一些类似跳棋或掷骰子的游戏。可能有人唱歌。其他人可能会祈祷，因为所有人都知道，到了早晨，他们就会迎来期待已久的伟大海战。那些没有其他事情的人可能已经入睡了。

但是任何休息都是短暂的。午夜之前，传来命令，舰队立刻出发，即大部分舰队要投入行动。在总动员令下达之前，已经派出了一个分队去执行特殊任务。我们不知道派出了哪些船，一共多少艘船。他们的任务是占领萨拉米斯与希腊大陆之间的一个小岛——普斯塔雷阿岛（Psyttaleia）。

普斯塔雷阿岛的战略位置十分重要，引起了波斯最高统帅的高度关注。具体来说，它位于即将到来的海战的行动路线上。一旦战斗开始，就如波斯人想象的那样，许多士兵和受损船只将被运送到那里，谁控制了普斯塔雷阿岛，谁就可以帮助自己的军队斩杀敌人。

查看地图就能发现，普斯塔雷阿岛位于萨拉米斯海峡的入口处，所以是在战场的一端而非中间。但它确实位于希腊人逃离海峡的"路径"上，正如它位于最终的战场和波斯人在法勒隆湾的基地之间一样。此外，在海军作战中，一方控制的海岸线越长越好，准确地说是为了救援己方落水的人或者杀死对方因沉船而落水的人，并捕获靠岸的受损船只。波斯人控制了阿提卡的海岸，希腊人控制了萨拉米斯的海岸；通过占领普斯塔雷阿岛，波斯人建立了另一个海岸线上的据点。还要注意，普斯塔雷阿岛的东南海岸离萨拉米斯比较远，在黑暗的夜晚，波斯人可以在那里登陆且不被发现。所有这些都解释了在波斯作战计划中普斯塔雷阿岛的重要性。

在法勒隆的主要任务是组织动员庞大的波斯舰队，舰队共10多万名士兵（加上派往普斯塔雷阿岛的士兵，人员总数约为15万人）。仅仅调动这么多人就是一件了不起的事情，快速而有序地把这些人组织起来更是一个奇迹，尤其是他们已经忙碌了整整一下午了。这正是波斯人现在所做的事情。

开船的命令下达了，每个划桨手都必须排队上船，并找到自己的位置。他们可能随身带了少量食物和水，足以度过接下来一个漫长的黑夜和白天，但不能带太多，免得使船负荷太重。

每个三层划桨战船的船尾都配备了两个梯子，士兵可以一对对地登船。给一艘船配齐人手的时间大概不到15分钟。不会随意安排船员，而是把船分成几个部分，例如中间、船头和船尾。划桨手可能被分配到船上一个固定的座位。这将使他们适应周围人的划桨节奏并相应地调整自己划水的动作。坐下后，每个划桨手都必须检查设备。首先，必须确保坐垫牢牢地绑在座位上。然后，还要检查桨环。船桨是一个杠杆；每次击水，它都必须绕着一个支撑或支点旋转。在三层划桨战船上，桨在一个直立的短木桩（称为桨栓）上转动。用一条皮带将船桨固定在适当的位置，将皮带缝成一个环，即桨环。桨环使桨叶紧紧地靠在桨栓上。

使用次数多了，桨环容易变松或断裂。因此，每次船只下水，每个划桨手都必须检查桨环，并根据需要重新调整甚至更换。桨环必须经常用羊脂润滑。同样，在船舱里的划桨手必须确保皮质的桨口套筒不漏水。这些套筒也必须定期润滑。

同时，舰载步兵和弓箭手要带齐他们的装备。他们戴上头盔，把头朝下插在地上的长矛提起来，调整好箭盒，把匕首插在腰带上。他们是最后登船的人。我们可以想象，跟希腊海军一样，这些将在甲板上战斗的波斯士兵在陆地上聆听指挥官做战前动员演说。也许是一系列的演讲，因为没有一种语言能够让种族复杂的波斯海军都听得懂。舰队里的每个人都知道要面临危险，包括送命的可能。不管薛西斯是否像埃斯库罗斯所说的那样，威胁要惩罚任何让希腊人逃掉的指挥官，他有处决违抗命令者的习惯，这是众所周知的。

最后，在舰队出发之前，士兵们一定做了祈祷。根据习俗，会倒上祭酒，献上祭品。他们会大声呼喊诸神的名字，包括腓尼基的神灵埃什蒙、阿斯泰特（Astarte）和梅尔克特（Melqart）；还有希腊人、加勒比人和卡里亚人、利西亚人崇拜的阿波罗；埃及的神奈斯（Neith）和塞赫迈特（Sekhmet）；以及波斯的智慧之神阿胡拉·马兹达（Ahura Mazda）。

就种族多样性而言，法勒隆的波斯海军里聚集了各族人，其丰富程度在当时世界历史上堪称第二，波斯的陆军里种族最复杂。如果考虑阶级和种族，波斯海军甚至比陆军更加多样化。在古代，划桨手通常比步兵穷；舰队里的人形形色色，下至身无分文的划桨手，上至国王和女王。

埃斯库罗斯富有诗意地说，波斯海军是"亚洲丰富人口的伟大集合"，其中包括"［埃及］从沼泽走出来的舰载步兵、大批熟练的划桨手"，"生活安逸的吕底亚人"，"一长队［巴比伦的］披金戴银的各色人等登上船只，仰仗他们的弓箭手的勇气"，当然，还有"波斯土地上男人中的精英们"。[10] 埃斯库罗斯说，这里有巴克特里亚人（Bactrians）、西里西亚人、里纳人、米西亚人和腓尼基人。希罗多德在讲到波斯海军时，没有提及这些民族。我们可能疑惑，这些船上是否真的有巴比伦弓箭手和巴克特里亚人，后者大致来自现代的阿富汗。同样，埃斯库罗斯对波斯舰队中大量存在的希腊人也未提及，他们来自安纳托利亚、塞浦路斯、爱琴海诸岛，甚至希腊本土。

希罗多德记录了舰队中最著名的指挥官的名字。除了铁特拉姆但司托斯之外，还有两个腓尼基人，即来自推罗的西罗莫斯（Siromus）之子曼登（Matten）国王和来自阿拉达斯的阿格巴罗斯（Agbalus ）之子美尔巴罗斯（Merbalus）；一个西里西亚人，是个国王［又称叙恩涅喜斯（Syennesis）］，我们只知道他是奥罗米登（Oromedon）的儿子；一个利西亚人，即赛卡斯（Sycas）之子库伯尼斯库斯（Cyberniscus）；两个塞浦路斯人，即塞浦路斯的萨拉米斯城（碰巧跟萨拉米斯重名）的国王凯尔西司之子戈尔哥斯，以及提马戈拉斯（Timagoras）的儿子蒂莫纳克斯（Timonax）；三个卡里亚人，即叙塞尔多莫司（Hysseldomus）的儿子皮格雷斯，坎道列斯的儿子达玛西提摩斯，他是卡林达城（Calynda）的国王。当然还有哈利卡纳苏斯的女王阿尔忒弥西亚。比他们地位更高的是四个波斯海军司令。薛西斯的亲兄弟、大流士和阿托莎的儿子阿契美尼斯，指挥埃及人。薛西斯同父异母的兄弟、大流士的儿子阿里阿比格涅斯，指挥爱奥尼亚人和卡里亚人。而美伽巴铁斯（Megabates）之子伽巴佐斯和阿司帕提涅斯（Aspathines）之子普列克撒司佩斯指挥着其余的舰队。

每艘船上的全部船员有230人：200名本地人，其中包括划桨手和舰载步兵，再加上30名士兵，其中包括雅利安人（波斯人或米底人）及充当舰载步兵和弓箭手的塞克人。在战时，很少有部队能够保持他们名义上的实力，尤其是在波斯人遭受了风暴和经历了战斗之后。毫无疑问，薛西斯新招募的人弥补了人手的不足，但一些三层划桨战船上仍未满员。

40 名舰载步兵和弓箭手挤在波斯三层划桨战船的甲板上。波斯舰队的舰载步兵跟以前一样形形色色。从青铜或亚麻胸甲到羊毛外衣和山羊皮的披风，从青铜或藤编的头盔到头巾，他们的制服五花八门。他们携带着各种各样的武器，包括投枪、剑、短刀、匕首、水战矛、长刀和战斧。

甲板上人数最多的是由雅利安人和塞克人充当的舰载步兵和弓箭手。据我们所知，他们的武装就像步兵一样。波斯人和米底人戴着软毡帽，穿着长袖的刺绣束腰外衣、鳞状铁胸甲和长裤。他们拿着柳条编的盾牌，以及弓、箭、短矛和匕首。塞克人穿着长裤，戴着高高的尖帽子，携带着弓、箭、匕首和战斧。

塞克弓箭手非常厉害，威名远扬。据说，他们的确名副其实。甲板上的希腊人一定会忙于招架，用盾牌抵挡塞克人的箭雨。如果船被撞坏，游向安全地带的希腊人将很容易被塞克人的箭射中。

波斯战船装载完毕，士兵们群情激昂，虔诚祷告并斟上祭酒。舰队准备出发。很可能是这么安排的，腓尼基人在海岸的西端，埃及人在中间，而爱奥尼亚人和卡里亚人把他们的船停泊在东边。

信号发出后，舰队出发。战船分队排列，一队一队地离开。埃斯库罗斯写道——

> 长长的船队，各队相互支援
> 每艘船都在指定的区域航行。[11]

133

可能是西边的腓尼基人打头，其次是中间的埃及人，除非他们已经离开，前去占领普斯塔雷阿岛，最后是东边的爱奥尼亚人和卡里亚人。在每艘船上，划桨手都竭尽全力让静止的船动起来。最上层的划桨手先划动船只，下面两层的划桨手随后加入进来，这是比较高效的。划桨手起初划水的幅度比较小，慢慢增大幅度，直到船顺利起航并在两次划桨之间轻快地向前滑行。

海湾岸边被许多火把照亮。分队一个接一个地离开海岸线，密集地向西驶入宽阔的海面，战舰一艘接一艘地在黑暗中消失，海滩上的观察者可能思考过波斯皇帝舰队的命运。也许波斯舰队在 6 月穿越达达尼尔海峡接受薛西斯检阅时，看起来更壮观，当时舰队的规模是现在的两倍，士气正盛。但现在它开始了最后一次征程，前往致命的萨拉米斯海峡，看起来更为勇敢。

舰队分成了三部分，关于这一点埃斯库罗斯和希罗多德的描述一致。埃斯库罗斯描述了薛西斯给他的海军将领们下达的命令——

134

> 将密集的船只排成三列，
>
> 还有一些绕埃阿斯岛围成一圈。
>
> 守卫港口的入口和连接汹涌大海的通道。[12]

埃斯库罗斯的描述含糊不清，可能指的是一次封锁萨拉米斯所有港口的行动，或者只是封锁了希腊舰队停泊的东侧港口，或者封锁了希腊人两侧的港口以及西边靠近麦加拉的航道，这是一条可能的逃跑路线。将一支从法勒隆湾出发、向北向西进入萨拉米斯海峡的舰队描述为"绕埃阿斯岛围成一圈"是符合情理的。希罗多德指的仅是波斯人在萨拉米斯海峡的行动，普鲁塔克也是如此。但后来的一位历史学家说，由200艘战船组成的埃及船队绕着该岛航行，以切断萨拉米斯和麦加拉之间的西部航道（敌人的逃跑路线之一）。[13] 希罗多德没有提及埃及人在战斗中所处的位置，只具体说明了腓尼基人、爱奥尼亚人和卡里亚人这三支波斯舰队中最重要的船队的位置。

后来的说法可能是错误的。埃及人得航行一整夜去包围萨拉米斯。当他们到达时，希腊舰队可能早已经逃跑了。当埃及人到达目的地西部航道时，他们会发现一条狭窄的海峡，只有约1300英尺宽。如果埃及人试图在那里与希腊人作战，他们要遭遇雅典规模庞大的三层划桨战船，处于严重的劣势，而且他们也可能寡不敌众。没有古代的资料提及在这个西部航道发生过战斗，然而埃斯库罗斯明确指出，有埃及人在萨拉米斯战役中被杀死。最后，时间上靠后的资料在完善前人的记叙时有个令人讨厌的习惯，即杜撰出一些细节。把这些考虑在内，我们可以想象埃及人的船队和波斯舰队中的其他船队一起，从法勒隆向西北驶入萨拉米斯海峡。的确，很有可能，埃及人组成了特遣分队，被派去保卫普斯塔雷阿岛。

幸运的是，希罗多德的记叙比埃斯库罗斯的具体得多。希罗多德称，离开法勒隆湾之后，波斯舰队的西翼——可能是腓尼基人的船队——转向萨拉米斯驶去。的确，这一侧翼需要这样做。看地图就能知道，如果一直沿直线前进，西翼将错过萨拉米斯，开往埃伊那岛。波斯舰队中其余的战船，从法勒隆湾的东部可能还有中部海滩出发，几乎都可以沿直线前进，到达萨拉米斯海峡。

波斯舰队中的一部分能够在黑暗中行驶，并保持良好的队形，展示了非凡的技术。这是怀疑有腓尼基人的精锐海军参与其中的另一个原因。这也提醒我们，要让整个波斯舰队进入海峡，形成连续、有序、没有间隙的战线来对抗希腊人是多么困

135

难。如果希腊人确实处于混乱之中，正在逃亡，那么波斯人可以犯一些错误。但是，如果希腊人按照战斗序列做好准备，那么波斯人就必须是完美的。

与此同时，希罗多德称，波斯舰队的中东部船队"驻扎在凯奥斯岛和辛诺苏拉海角之间"[14]。萨拉米斯的辛诺苏拉半岛位置很清楚，但我们不知道凯奥斯岛在哪里。无论如何，我们确实知道波斯舰队"把整个航道都占据了，一直到慕尼契亚"[15]。换句话说，波斯舰队从法勒隆湾的西缘，经过比雷埃夫斯，一直延伸到阿提卡海岸，对面是普斯塔雷阿岛，一个波斯的先遣队在小岛上岸。

如果在黑暗中可以看见波斯战船，那么它们一定非常壮观。这支舰队看起来就像是大陆和普斯塔雷阿岛之间的一座桥梁，长约 1.25 英里。桥梁肯定不会一直延伸至萨拉米斯，因为波斯人必须避开该岛，以免被发现。

事实上，认为波斯舰队真的封锁了萨拉米斯海峡的想法是错误的。希罗多德从未提及封锁，相反，他说的是波斯人"包围"希腊人，将他们"围起来"，"守卫"航道。[16] 三层划桨战船不能只是原地不动，那是实施封锁；建造战船的目的是快速灵活地移动，无论是进攻还是逃跑。

波斯舰队的规模是惊人的，令希罗多德赞叹不已，神谕中也预测过了，或者说，几乎预测到了。这些诗句来自巴基斯神谕（Oracle of Bacis），在时间上早于此次战斗，希罗多德引用过。似乎预想的桥梁比实际看到的更宽阔——

136

　　他们用船在神圣的阿尔忒弥斯岸边和四面环海的辛诺苏拉海角之间架起桥梁。

　　在洗劫了丰饶的雅典之后，狂躁的希望驱使他们前进，

然后可怕的正义将熄灭过度的贪婪，

傲慢之子，怒火冲天，打算四处出击。

青铜与青铜交会，而阿瑞斯会用深红色（这是希腊语中的一个双关语，表示"深红色"的单词是 phoinikeos，与表示"腓尼基人"的单词 phoinikos 只差一个字母）的血将海染红。然后富有远见的克洛诺斯之子和胜利女神为希腊带来了自由的日子。[17]

神谕意思模糊，可以灵活解读。在萨拉米斯、慕尼契亚山和阿提卡的其他地方都有阿尔忒弥斯的神庙；还有萨拉米斯的辛诺苏拉半岛和那个曾经辉煌的地方（附近还有两座阿尔忒弥斯的神庙）——马拉松。但神谕明确地预测了一场海战的胜利，雅典被洗劫后，一支规模庞大的舰队将被击溃。很难让人相信，这不是在波斯入侵之前希腊人故意做的宣传，以支持地米斯托克利放弃阿提卡并把希腊的所有希望寄托在舰队上的战略。所说的胜利甚至可以指萨拉米斯。

无论如何，由战船组成的桥在快速移动。波斯人的先头部队进入了萨拉米斯海峡。但是到底后面跟了多少艘船是一个至关重要的问题，很遗憾，我们对此并不清楚。在讨论之前，先看看波斯人划向海峡的方式。

水手们总是仰望天空。9月，状如"熊"的星星，或者埃及人常说的"公牛的大腿"，在傍晚的天空中显得又低又亮；我们称这些星星为大熊星座或北斗七星。但是夜空的主要特征在南方看得更清楚，在那个季节，古代人称为"水天"或"海天"。南方的天空布满了像山羊鱼、海豚、南方鱼、挑水人、海怪和鱼这样的星座。腓尼基人和希腊人认识它们，它们就是今天的摩羯座（Capricorn）、海豚座（Delphinus）、南鱼座（Piscis Austrinus）、水瓶座（Aquarius）、鲸鱼座（Cetus）和双鱼座（Pisces）。但是在 9 月 25 日凌晨的黑暗中，波斯舰队的士兵不太可能看到很多星星。他们选择了在多云的夜晚进入海峡。

波斯舰队尽可能悄无声息地进入海峡。希罗多德说："他们做所有事情时都压低声音，以防被敌人听到。"[18] 700 艘战船在航行，不可能一点声音也没有，但可以将动静降到最小。事实上，在黑暗中划船而不被发现会成为三层划桨战船的一种基本操作，如果当时还未普及的话。就三层划桨战船舰队的指挥官成功地指挥舰队在夜间航行至狭窄的海峡的一侧，而没有被停泊在另一侧的敌人发现而言，萨拉米斯并不是唯一的例子。前 411 年，雅典海军在达达尼尔海峡附近的阿拜多斯悄悄经过了斯巴达人的防线。

在前 480 年的萨拉米斯，波斯人无疑使他们的船只尽可能远离萨拉米斯岛，靠近阿提卡海岸，也就是波斯人控制的领土。此外，他们可能会指示划桨指挥和风笛手不要大声喊叫或吹奏，而是通过一起击打石头来提示节奏——就像斯巴达舰队在前 388 年某个夜晚成功地在萨罗尼克湾突袭雅典人时所做的那样——或者是通过带领船员哼唱或低吟一首有节奏的歌曲。[19]他们可能是通过保持较低的划水频率，用轻巧柔和的动作划水，来压低声音。同时，沿着阿提卡海岸向西行进的波斯陆军的喧哗声会淹没舰队发出的大部分声音。

除了不被看见和听见之外，波斯人可能还考虑过气味的问题。成千上万的划桨手身上的汗味儿会明显地暴露有三层划桨舰队靠近。如果刮风的话，在一英里或更远的地方就能闻到这种气味。波斯人应该在法勒隆冲刷清洗了船只，从而减轻气味。否则，他们就必须寄希望于风不要跟他们作对。

也许波斯人也从希腊人的过度自信中获益。希腊人似乎没有想到波斯人即将潜入海峡，当然也没想到是在晚上行动。就在那天傍晚，他们看到敌人在海峡外集结了舰队。当天晚上就返回，进入不熟悉的水域，还是有一定危险的，而波斯人却这么做了。

若是重现当时的情景，很可能是在黎明之前，波斯舰队领头的战船进入海峡，并沿着阿提卡海岸向西北继续前进了约2英里。他们大概驻守在圣乔治岛对面的埃加勒斯山（Mount Aegaleos）山脚下，也就是希腊舰队最北端的停泊点。这些波斯战船现在守卫着希腊人向北逃往埃琉西斯、麦加拉的路线，以及通过萨拉米斯与大陆之间的西部航道逃跑的路线。其余的舰队沿着阿提卡海岸延伸了大约4英里。

虽然大部分波斯舰队已经进入海峡，但还有一部分尚未进入。它们列队朝向东南方向，沿着普斯塔雷阿岛东边，去往比雷埃夫斯的那片海域，即海峡以外的水域。由于波斯人预料到希腊人会逃跑，他们会保留许多队船只来守卫萨拉米斯海峡向南的出口，就像让腓尼基人此时守卫北面的出口。

在海峡内，腓尼基人和爱奥尼亚人，我们可以想象还有其他的希腊人，停泊在波斯海军列阵的两端。希罗多德说："腓尼基人……坐镇西翼，朝着埃琉西斯"，"爱奥尼亚人负责东翼和比雷埃夫斯方向"。[20] 腓尼基人守在埃加勒斯山脚下，爱奥尼亚人在其东南端约2英里处列阵。很有可能，爱奥尼亚人被安排在安贝拉基湾和希腊人停泊点最南端的对面。

希罗多德没有指出其余波斯船只的位置，即卡里亚人、塞浦路斯人、西里西亚人、潘菲利亚人和利西亚人的位置；埃及人可能在普斯塔雷阿岛。他确实在激战中提到了两个卡里亚人的船只，而狄奥多罗斯（Diodorus）称，塞浦路斯人、西里西亚人、潘菲利亚人和利西亚人被安排在腓尼基人到爱奥尼亚人一线；狄奥多罗斯说埃及人是在西边的航道。但是，狄奥多罗斯对萨拉米斯战役的描述并不太让人相信。卡里亚人可能加

139 入战斗比较晚。来自加卡里亚、西里西亚、塞浦路斯、埃及、利西亚和潘菲利亚的部分或全部战船被部署在萨拉米斯海峡之外。

我们也难以假设，破晓时海峡内的那些船已经排成一列，准备战斗。他们在黑暗中经历了漫长而艰难的旅程，需要尽可能地不发出声音，数量众多的船只一起行动，海峡中水流曲折，他们料想敌人会惊慌失措，另外，在夜间行动，难免会出现错误和混乱，所有这些都让我们更容易理解为什么希腊人出来迎战时，波斯人会显得手忙脚乱。

无论如何，不管波斯战船在海峡里面还是外面，船员们都不会休息。排好队形的三层划桨战船不能仅仅靠抛下锚来保持顺序。每艘船上的划桨手或其中一部分人轮流划桨；交替划水是很必要的，他们需要做向前向后划水的连续运动。

在每艘船上，长满老茧的手不怕船桨的摩擦；划了一下午水，肌肉没得到休息就又得再次绷紧。他们不间断地工作。希罗多德说："他们甚至一点觉也没睡。"[21] 埃斯库罗斯写道——

> 船上的长官们让所有的划桨手
> 整夜都在划桨。[22]

数小时的劳作肯定已经造成了伤害。一个熟悉三层划桨战船的指挥官应该仔细斟酌，是否要让他的士兵如此疲惫地投入战斗。擅长航海的西顿国王肯定看到了危险，但是铁特拉姆但司托斯没有最终决定权。薛西斯说了算，但他从未碰过桨。

希罗多德写到了一艘腓尼基人的三层划桨战船的逸事，据说是萨拉米斯之战后薛西斯乘坐的一艘船。一场暴风雨突然来临，在引航员的建议下，薛西斯命令一些人跳下船，以减轻船的负担。[23] 薛西斯必须在甲板上的波斯贵族和下面的腓尼基划桨手之间做选择。希罗多德对此没有怀疑，薛西斯会让划桨手跳下去。

希罗多德认为这只是一个荒诞的故事，即便如此，它也许揭示了什么对波斯皇帝更为重要。对于薛西斯来说，划桨手是可抛弃的。只有甲板上的波斯人才是重要的。他似乎把划桨手当成了可供役使的牲口。但是作为一名骑手，薛西斯应该知道，牲口即使是野兽也会出问题，每只动物都受到其身体的限制。

如果波斯皇帝曾经仔细观察过手下那些划船的人，就不会让他们划了整个晚上之后，在黎明时分迎战敌人。

第八章　萨拉米斯

　　诗人要上战场了。尽管他已经 45 岁了，9 月 25 日他准备再次穿上十年前在马拉松战役中穿过的旧胸甲。这次，他肯定会想作为舰载步兵在甲板上战斗，或者到甲板下划桨。雅典不需要每个男人来保卫吗？但是，如果最后指挥官们决定，已有足够的年轻人在海上作战，而他应该站在萨拉米斯海滩的队伍里，等着将长矛刺入任何愚蠢的、蹒跚上岸的波斯人的身体，他也觉得心满意足。他是那种旧式的爱国者。他也是这个城市最著名的人物之一，在四年前即前 484 年的狄俄尼索斯节上获得一等奖。他是本地人。从萨拉米斯，你几乎可以看到大海对面的埃琉西斯，那是他的出生地，也是他的兄弟西奈吉鲁斯（Cynegirus）的出生地。西奈吉鲁斯在十年前的马拉松战场上英勇献身，愿神让其灵魂安息。我们说的这个"他"是欧弗洛尼奥斯（Euphronius）的儿子，悲剧作家埃斯库罗斯。

　　八年后，前 472 年，埃斯库罗斯再次在狄俄尼索斯节上获得一等奖，获奖的作品是"悲剧三部曲"，其中包括描写萨拉米斯海战的戏剧《波斯人》。他是基于自己的经历写作的，因为他曾在萨拉米斯参战。希俄斯的伊翁（Ion，约前 480 年至前 421 年）也是这么说的。伊翁是一位来到雅典的诗人，认识埃斯库罗斯，并出版了回忆录。该书信息准确，备受推崇。但是，埃斯库罗斯前 456 年去世后，他的墓碑上只提到了马拉松战役，而没有提及萨拉米斯。也许是诗人要求这么做的，以免看起来试图超越他的兄弟西奈吉鲁斯。

　　但是，真正让埃斯库罗斯改变主意的可能是人们的势利态度。希腊上层社会的人，自称是更优秀的人，他们对马拉松战役大加赞赏，但对萨拉米斯海战嗤之以鼻。马拉松战役的胜利

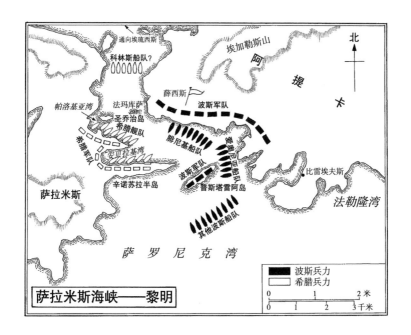

萨拉米斯海峡——黎明

是优秀坚韧的居于中等阶层的农民士兵赢得的，但萨拉米斯海战是一场以普通人为主体的战斗，是由坐在长凳上划桨的穷人参加的战斗。随着年龄的增长，埃斯库罗斯变得越来越保守，这些人对于他越来越没有什么用处了。因此，诗人可能更愿意忘记萨拉米斯。

但是在前472年，埃斯库罗斯脑中仍然浮现出那天早上的情景：太阳神的马拉战车一跃而起，红色的光照在波斯皇帝的胡须上，光斑慢慢扩散。他记得他用陈词滥调描述的事情。但正如他可能认为的，这些都是获得赞美的陈词滥调；那天在场的任何人都会偶然间出现在他的文字里。

他记得船上的人表现出的强大力量，每个人都在划船时，你能听到桨摩擦皮革套口发出的声音。你能听到许多桨叶整齐划一地击打海水的声音。他记得在萨拉米斯各处都能见到的渔民，他们抱怨系船用具都被舰队拿走了，还会在小酒馆里高谈

143

阔论, 对战略战术发表看法。[1] 只有渔民才真正熟悉海洋、海风和日出时海面的浪涛。那天, 他们可能会去撒网, 捕获死去的像水中的金枪鱼一样密集的波斯人, 把尸体劈开, 像处理鲭鱼一样剔掉骨头。

但不知埃斯库罗斯是否记得那天晚上希腊水手脸上的表情。那时黎明还未到来, 船长们命令他们各就各位, 他们知道死亡的日子终于来了, 他们中的雅典人不由得担心起在萨拉米斯的妻儿。即使埃斯库罗斯还记得, 他也并没有说。然而, 对在场的任何人来说, 这都是值得记住的经历。人们的各种表情, 包括坚毅、不安、宽慰、恐惧、凶残, 没有人记录下来。

战斗的前一天晚上, 萨拉米斯岛上的希腊人在岸上, 旁边停泊着战船, 海峡对岸传来薛西斯军队行军的声音, 听说希腊的将军们正在萨拉米斯城激烈辩论, 他们可能很难入睡。伯罗奔尼撒半岛的将军们都支持向西进军, 为他们的家园而战, 他们的家园还未沦陷。至于雅典人、麦加拉人和埃伊那岛人, 他们可能已经准备好与其他希腊人针锋相对, 不放弃留在萨拉米斯赶走波斯人的机会。船员们不知道舰队会聚集在一起还是分散开。他们不知道将在哪里战斗, 但知道战斗已经不远了, 除非一些变节者背叛敌人, 透露消息, 但也许这种想法有点不太现实。

为了缓解紧张气氛, 有些人可能会讲笑话。例如, 他们可能会嘲笑地米斯托克利发痒的手指[2], 或者嘲笑那些脸色苍白、身体肥胖、尝试划桨的绅士们[3]。他们可能相互嘀咕, 对划桨指挥多有抱怨。[4] 他们可能争论谁在阿提密喜安战斗中表现得更好。他们可能想知道埃阿科斯和他儿子们的雕像何时会到达萨拉米斯。

随后, 又传来消息。首先, 有人说敌人已经悄悄溜过来, 把他们包围在海峡中。然后, 至高无上的召唤声响起了。希腊人要迎接战斗。这是克服恐惧和追求自由的召唤。这是一个战斗口号，提醒士兵们为什么他们没有像大多数希腊人一样向波斯人投降。因为，正如埃斯库罗斯所说，他们"既不是奴隶，也不是任何人的臣民"。[5]

因此，希腊人将在萨拉米斯血战。在那个时刻，突然之间，不再有雅典人、斯巴达人和科林斯人，只有希腊人。在前480年9月25日黎明前的短暂时刻，希腊人实现了此前他们一直未能实现的团结一致。但团结并不完美，因为有大约同等数量的希腊人就在海峡对岸，在波斯人的船上为波斯而战。然而，萨拉米斯的男人不仅代表着城邦的精英，还是男性人口的典型代表。从最富有的人到最贫穷的人，从骑士到无赖，从儿童掷骰子游戏中全希腊的冠军到落败者，从土生土长的古老家族的代表到来自色雷斯或西西里某个不起眼的村庄的移民。他们中有公民、久居的外国人和奴隶。他们包括了希腊军队的各个等级，从骑兵到重装步兵，从舰载步兵到划桨手，从弓箭手到侦察兵。他们最后要登船战斗。

他们应该没花多长时间就准备好了。所有的希腊人枕戈待旦，辩论只涉及他们将在哪里战斗。划桨手只需要拿起他们的装备，包括一些食物和水，就可以上船。但是首先要做的是吃饱饭。由于雅典人可能已经将牲畜带到了萨拉米斯，希腊人也许能够在战斗前吃到奶酪。吃饭时会喝红酒，酒是按照希腊人惯常的方式用水稀释过的。这是为英勇无畏的战士送行的标准方式。

但是聚集在萨拉米斯东部海岸的准备登船的7万人，不能立即行动。战船驶出时，还有成千上万名雅典的重装步兵，其中许多是十几岁或者50多岁，在海岸上列队准备。我们也不能确定在山上和后面的城镇中有没有其他男人，甚至是年纪更大的男人，以及妇女和儿童，凝视着营地和海滩，试图再看一

145　眼他们的勇士，发出呼喊为他们助威，甚至是拍手、唱歌。这是一个独一无二的早晨。

从帕洛基亚湾向南沿着该岛蜿蜒的海岸线一直到安贝拉基湾，停泊了368艘希腊战船，它们沿萨拉米斯海岸线排开，船尾向前。加上来自提诺斯的三层划桨战船，他们代表了23个城邦，从在萨拉米斯拥有180艘三层划桨战船的雅典到仅派了一艘五十桨战船的瑟利佛斯。我们所称的希腊文明是由多个种族创造的。他们说相同的语言，崇拜共同的神灵，但有各种各样的法律和习俗。萨拉米斯的水手几乎是希腊各族裔的代表，包括爱奥尼亚人和多利亚人，这是两个主要群体，还有亚加亚人（Achaeans）、德里奥皮斯人（Dryopes）和马其顿人。

总司令由斯巴达人担任，因此斯巴达人被分配到了传统意义上光荣的位置，在战线的最右边，即安贝拉基湾的南端。希腊人认为最右边是光荣的位置，因为在步兵的战斗中，每个重装步兵都用左手拿着盾牌，这样他的右边就暴露了。每个士兵都可以利用阵形中右手边的人手里的盾牌保护自己，而站在最右边的人除外。他站在最危险因而也是最光荣的地方。

传统上，重要性排第二的位置是左翼。在萨拉米斯，这一荣誉属于雅典，雅典的战船可能停泊在帕洛基亚湾。雅典右边的位置是埃伊那岛，这是根据战斗期间雅典人与埃伊那人指挥官之间的密切联系而做出的判断。

根据这种安排，斯巴达人站在爱奥尼亚人也许还有其他希腊人的对面，而雅典人也许还有埃伊那岛人面对的是腓尼基人。换句话说，最精良的希腊三层划桨战船与最好的波斯三层划桨战船对战。（不知道其他希腊船队在战线上的位置。）

如果人员配备齐全，那么368艘船上将会有6.2万名划桨手。划桨手就座时，会彼此握手致意。[6] 这些人是战斗中的支柱，但我们连一个人的名字都不知道。有名有姓的只有少数几

个船长和指挥官。其实，古代的文学资料——历史、戏剧、抒 146
情诗、哲学资料——从未提到过任何一个划桨手的名字，除了
神话传说中的英雄人物，像是乘快船"阿尔戈号"取金羊毛的
阿尔戈英雄（Argonauts）。划桨手的缺席既反映了海战中一
种古老的趋势，即只关注船而忽视个人，也反映了古代文学中
上流社会的偏见。尽管文学作品中鲜有提及，前400年前后
的雅典舰队中数百名划桨手的名字仍然留存了下来，因为有公
开的记载，即一篇刻在石头上的长篇铭文 [7]，从中我们可以知
道不少人。例如，索里克斯（Thoricus）德莫区的德摩卡莱
斯（Demochares），一个雅典公民；比雷埃夫斯的泰雷西普斯
（Telesippus），一个常住的外国人；阿亚西珀斯（Alexippos）
的财产阿斯瑞奥斯（Assyrios），一个奴隶；还有西莫斯
（Simos），一个来自萨索斯岛的雇佣兵。当然，这些名字在今
天几乎微不足道，但这也许就是重点。在萨拉米斯，希腊的自
由依靠的就是这些姓名都难以区分的普通人。这确实是民主的
战斗。

仅以雅典的三层划桨战船为例，极其重要的引航员或舵手
也是民主的产物。引航员站在船尾，每只手都握着舵柄（三层
划桨战船配有双舵），控制船的航向。他做出的决定，有时是
瞬息间的决定，可能会带来险胜。引航员不仅要沉稳、博学、
顽强，还必须敏捷、聪明和独立。这些正是雅典民主所提倡的
品质。产生地米斯托克利的社会注定是培养引航员的沃土。

卓越的引航员能在萨拉米斯扮演关键的角色。一旦方向错
误，在狭窄的海峡不会有任何回旋余地。此外，如果希腊人的
船只被撞击，被敌人强行登船，大量的波斯舰载步兵和弓箭手
将使希腊人遭受重创。在用己方的撞角撞击敌人时，引航员必
须避开波斯战船的撞角。

当水手们沿着狭小的通道进入船只时，一些人想可能要面

临死亡，而另一些人则不去想他们再也无法踏上岸。他们可能知道，如果他们死了，即使他们赢得了战斗，可能也永远不会被埋葬。希腊人特别惧怕尸体无法埋葬。他们甚至认为，死后不得不由陌生人而非亲人来安葬是令人痛苦的事情。

147　　人在水中死去后，尸体会漂浮几个小时，肺部没有了空气后，尸体就沉下去了。若有风浪，尸体可能会较早地被冲上岸，不然几天内都不会浮出水面，腹部的细菌通常需要释放出足够的气体使其上浮。但是如果肺部被箭头、投枪或剑刺伤，气体就会逸出，因而延迟尸体的上升。如果尸体不是在四天之内发现的，面部就无法识别了。有时候，斯巴达的重装步兵似乎会在打仗时随身携带能证明其身份的文书。我们只知道古希腊的士兵可能携带原始的身份识别牌，其他的则一无所知。

所以，水手的尸体可能永远不会被送回家。后来，雅典每年都为在战争中捐躯的人举行公开的葬礼，有一个空棺材，象征着那些失踪者。

毫无疑问，正义的事业和战友的情谊让登上战船的人感到欣慰。但是他们也许已经团结起来，对战船充满了信心。对于希腊人来说，三层划桨战船不仅是战斗的工具，甚至不只是"木墙"，它们是有生命的，像高山、小树林和泉水一样，是神圣的。

每艘战船都有一个名字。虽然我们不知道在萨拉米斯战斗过的任何一艘三层划桨战船的名字，但我们知道从前5世纪和前4世纪的雅典留存下来的数百个这样的名字。战船被看作女性。其中有的是女神的名字，如阿耳忒弥斯和阿佛洛狄忒；有的是半神的名字，如忒提斯（Thetis）和安菲特里忒（Amphitrite）；有的是表达理想，如民主、自由和平等；还有动物的名字，如母狮、瞪羚和海马；有的是海上地理名称，如苏尼昂海角和萨拉米斯；有的是武器的名称，如投枪；有的是士兵，如重装步兵或男青年（年轻新兵）的名字；有的甚至是一些关于海盗的概念，像蹂躏和掠夺。在雅典以外（有时在希腊以外），我们知道有些船是以狮身人面像、蛇、鹰、花、马和骑手，以及英雄卡斯托尔（Castor）和波吕克斯（Pollux）等命名的。

每艘船的名字都画在船首的彩绘饰板上。船的名字也可能是用文字写出来的，但是绘制成图像有几个重要的目的。在战斗中，图画相对容易识别，可以作为一个象征，把全体船员凝聚在一起。而且，同样重要的是，它易于理解。古代船队中的大多数划桨手要么是文盲，要么就是识字不多。他们中的不少人在识别文字时会遇到麻烦，但是图画让他们更容易识别。

每艘三层划桨战船也都有其他的装饰。每根船尾柱上都悬挂着雕刻的饰物。这些代表的是地区，而不是单个的船。可能每一个特定的舰队中，所有三层划桨战船都带有相同的船尾装饰。看上去，希腊的战船都装饰有天鹅头。波斯战船似乎饰有身着波斯服装的人的人头，也许代表着一位勇敢的战士，甚至是伟大的国王。船尾的装饰物是可拆卸的。船被击沉时，它们被当作战利品带走。腓尼基人的三层划桨战船的船头也有装饰品，可能是一个守护神的形象。

最后，无论是在希腊，还是在古代地中海的其他地方，每艘三层划桨战船，事实上是每艘船，都在船头的两侧挂着擦得锃亮的彩绘大理石饰板，每块饰板上都画着一只眼睛。埃斯库罗斯将三层划桨战船称为"黑眼船"[8]。描绘眼睛的习俗可以追溯到古埃及。眼睛象征着船的保护神。就像坐在船首的瞭望员给引航员发送消息一样，眼睛也会让船的神灵扫视地平线。埃斯库罗斯称："船首的眼睛朝向前方，遵从方向舵的指挥。"[9]

眼睛也将船首标记为神圣的空间。例如，波斯人8月在斯奇亚托斯岛外的海上俘获了一艘来自特罗森的三层划桨战船，他们杀死了一个名叫利翁（Leon）的特罗森士兵，把他作为牺牲献祭给神。他们选择在船头割断他的喉咙，这并不是随意的举动。

船首的眼睛、船的名字（特别是致敬神灵或英雄的船名）以及船尾的装饰物都象征着普通水手对神灵的忠诚和信任。雅典娜在雅典卫城的神庙被波斯人摧毁了，她决不会善罢甘休。

奔赴战场的人都会做祷告，萨拉米斯的水手们也不例外。希腊人总是在战斗前供奉牺牲。我们不知道，在萨拉米斯，是所有的人派代表献上一份牺牲还是每个城邦各自献上祭品。斯巴达人总是为阿尔忒弥斯献祭一只山羊，因此，如果尤利比亚德代表整个舰队举行仪式，那么他应该会选择一只山羊。雅典人很可能也是如此。他们有时会选择在战斗之前杀死一只不一样的动物。但在前490年的马拉松，他们曾发誓杀死多少敌人，就在战斗结束后给阿尔忒弥斯献祭多少只山羊。因为他们在马拉松战役中杀死了6000名波斯人，献祭这么多山羊是不切实际的，所以他们在每年波德罗米昂（Boedromion）月（大约是9月）的第6天杀死500只山羊作为牺牲。那么，我们可以想象，在萨拉米斯，他们会很高兴坚持到战斗胜利，并为阿尔忒弥斯献祭一只山羊。

此外，希腊人也应该向诸神祷告，庇佑航行安全。每艘船上的船员都已就位，梯子被拉起来，在大军出发之前，每个指挥官都要举行仪式。他会背诵祈祷文，然后他的船员们要唱一首赞美诗，仪式最后是在每艘船的船尾倾倒一杯酒。

在战斗前给神献上祭品，在出发前敬上一杯酒，这是标准的程序。此外，像希腊舰队在萨拉米斯出征这样的重大仪式往往与神话联系在一起。可能在这种情况下，比如在黎明前当地米斯托克利在他的战船甲板上讲话时，据说一只猫头鹰从右边飞过舰队，落在船的桅杆的升降索上。[10] 每个看到它的人都认为这是一个好兆头，因为猫头鹰是雅典娜的鸟，从右边飞来是吉利的象征。

地米斯托克利献祭的故事更加耸人听闻。[11] 据亚里士多德的学生、来自莱斯博斯岛的哲学家法尼亚斯（Phanias）称，地米斯托克利在他的三层划桨战船旁边将三个人作为献祭的牺牲。他们穿金戴银，确实是上层的波斯人，地位不低于薛西斯的妹妹山达乌斯（Sandauce）和她的丈夫阿塔图斯（Artauctus）的儿子们。很显然，当将他们带到地米斯托克利面前时，动物献祭正在进行。这时，一个名叫优发拉底斯（Euphrantides）的先知声称看到一束明显的火焰从祭坛冒出来，并听到一个喷嚏从右边传来。他很激动，紧紧握住地米斯托克利的手，告诉他如果想获得胜利就把这三个年轻人奉献给嗜肉的狄俄尼索斯（Dionysus）。地米斯托克利拒绝了，但是众人将这三个波斯人拖到祭坛上，割开了他们的喉咙。普鲁塔克重复了法尼亚斯的说法，他认为这有可取之处，但他也讲述了另外一个版本的故事。据说是阿里斯提得斯在稍后的战斗中俘虏了这几个人，然后地米斯托克利才把他们作为牺牲献祭的。

黎明时分，大约 6：15，海峡对面波斯战船的轮廓清晰可见。希腊的将领们召开了大会。日出前舰队出港并不罕见[12]，但在黑暗中聚集 3000 多人是不切实际的。此外，希腊的指挥官们还有其他理由推迟舰队出征，这一点现在变得很清楚。

参加大会的只有舰载步兵。没有让划桨手参加似乎很奇怪，但这是古希腊海军战斗前集会的标准程序。300 多艘船上的舰载步兵总人数超过 3000，如果再加上划桨手就意味着超过 6 万人聚集在一起，希腊没有一个山坡大到足以容纳这么多人。此外，如果等到开完会再把人配置到各个船上，会推迟舰队的登船时间，造成危险。更好的安排是先让划桨手们在开大会的时候登船，在各自的长凳上就位，然后让舰载步兵爬上

150

甲板。

开会的目的是鼓舞士气。希腊将军们通常是在派遣部队参战前向他们发表讲话。舰载步兵的斗志当然也需要鼓舞，舰载步兵坐在甲板上，可能会卷入肉搏战，所以看起来面临更多危险。

但是对舰载步兵而不是划桨手发表演讲，还有最后一个原因，那就是士兵享有较高的地位。舰载步兵携带剑和矛，而划桨手则没有。前480年，舰载步兵可能来自输送希腊步兵的社会阶层——中产阶层，其中大多数是农民。这些人的家庭世世代代是希腊军队兵力的主要来源。当然，划桨手中也包括一些有一定财富的人。没有他们，划桨手的长凳就坐不满。但许多划桨手都是穷人，有的是赤贫。希腊的人力需求决定了甚至奴隶也包括在内。在希腊陆军中，贫穷的人只起辅助作用，比如充当轻型步兵，有时则根本不起作用。因此，指挥官向舰载步兵讲话，是向希腊人的军事传统致敬。他们也会强调，至少是象征性地说明，舰载步兵是精锐之师。

舰载步兵聚集起来了。每个人都可能穿了一件短袖束腰外衣，也许还穿着披风，来抵御清晨水面上的寒意。他们手持盾牌、长矛和剑。许多人会穿着胸甲。

不同的指挥官发表演讲，似乎地米斯托克利讲得最为精彩。其他人所说的话没有被记录下来，只有他演讲的要旨得以保留。希罗多德写道——

> 在讲话中，他把人的本性及处境中好的和坏的方面加以对比。他号召人们选择好的一面。演讲结束时，反响强烈[13]。他下令登船。[14]

一开始，会觉得地米斯托克利的话令人沮丧。再品味一遍，会发现这些话非常简明有力。没有更好的方法来告诉战士们，第二天他们的战斗会有多么重要。

或许，这一次，地米斯托克利知道什么时候该保持沉默。他的话不会像祭品、祈祷或预兆那样对人们产生巨大的影响。事实上，就在最后一刻，地米斯托克利讲完话，舰载步兵开始登船时，另一个预示成功的征兆出现了。派去取埃阿科斯和他儿子们雕像的埃伊那岛的三层划桨战船回来了。如果 7 万人齐声高喊"众神和英雄庇佑我们"，那效果就再好不过了。

如果地米斯托克利对埃伊那岛三层划桨战船的到来表示赞许，他无疑会特别留意舰队的情况。他的部下刚在岸上休息了一夜，精神抖擞，群情激昂，准备为他们的神报仇，保卫自己的家园。而敌人的战船仍在忙乱中集结，船长们也许已经开始焦躁不安了。波斯人原本希望看到的是一支时刻准备逃命的残缺不全的舰队。相反，他们面对的是准备就绪的敌人，而他们自己的船员则疲惫不堪，战船在执行错误的任务。在短短的一天之内，希腊人就从绝望中跳脱出来，看到了获胜的可能性。众神为希腊人创造了大多数人难以想象的机会。

众神忠实的仆人地米斯托克利贯彻神的旨意。他对人不恭敬，但对阿尔忒弥斯却是终生虔诚。他欠这位女神的不仅仅是一只山羊，有了女神的帮助，他与西琴诺斯的计谋才会让希腊人受益。然而，在战斗开始之前，地米斯托克利可能还有更多的花招。对此，古代文献难以记叙，我们不知道是真的发生了，还是只是后人杜撰的。我们只能将这些花招看作真实可信的，在涉及地米斯托克利时，忽视他的任何计谋都是不明智的。

第一招与科林斯在战斗中扮演的角色有关。几十年后，大约在前 430 年，科林斯和雅典变成了死敌。雅典人坚称，在萨拉米斯战役开始时，科林斯人扬起帆逃走了，没有迎敌。换句

152

话说，他们的行为就像前494年萨摩斯人在拉德之战中所做的一样。然而，其他的希腊人都否认了这一点。此外，在前430年之前，雅典人允许科林斯人在萨拉米斯建立胜利纪念碑。希罗多德客观地记载了事情的经过。

关于科林斯的说法可能只不过是诽谤，但话说回来，它可能包含一点事实。假设科林斯人确实扬帆起航逃走了，那也只是为了欺骗波斯人。在那种情况下，波斯人肯定会相信希腊已经崩溃。因为受骗而掉以轻心的他们，一定会对希腊人疯狂的进攻感到震惊。此时，科林斯人迅速收起船帆投入战斗。

第二招更为复杂，涉及风和浪。据说只有渔民才了解风的变化。为了谋生，渔民必须知道什么时候出海比较安全，什么时候必须靠岸。他们需要知道是可以睡到天亮还是必须早起，以便找到一片风平浪静的水面来撒网。好的渔民可以在前一天晚上对第二天早晨刮什么风做出合理的猜测。

因此，聪明的海军指挥官知道渔民是宝贵的资源。我们可以想象，地米斯托克利不辞辛苦，亲自跟萨拉米斯的渔民交往。他会使用政治人物惯用的方式，询问他们的名字，亲吻他们的孩子，并询问风的情况。

153 可靠的猜测是，那天早上他一结束对舰载步兵的讲话，就用手指了指风向，因为渔民已经告诉了他风的信息。渔民说，天亮之后的两个小时内，奥拉风（aura）就会刮起。[15]

奥拉风是海上的微风。[16]在阿提卡地区，它从萨罗尼克湾南部刮过来。奥拉风比较轻柔，速度很少超过每小时4海里或者5海里。在阿提卡地区，奥拉风通常在上午8：00至10：00之间刮起。另一个普遍现象是奥拉风之后紧接着便是从陆地刮来的北风。

如果地米斯托克利希望在9月25日早晨出现奥拉风，那么他可能会对这些信息非常感兴趣。他知道狭窄的萨拉米斯海峡会加强奥拉风，这就是今天的气象学家所说的通道效应。毫无疑问，他本人已经预见到了结果。他不期待会有飓风，但他知道奥拉风会让船在水面上摇晃个不停。这可能会在战斗中起到关键的作用。

此处，历史学家希罗多德面临一个有意思又危险的话题。他没有提到萨拉米斯的风。再说一遍，他在任何海战中都没有提及风。我们的信息来自普鲁塔克。尽管普鲁塔克的写作是在萨拉米斯战役 6 个世纪后，他可以看到前 5 世纪的一些记叙，除了希罗多德的之外，还有好几种文献说法，但这些说法都没有流传下来。总的来说，普鲁塔克是一位细心的学者，习惯于澄清一些荒诞的故事。而且，他是希腊人，所以了解天气状况。

普鲁塔克称，地米斯托克利等刮起了奥拉风之后，才下令让希腊人的三层划桨战船冲锋。他等着"轻风从海上吹来……海峡里海浪翻滚"。他预计这样的气象条件可能会给波斯人带来麻烦，因为他知道他们的三层划桨战船"船尾高高翘起，配有舷墙，被海浪托起后船身会重重落下"[17]。换句话说，因为波斯的战船高，海浪容易将其打翻。地米斯托克利不大担心浪涌对希腊战船的影响，因为"它们吃水浅，在水中位置低"[18]。地米斯托克利也许是对的，因为其他证据证实，腓尼基的三层划桨战船有舷墙。舷墙的目的是保护甲板上的众多士兵，但会使船更容易受风的影响。

我们还可以补充一点，希腊人的优势在于知道下面会出现什么情况。相反，波斯人却盲目航行。自从希腊人撤出阿提卡以来，他们没有向当地人问过风的事情。他们不得不依靠在外流亡的雅典前僭主一家人，他们中的大多数人已经 30 年没有回过雅典了，没有人会花时间跟那里的渔民交往。

如果普鲁塔克的描述是正确的，地米斯托克利手里还有另

154

一张可以对抗波斯舰队的牌。但是在希腊舰队的数万人中，只有极少数人能够明白他的战略规划。他们中的大部分人只能辨认出敌人黑压压的三层划桨战船和船尾划桨人的背影，或者密密麻麻的长矛尖上反射出的清晨的阳光，或者用来祭祀的山羊喉咙里滴落的鲜血。

我们可以想象，在人群中某个地方，无论是在三层划桨战船上还是在沿岸的队伍中，一位诗人用尚未唱出的抑扬格诗歌表达光荣的责任。诸如"桨上之王"[19]，"士兵满员，桨手充裕"[20]，"用三层划桨战船的撞角参加战斗"[21]，"用坚固的墙阻挡不可战胜的波浪"[22]这样的词句依次在他的脑海中闪过。然而，无论埃斯库罗斯能想出多少行诗句，他总是回到特定的一句诗："雅典娜之城将被众神拯救。"[23]

对于地米斯托克利来说，他已经实现了所计划的一切。尽管他的盟友竭力阻挠，尽管他的敌人以更有利的形势发动战争，这个狡黠的雅典人创造了条件，让1000艘战船在他希望的地点和时间展开大战。地米斯托克利已经布局了一场完美的战斗。接下来就是打上一仗。

战　斗

第九章　萨拉米斯海峡：清晨

波斯舰队中爱奥尼亚和卡里亚船队的指挥官阿里阿比格涅斯将军，大流士之子、伟大的薛西斯陛下的同父异母兄弟，坐在他旗舰的船尾。这艘船非常大，有高耸的船尾和高高的舷墙。我们可以想象，9月25日拂晓后不久，阿里阿比格涅斯在船尾沉思，不知将要面临什么样的命运。也许他心不在焉地用手指捻搓着挂在脖子上的沉甸甸的金项圈。勇敢的波斯人戈布里亚斯（Gobryas）[1]的高贵之血流淌在阿里阿比格涅斯的血管中，参加海战浪费了他的英名。但是战斗就是战斗，无论它发生在哪里。阿里阿比格涅斯是老练的战士，他知道，困惑会阻碍胜利，但他确实感到困惑。

他曾期望捉住悄悄溜出萨拉米斯港口的胆小的希腊人，这就是为何整个波斯舰队都被部署在黑暗的海峡中。然而，整个晚上，除了一艘三层划桨战船进入海峡之外，并没有希腊战船驶出。阿里阿比格涅斯不知道，那是阿里斯提得斯的船。如果确实有40艘科林斯战船在黎明时扬帆逃离，那阿里阿比格涅斯也许会感到放心：希腊人是多么经不起惊吓啊，以至于都无法及时逃走。但是，他仍然会感到疑惑，为什么其他希腊人的三层划桨战船没有跟着逃走。

阿里阿比格涅斯不太可能怀疑波斯舰队已经误入了陷阱。皇室的将军们不喜欢承认错误，尤其是可能会让身居皇位的兄弟丢脸的错误。薛西斯已经命令海军进入海峡，他本人就在萨拉米斯。埃斯库罗斯这样描写波斯皇帝——

> 他那可以把军队尽收眼底的宝座，
> 就在广阔大海旁高耸的小山上。[2]

萨拉米斯海峡——清晨

薛西斯在大陆上埃加勒斯山的山坡观看了这场战斗。波斯皇帝坐在金光闪闪的宝座上，像奥林匹斯山上的神一样，俯视着那些为了他的野心而即将送命的人。

159　　　阿里阿比格涅斯可能会想，不管下一步形势如何发展，他的手下都能打个漂亮仗，借此来安慰自己。如果薛西斯在高处观战还不足以确保他们的忠诚，那么每艘船上由雅利安人和塞克人组成的舰载步兵应该可以弥补这一点。自从5月波斯皇帝的舰队穿越了达达尼尔海峡，只有6艘三层划桨战船从波斯这边叛逃到了敌方，船上都是希腊人。因此，阿里阿比格涅斯可能做了一些研判，但未必对即将发生的事情有所察觉。

　　　与此同时，在大约一英里之外的海峡对岸，希腊人充分利用了自己与波斯人相比所具有的优势：一切尽在掌握。他们准备对敌人发起突然进攻。

出其不意是很好的武器。这一招经常被低估，它是最有效、最经济、用途最广泛的战斗策略之一，能让战斗力倍增。不仅在战斗的时间或地点上，而且在方式上，都可能让敌人措手不及。阿里阿比格涅斯和他手下的指挥官知道，整个希腊海军都前来迎战。他们不知道的，而且可能难以理解的是，希腊人已经做好了战斗准备。那天早上 7 点左右，如果不是更早的话，阿里阿比格涅斯认清了事实。波斯人被骗了。

正如一句现代军事准则所言，"在雷声响起时痛击敌人，让其没有机会看到闪电"[3]，地米斯托克利知道这样的进攻是极具毁灭性的。古人说得更简单：惊慌是神所为。因此，萨拉米斯的希腊人发起了凌厉的攻势，敌人预想的毛毛雨变成了狂风暴雨。

清晨，快到 7 点的时候，地米斯托克利和其他的希腊将军为士兵们送行，舰载步兵登上了他们的三层划桨战船，命令在战船之间传递。一排三层划桨战船停泊在港口中，就在安贝拉基湾和帕洛基亚湾的对面。命令下达了，或许是吹响了号角，或许是升起了一面紫色的旗，或许是高高举起了一面金色或银色的盾牌，或许三者都有：希腊人的战船出发了。

在海峡的另一边，波斯人厄运的第一个迹象是来自希腊港口的不同寻常的声音。埃斯库罗斯说："希腊人像是在唱歌般地发出胜利的欢呼。""同时，岛上的石头间产生了高亢的回声。"[4] 这是希腊人的赞歌。

这是一种特殊的希腊风俗，起源于多利亚人，最终被其他希腊人采纳。埃斯库罗斯把凯歌描述成"大声发出的神圣的呼喊……在祭祀时的呼喊，用于鼓励朋友，消除恐惧"[5]。当陆军奔赴战场或者海军离开港口出海作战时，士兵们都会高唱赞歌。这是集祈祷、欢呼和叛逆于一体的呼喊。

波斯人以前听过赞歌，最近的经历是在阿提密喜安和温泉关。但是在过去的几个星期里，他们在埃维亚岛、福基斯和阿提卡击败几乎毫无抵抗力的敌人，他们已经习惯听不到赞歌了。这是他们今天早上最意想不到的事情。埃斯库罗斯直言不讳地描述了船上听到赞歌的波斯人的反应——

> 所有的野蛮人都感到恐惧，因为他们期望看到的情形
> 没有出现。那时，希腊人唱着庄严的赞歌
> 不是为了逃跑，而是全力以赴
> 投入战斗，士气高昂。[6]

接下来，惊慌的波斯人听到了希腊人响亮的号角声，这是一个明确的战斗号令。古代的号，或称萨尔平克斯（salpinx），是一种又长又直又窄的管子，尾部是一个喇叭口。萨尔平克斯的长度从 2.5 英尺到 5 英尺不等，在手里拿着并不方便，但是声音肯定很大。荷马把萨尔平克斯的声音比作阿喀琉斯可怕的叫喊声。古代音乐评论家阿里斯提得斯·昆提利安（Aristides Quintilianus）称萨尔平克斯是"一种作战用的、可怕的乐器"，"阳刚"且"激越"。[7]

接下来是敌人在统一指挥下划桨的声音，清脆而整齐。埃斯库罗斯称："船桨在激流中有节奏地击打。"[8]不祥之处在于，在希腊语中，表示"击打""复位"的词还有一个意思是"冲锋"或"猛撞"。没错，这就是声音传递出的意义。

现在，希腊人已经离开了昏暗的海岸，波斯人已经能清晰地看见他们了。[9]从听到赞歌到看见敌人只过了几分钟的时间。[10]希腊人已经在岸上制订了作战计划，至少有一点时间来把事情想清楚。波斯人不一样，他们不得不仓促行动。

毫无疑问，西顿国王铁特拉姆但司托斯在他的旗舰上对局

势做了判断。附近还有另外两个腓尼基的君主：推罗国王曼登和阿拉达斯国王美尔巴罗斯。由于他们三人代表了世界上最伟大的海军传统，他们的反应可能比较平静。但是，从最低级别的水手到最高级别的朝臣，都情绪激动，难以泰然自若地对待希腊人的进攻。此外，波斯指挥官伽巴佐斯和普列克撒司佩斯拥有最终的决定权，他们在海上可能不如腓尼基人那样从容。

我们只能想象在波斯船上各种人不同的感受。船长可能是恐惧，划桨手感到愤怒，引航员心怀沮丧，分队指挥官左右摇晃手指表达厌恶，对战争持怀疑态度者自我满足，海军司令抱有复仇的幻想。腓尼基人抱怨爱奥尼亚人，爱奥尼亚人抱怨埃及人，埃及人抱怨塞浦路斯人，每个人都抱怨波斯人。想到薛西斯会对作战不力者大发雷霆，波斯人很可能紧张地摸了摸脖子。

无论波斯人感受如何，他们都足够专业，能够在匆忙中各就各位。值得称赞的是，他们从阿提卡海岸向海峡另一侧划去，迎战希腊舰队。希罗多德写道："当他们［希腊人］开出战船时，野蛮人毫不迟疑地迎了上来。"[11]

与此同时，在萨拉米斯，希腊舰队开始行动。按照惯例，在右翼，为首的是斯巴达人，由尤利比亚德指挥，冲在最前面。埃斯库罗斯写道——

> 首先，右翼部署合理
> 引领大军，井然有序。接着，整个舰队
> 向前进发。[12]

但是他们去往哪里？希罗多德提供了一些线索，其余的可以根据古代的战争方式推测出来。就像诗人所说的那样，三层划桨战船是"带有青铜撞角的漂浮战车"[13]。三层划桨战船

162 作战的关键在于最大限度地撞击敌人，同时尽可能地限制敌人反击。最完美的情况是，攻击者会从敌人的船尾逼近，以保护自己，免受敌船船头的撞击。只有在首先加固了战船船头大梁后，船头对船头的撞击才变得可行。这是科林斯人在前413年发明的一种策略。由于敌人不会主动暴露其三层划桨战船的侧面，撞击通常意味着必须绕过或穿过敌人的舰队。然后，攻击者将撞击目标敌舰的船尾部分。在这个位置上，攻击者自己的桨要远离被撞击的敌舰，并且可以快速轻松地撤退。此外，通过小角度进行攻击，攻击者最大限度地降低了撞角侧面扭曲的危险。

但是很难遇到完美的情况，攻击者有时不得不撞击敌船的中部。有时可能会冒险冲向敌人的船头，然后迅速掉转方向，用撞角撞击。在这种情况下，攻击的引航员可能会让自己的船员收起船桨，然后试图用船的撞角撞击另一艘三层划桨战船的船桨，用自己的船首将对方的船桨折断。这是一个很难的动作，但对被撞的敌船上的划桨手来说可能是致命的。

战斗开始时的基本策略是把战船并排排列，同时，防止船只之间出现缺口，并保护自己的侧翼。舰队规模越小，速度越慢，就越需要掩护侧翼。希腊人的船只数量处于劣势，敌人的船更轻、更快、更灵巧。

希腊战船从狭窄的港口驶出时，先是排成一个纵列，接着并排展开。斯巴达人带领船队杀出安贝拉基湾，他们在希腊阵线的最右端下锚，靠近辛诺苏拉海角。雅典人可能是在帕洛基亚湾，他们在希腊阵线的最左端下锚，即卡马特罗半岛顶端的特罗菲海角（Cape Trophy，现代的名称），或者是圣乔治岛的东南端。无论哪种情况，希腊阵线都有明显的优势，两端有陆地堡垒，后方靠近海岸。

圣乔治岛北部和东部的通道几乎被封锁了。如今，圣乔治岛以东有一片礁石，位于该岛和阿提卡大陆之间。但是在古代，海峡的海平面比今天至少低 5 英尺。因此，在前 480 年，礁石是一个小岛。这个小岛礁和圣乔治岛被古代人称为法玛库萨群岛（Pharmacussae islands）。两者之间的距离可能只有600 码，在如此狭窄之地，双方舰队都不敢冒被困住的风险。

希腊的阵线部署在辛诺苏拉海角和特罗菲海角或圣乔治岛之间，长度在 2 英里到 2.5 英里之间。对于希腊人来说，把他们所有的三层划桨战船排成一排显得太单薄了，排成两排则是完美的，希腊人可能在阿提密喜安之战的最后一天也使用了这种队形。后排的三层划桨战船可以随时反击任何试图穿过前排冲撞希腊船只的波斯战船。

雅典人守住希腊阵线的最左端，斯巴达人负责最右端。埃伊那岛人可能紧挨着雅典人。其他希腊人的战船部署在中间，我们不知道其具体位置。如果科林斯人确实向北航行，以诱骗波斯人产生骄傲之心，他们肯定会很快返回希腊阵线，出现在最左端附近。

波斯人按照战斗顺序沿阿提卡海岸线将战船并排部署，他们的步兵在那里守住海岸。希腊人的侧翼受到地形的保护，波斯人无法包抄他们。因此，波斯人可能会根据黎明前进入海峡的波斯战船数量，将战船排成两排或者三排，迎战希腊人。腓尼基人位于波斯阵线的右端，与雅典人和埃伊那岛人相对。爱奥尼亚人（也许还有其他希腊人）位于最左端。我们不知道波斯舰队中的其他分队部署在哪里，也不清楚哪个分队部署在海峡以外。

希腊人的战船已经驶出，波斯人划船上前迎战。双方舰队靠得足够近，彼此之间可以听到对方风笛手为划桨手打节拍吹奏的颤音。阿夫洛斯管（aulos），或叫希腊管（有时被误认为长笛），是一个带有手指孔的圆柱体，用簧片发声。通常，该乐器是成对演奏的，双手各持一管。演奏者的头和脸缠着布带，用来支撑脸颊。希腊管的声音激动人心，以至于希腊的保守派强烈反对吹奏希腊管，认为它可能会把年轻人引入歧途。出于同样的原因，这种乐器能很好地集中三层划桨战船上划桨手的注意力。它既可以充当节拍器，又能让人暂时忘掉即将到来的恶战。

也许现在波斯人听到了希腊战船上传来的声音，埃斯库罗斯称之为"声势浩大的战斗呐喊"[14]——

> 希腊的男儿，前进
>
> 解放祖国，解放
>
> 你们的孩子、女人和
>
> 你们祖先崇拜的神灵的庙宇，还有
>
> 祖先的坟墓。现在正是为他们而战的时候！[15]

波斯人也大声做出了回应，在希腊人听起来，就像"波斯语发出的噪音"[16]。

这是一个历史性的时刻。几个世纪以来，腓尼基人一直是地中海东部最强大的海上力量。现在，一个希腊新贵，一个拥有创新的治理体系——民主政治和全新舰队的城邦，对这一至高无上的地位发起挑战。

两支舰队对峙，但战斗并未立即开始。希腊人首先退缩了，或者看起来如此。不管怎样，他们的船开始倒退，也就是说，他们继续面对敌人，向萨拉米斯的海岸倒着划去。如果这是恐慌，那并不是划桨手的恐慌。在甲板下面，大多数划桨手什么也看不见。倒划的决定来自将军们，通过预先约定的信号传达给船长和舵手。

从上面，也就是薛西斯所在的位置看，战斗的开始阶段看起来像是两个鱼群之间的对峙。酷似剑鱼的腓尼基三层划桨战船，有着长而窄的撞角，追逐着像双髻鲨模样、有短而粗撞角的希腊战船。后者似乎有些不知所措。

但是希腊人可能知道他们在做什么。我们可以想象，希腊长长的阵线上出现了缺口。通过倒划水，这些船能够紧紧靠拢在一起。他们还引诱波斯人更加接近萨拉米斯，进入了岸上的雅典弓箭手的射程。雅典人用盾牌防御波斯人的弓箭，可以攻击甲板上的敌人，或者等待屠杀从被撞沉的船上跳下水的波斯幸存者。希腊人决定倒划的另一个原因是希望尽可能拖延时间，等待奥拉风刮起。

但是计划没有顺利实施。与历史上很多战斗的情况一样，第一次冲锋不是按照将军的命令进行的，而是某个厌倦了等待的下属主动发起的。

在希腊阵线的西端，一位雅典船长，帕勒涅（Pallene）德莫区的阿米尼亚斯（Aminias），指挥他的船又一次冲出来，撞击了一艘腓尼基三层划桨战船。他可能已经看到一些希腊战船后退太远，实际上已经搁浅了。他可能把这看作惶恐不安的表现，担心波斯人会抓住这一时机展开进攻。因此，阿米尼亚斯决定把主动权掌握在自己手中。

这个点燃战斗火花的人是个怎样的人？假设阿米尼亚斯符合雅典船长的常见特征，他会是一个有钱有势、年龄不大的人。他在阿提卡拥有土地和房屋，有婚生的孩子，不到 50 岁。[17] 由于雅典人往往在 30 岁左右结婚，阿米尼亚斯的年纪可能是 30 多岁或者 40 多岁。他还很富有，因为船长们必须支付自己船员的薪水。他的家乡帕勒涅是阿提卡中部的一个农业区，阿米尼亚斯的财富可能来自种植橄榄、葡萄、无花果和谷物。我们可以想象，他非常健壮，跟大多数农民一样，而且我们知道他很有胆量。像阿米尼亚斯这样勇敢的船长肯定会有无比忠诚的、到哪里都跟着他的追随者。他的大多数划桨手可能来自帕勒涅，而且许多人彼此都是老相识，这一点很有帮助。船员很容易相互信任。

必须这样做，因为撞击敌船需要集体努力。当阿米尼亚斯冲出阵线撞向敌舰时，他需要下命令给舵手，然后舵手传递给划船指挥，划船指挥再通知船员。甲板上的舰载步兵和弓箭手必须坐得稳稳的，为冲击做好准备，而划桨手要肩负重任。他们必须让船从静止甚至是倒划水的状态迅速获得动力，加快速度，以便可以冲撞敌舰。

从阿米尼亚斯下达命令的那一刻到完成撞击用不了多长时间。雅典的重型船只难以达到三层划桨快船的速度，测试表明，这种快船可以在大约 60 秒的时间内从静止状态加速到 9 节或 10 节 *。[18] 但阿米尼亚斯的三层划桨战船不必开那么快。腓尼基人的船只要么停止不动，要么向雅典人的船移动，所以雅典攻击者不必比敌人更快。阿米尼亚斯只需让船快到足以在撞击时穿透腓尼基人战船的船板即可。考虑到阿米尼亚斯的三层划桨战船攻击的是敌舰的中部或尾部，速度为 2 节至 4 节就足够了。[19]

一旦船长下令发动进攻，引航员传达了命令，划船指挥就会立刻让划桨手快速划桨，速度可能接近每分钟 50 划。以这种速度划桨，每位划桨手都必须全神贯注于手头的任务。在不到一分钟的时间里，对于每一个划桨手来说，眼前就只有一条狭窄的、臭气熏天的通道，170 个人齐刷刷地弯着腰，好像划着一支桨。其他的什么都不存在了。但是，有可能会走神，除了瞬间的碰撞产生的震惊，还会想到自己的家和幸福的时光、运动会、盛宴等各种事情。肌肉拉紧，大口吸气，似乎痛苦永

---

* 节是船和飞行器的速度计量单位，1 节为每小时 1 海里。——译者注

远不会结束。突然，在撞击就要发生之前，划桨指挥得到引航员的提示，命令划桨手改成倒着划水，以防止撞角钻进敌人的船太深。之后就是剧烈的碰撞，如果一切顺利的话，攻击者已经开始后退了，以保护自身。尽管需要用很大的力气，但划桨手仍必须更加努力地干活，将船向相反的方向划开。

阿米尼亚斯的船员们猛烈地撞击了一艘腓尼基人的三层划桨战船，首开纪录。这是一次有力的冲击，但付出了代价：撞角扎进腓尼基人的船里太深了，船员无法将其抽出。攻击者的目标始终是撞击之后尽快撤出。如果撞角卡在敌人的船体中，就有可能被敌人的舰载步兵和弓箭手从他们自己的甲板上或登上攻击船进行反击。波斯战船甲板上的士兵人数远多于希腊战船。

阿米尼亚斯对此十分清楚。在甲板下，他的划桨手们无疑在猛烈地向后划水，但船仍然动弹不得。他们可以听到上面舰载步兵和弓箭手的脚步声，他们各就各位，来保护三层划桨战船。他们还可以听到波斯舰载步兵大呼小叫，想要登上阿米尼亚斯的船。正在这一危险时刻，其他的希腊战船赶来保护阿米尼亚斯。你来我往，战斗已经打响。

167

同时，腓尼基人正设法应对碰撞悖论。三层划桨战船的撞角非常致命，同时又具有戏剧性，但一开始它对敌人船体的破坏比对人更强烈。撞角撞击出的裂口可能只有大约一英尺见方。水会从这个口子涌入被撞的船里，船会大面积地进水，但还不会沉没，船员有时间下船。在受到撞击的地方，可能会有人死亡或受伤。在船上的其他地方，一些人可能因为冲击力而受伤。但是大多数人可能在受到撞击后安然无恙。但是，危险就在眼前。

想象一下，两船之间，箭矢和投枪像雨点般飞来，有时可以用盾牌抵挡，但有时会变成攻击的靶子。可以想见，不少士兵倒在甲板上，或者被长矛刺中，跌入水中。其他人从正在下沉的船上主动跳入水中逃脱，在此之前要先脱下头盔和铠甲，免得人到了水中往下沉。与此同时，在船上，一些舰载步兵可能已经登上了敌船的甲板，与敌人在肉搏战中一较高下。剑与匕首和战斧相接，矛与矛相碰。

肉搏战、近身战、互殴扭打，希腊人把这一切精妙地称为"肉搏法则"[20]。正如希罗多德指出的那样，希腊船员们只要能挺过徒手搏斗，就有机会活下来，因为他们能通过游泳获得安全。这不适用于波斯人和米底人的舰载步兵，他们中很少有人会游泳，因此，许多人都淹死了。

最后，希腊人设法压制了敌人，救出了阿米尼亚斯和他的船员们，还有他们的战船。胜利者摘走了腓尼基人船尾的装饰物，可能是一个人头形状的饰像。他们中有一两个士兵在战斗中丧生，但没有时间哀悼，更不用说洗去甲板上的血迹了。

萨拉米斯之战就这样开始了，至少雅典人是这么说的。埃伊那岛人讲述了一个不同的故事。他们声称，第一艘发动攻击的希腊战船不是雅典的阿米尼亚斯的战船，而是带回埃阿科斯和他儿子们雕像的埃伊那岛的三层划桨战船。他们把这次主动出击归功于神迹。埃伊那岛人说，当希腊人畏缩不前时，出现了一个女人的幻影。她大声敦促希腊人投入战斗，声音大得整个希腊阵营都听得到。不过，她先是把他们臭骂了一顿。她问道："先生们，你们打算这样畏畏缩缩到什么时候？"[21]

希罗多德提到了这两个版本的故事，并未在二者之间做出选择。埃斯库罗斯只是说一艘"希腊船"开始冲撞。[22]他这么说与其说是出于策略，不如说是现实。不仅数年之后重现战斗很困难，即使是在战斗的第二天也难以描述清楚。希腊没有官方的历史学家来记录这些细节，除了日晷和漏壶之外，没有用于计时的时钟。此外，希腊的城邦极其注重竞争。雅典和埃伊那岛这两个宿敌都是海军强国。对它们来说，如果不能声称自己首先斩杀敌军以获得吹嘘的资本，做其他任何事情都是无益的。但是需要记住的最重要的事是，古代海军战场上往往是一团混乱的局面。

绝大多数人在甲板下，他们中的大多数看不到外面发生的一切。正如修昔底德所说，那些在甲板上的人通常忙于应付身边的事情，无法一下子看清整个战场的情况，这是古代战争中的一个普遍问题。[23] 太阳时而露出，时而被云层遮挡——这是萨拉米斯常见的天气，会捉弄人的眼睛，恐惧和兴奋也可能让人产生错觉。

还有噪音。在没有机器轰鸣的世界里，战场上的喧嚣也许是能想象到的最响亮的声音。没有比海上的战斗更喧闹的了。海军交战的喧哗声、叫喊声和欢呼声经常出现在古典文学作品的描述中。号角声、赞歌声、战斗的呐喊声、船桨的击水声、吹笛声过后，传来的是包裹着青铜外壳的木制撞角撞击木船和船桨的刺耳声音。还有弓弦的拨弦声、箭的嗖嗖声、投枪的呼呼声，有时还有刀剑相碰的锵锵声。随之而来的是垂死的尖叫声。同时，海峡两边的海岸上都排列着全副武装的士兵，如果还有妇女和儿童在场，也在情理之中。正如修昔底德在描述后来的一场海战时所写的那样，观战者"随着战局胜负的变化哀号、呐喊，发出一大群人面临险境时所能发出的各种喊叫"[24]。在萨拉米斯，所有这些声音都在群山环绕的狭窄空间里产生了巨大的回声。

所有的划桨指挥都在不断向桨手们呼喊。他们不仅发出命令，还诉诸情感——呼吁桨手加倍努力，激发其爱国热情或为伟大的帝国祈祷，许诺奖励有功之人，或者拿薛西斯的愤怒相威胁，宣扬民族传统，号召大家不负众望。训练有素的划桨手知道保持沉默的重要性，这既是为了保存精力，也是为了能够听清划桨指挥的话。

因此，回到刚才的话题，希罗多德没有明确指出埃伊那岛和雅典究竟谁率先出击，这位历史学家默认了从海峡混乱嘈杂的海战中找出真相是相当困难的。然而他还面临另一个问题：宗教。像埃伊那岛人一样，许多在萨拉米斯作战的人坚信，只有众神能为希腊赢得战斗的胜利。波斯舰队的规模如此之大，之前在温泉关和雅典卫城的灾难如此可怕，萨拉米斯难民的情况如此危险，科林斯地峡的防御如此不牢靠，似乎很难相信孤立无援的人类行动能够逆转预期的结果。关于这场战斗的记录中提及了神的干预，萨拉米斯女神并不是最后一个。

后来，一些人声称看到一束巨大的光从海峡以北几英里的大陆上埃琉西斯的方向照射出来。[25] 他们还说，听到呼喊声充满了埃琉西斯之外的色莱西亚（Thriasian）平原，从山脉一直到大海，仿佛一群人在参加宗教游行——正如每年在战斗当天举行的厄琉息斯秘仪一样。然后，从喧闹的人群中，一朵云开始一点一点从地上升起，落在三层划桨战船上。

其他人说，他们可以看到埃阿科斯儿子们的影子，影子展开双臂来保护希腊人的三层划桨战船。其他人则坚持认为，英雄赛克里乌斯（Cychreus，希腊神话中萨拉米斯的第一个国王）变身成一条蛇，出现在雅典船员面前。似乎有些埃伊那岛人在海峡上空看到了什么——云？晨星？闪电？那象征着阿波罗和狄俄斯库里（Dioscuri）兄弟（宙斯的双生子，英雄卡斯托尔和波吕克斯）。

因此，浓厚的宗教情绪、海战中的喧嚣和混乱，以及希腊人爱炫耀的习惯都使人难以判断战斗是如何开始的。实际上，很难完全重现当时的战斗情形。例如，希罗多德承认，他"不能准确地说出每个野蛮人或希腊人是如何战斗的"[26]。然而，他提供了宝贵的线索，另一个前 5 世纪的作家埃斯库罗斯同样

170

如此，更不用说其他古代作家了。希罗多德也毫不怀疑萨拉米斯海战的结局为什么会是那样。现在我们掌握了更多的信息。首先，让我们回到战斗的最开始。

在雅典人或者埃伊那岛人的三层划桨战船撞击了腓尼基人的三层划桨战船之后，下一艘加入战斗的战船来自爱琴海的纳克索斯岛，船长是德谟克利特（Democritus）。然后，在从圣乔治岛到辛诺苏拉海角的整个海峡，船与船摆开阵势，瞄准对方。

但是那天早上关键的对抗发生在腓尼基人和对面的希腊人之间。要了解事情是如何发展的，我们要再说一下阿米尼亚斯。当其他雅典战船前来援助阿米尼亚斯的船时，他们可能已经转向，因此为腓尼基人的撞击创造了机会。但是，腓尼基人不太可能瞄准两艘及以上的雅典船只，因为雅典人的阵线并未被冲破。接下来发生的事情很可能是这样的——

腓尼基人试图划着他们轻快的船绕过或穿过雅典阵线，但阵线两翼都有突出的海岬保护。雅典的三层划桨战船牢牢守住阵线的中间（由后方的第二排战船保护，以对抗腓尼基人的任何突破）。快速航行的腓尼基战船佯攻加猛冲，但雅典人没有让它们有机可乘。腓尼基人一次又一次地冲锋、退却。这些优秀的水手在战斗中竭尽所能，但他们却是在不利的条件下作战。精力充沛、信心满满的希腊人可以犯下一两个错误，但身心疲惫、处于惊愕之中的腓尼基人却不能。

根据埃斯库罗斯的说法，在这场战斗的开局阶段，"潮水般的波斯人尚能坚持"[27]。但是波斯人无法维持自己的阵形。希罗多德说："野蛮人没有维持先前安排好的战斗序列。"[28] 而希腊人的阵形未变。

腓尼基人遇到了几个问题。海峡狭窄的空间使他们无法实施招牌式的作战策略。正如一位雅典海军上将后来所说的那样，一支快速灵活的舰队需要空间来将敌人从远处吸引过来，并且需要空间来急转弯。[29] 在狭窄的萨拉米斯，腓尼基人的速度没有用武之地。

他们人数众多，所以如果腓尼基人排除障碍，采取机动灵活的策略，可能会撞上挤在一起的自己一方的船只。在海峡里，拥有更多的船只变成了劣势。在 67 年后，即前 413 年的另一场三层划桨战船海战中，雅典舰队遇到了类似的情况。那时，雅典舰队在萨拉米斯之战后经历了三代，不再由重型船只组成，而是变得像前 480 年的腓尼基战船一样轻巧灵活。前 413 年，雅典在西西里岛希腊城市叙拉古的港口遇到了麻烦。在那里，雅典是入侵者，而叙拉古则是保卫自己的家园，就像雅典在前 480 年所做的那样。叙拉古舰队全力抵抗，逼迫雅典人后撤进狭窄的海港，陷入混乱。可以肯定的是，叙拉古人有一个法宝让实力倍增，他们已经加固了船首，足以承受迎面撞击。

萨拉米斯的雅典人没有加固船头，但他们也有一个增加实力的法宝；事实上，他们有好几个。波斯人整夜都在划船，已经精疲力竭。遭受了希腊的突然袭击，一直没能从惊愕中缓过神来。当早晨的海风在 8 点到 10 点之间刮起时，波斯人的船可能已经被推向了两侧。

晨风和海浪"击打着野蛮人的船，使其摇摇晃晃，并把它们横向吹到希腊人那边，使其遭受了猛烈的攻击"[30]，普鲁塔克说道。诗人提莫西亚斯在重现战斗过程时，提到了"沉船的微风"（aurai）[31]，指的是类似的情形。波斯人的船带有舷墙，而且重心也比希腊人的船高，因此尤其容易受到微风的影响。

由于以上这些原因，腓尼基人陷入了混乱，船尾暴露给了敌人。希腊人就是利用了这一点。他们一次又一次地冲锋，各种优势累积在一起，造成了巨大的破坏力。他们重型的三层划桨战船把对方较轻的船只作为攻击目标。

提莫西亚斯描绘了一幅冲击带来的惊慌场面，也许来自撞 172
角的撞击，也许因为船桨被齐刷刷地折断，或者两者皆有。他
写道，如果遭受的重击"是在一侧，所有水手都会向着另一个
方向摔下去，但如果另一侧［……］也被撞击，松木船板被撞
得粉碎，他们又会被冲回来"[32]。

起初腓尼基人还能抵挡，但几个小时后，腓尼基人的阵线
完全崩溃了。他们的许多船只都被撞毁了。剩下的人认为，与
其遭受必然的失败，不如先活下来，改天再战一次。一些幸存
者，包括腓尼基的显贵，安全到达附近的阿提卡海岸。他们要
么到附近的船上避难，要么游到岸上。

其余幸存的腓尼基三层划桨战船掉转方向，向东南逃去。
如果他们紧贴着阿提卡海岸，会看到波斯战阵左翼的战斗继续
在海峡中心进行。波斯战阵左翼的战斗没有像右翼的战斗那么
早分出胜负。希罗多德坚持认为，爱奥尼亚人和波斯战阵左
翼的其他希腊人比腓尼基人打得更好；卡里亚人可能也在波斯
战阵的左翼。很少有爱奥尼亚人接受地米斯托克利的提议，为
了帮助希腊事业而消极作战。相反，正是由于薛西斯在萨拉米
斯的现场观战，这次爱奥尼亚人在波斯舰队中的表现要好于在
阿提密喜安战役中的表现。此外，我们可以想象，海峡外的一
些波斯战船相距不远，能快速划过来帮助爱奥尼亚人。除此之
外，波斯战阵的左翼不需要对付精锐的埃伊那岛人船队。结
果，希腊战阵右翼的战船只能坚守，等待希腊战阵的左翼消灭
了腓尼基人，前来支援。

薛西斯坐在埃加勒斯山山脚下的宝座上，很清楚地看到
了腓尼基舰队耻辱的惨败。希腊诗人写道，他不住地哀叹自己
的命运。但他这个波斯波利斯的君主在公共场合一定是要维持
自身形象的。在希罗多德对战斗的描述中，薛西斯更加信心满
满。他向一名军事助手询问战船的名称，然后不时地转向一名

抄写员，让他记录下为数不多表现出色的船长的名字及其父亲的名字和所在城邦的名字。

看到腓尼基的幸存者狼狈地来到他面前，比看见海上的溃败更让薛西斯怒火中烧。腓尼基人将一切归咎于爱奥尼亚人。他们声称，爱奥尼亚人破坏了腓尼基人的三层划桨战船，因为爱奥尼亚人是叛徒。

但是控诉者选择的时机不对。腓尼基人在谴责之时，海峡中的船只正展开激烈的交锋。首先，波斯阵营中来自希腊萨莫色雷斯岛（Samothrace）的三层划桨战船撞向了雅典的三层划桨战船。接着，一个埃伊那岛的三层划桨战船撞向萨莫色雷斯岛的三层划桨战船。但是埃伊那岛战船的撞角一定是卡在了萨莫色雷斯岛的船上，因为萨莫色雷斯岛的舰载步兵冲到埃伊那岛战船上，手持投枪，将船控制了。

不屈不挠的萨莫色雷斯人不是爱奥尼亚人，而是希腊人，这对薛西斯来说已经足够欣慰了。他转向腓尼基的残兵，出离愤怒，下令把他们拖走斩首。他说，他不想让坏人诽谤比他们更强的人。此举是用拙劣的方式来掩盖他的愤怒。

我们不知道西顿国王铁特拉姆但司托斯的命运。他可能在战斗中幸存下来，因为他没有出现在希罗多德或埃斯库罗斯的重大伤亡名单中。薛西斯也不太可能处决一个国王，因为君主们不愿让臣民觉得王室的人会被轻易杀头。但是可以肯定的是，铁特拉姆但司托斯在薛西斯眼中的地位再也没有像萨拉米斯战役之前那样高了。后来有一个说法是，腓尼基人的三层划桨战船一路逃回他们在地中海东部的港口，而没有去见愤怒的波斯皇帝。[33] 这种说法有一定的准确性。

阿里阿比格涅斯可能比较幸运。在战斗最激烈的时候，他在一艘无疑非常豪华的旗舰上战斗，附近的每一艘希腊战船一定都瞄准了它。阿里阿比格涅斯代表了奖杯和重要的奖励。

因为他们的将军加入了战斗，所以古代军队很容易陷入群龙无首的境地。波斯军队组织起来是为了服从伟大的皇帝和他的家人，如果指挥官被杀，军队往往会崩溃。波斯军队是等级制的，不注重个人的主动性，而希腊人擅长随机应变。例如，温泉关的斯巴达人在列奥尼达死后还继续战斗。约150年后，在前333年叙利亚的伊苏斯（Issus）之战中，波斯皇帝大流士三世被亚历山大大帝击败，狼狈逃走，波斯的阵线随即崩溃了。

聪明的敌人将领知道波斯皇帝在战斗中的重要性，因此会将他作为攻击目标。例如，在前401年美索不达米亚的库纳克萨（Cunaxa）之战中，反叛的小居鲁士皇子想要杀死阿塔薛西斯（Artaxerxes）二世，却丢掉了自己的性命；有趣的是，由希腊雇佣兵组成的居鲁士的军队继续战斗，直到胜利。

在萨拉米斯，无法把薛西斯作为攻击的目标，但他的同父异母兄弟阿里阿比格涅斯和他的亲兄弟埃及舰队司令阿契美尼斯成了替代者。希罗多德证实，阿里阿比格涅斯确实在战斗中丢了性命，这使阿里阿比格涅斯成为在萨拉米斯最高级别的阵亡者。

希罗多德没有记录阿里阿比格涅斯是怎么死的、何时死的。但是在其他古代作家的讲述中，有一个不知名的波斯"上将"[34]或薛西斯的兄弟"阿里阿美尼斯"[35]（显然是把阿里阿比格涅斯和阿契美尼斯混为一人）在战斗的早期被杀，此后波斯舰队便陷入了混乱。这两个故事中的细节并不可信，但它们提醒我们，无论阿里阿比格涅斯什么时候、在哪里被杀的，他的死都可能非常明显地让波斯舰队陷入困境。

普鲁塔克称，"阿里阿美尼斯"漂浮的尸体被阿尔忒弥西亚认出，她把尸体带到薛西斯那里，这只是"诗歌里的真实"罢了。很少再有重要的人物丧命。

174

第十章 萨拉米斯海峡：午后

到 9 月 25 日正午，帕勒涅的阿米尼亚斯满怀虚荣和自负，像戴上了胜利的花环。他坐在三层划桨战船的甲板上，向引航员发出命令，时不时地想着选择什么动物作为牺牲，奉献给众神。或许我们可以想象，如果胜利女神雅典娜那天向他伸出援手，那会是他获得荣耀的最佳指引。现在他可以高昂着头，俯视其他希腊人。现在，他不再是没有归属城市的人，不再是从战火中逃出来的难民，他是捍卫神圣和圣洁的人，是将紫冠之城交还给雅典娜庇护的子孙的人，这座城市再次变得强大。

他的三层划桨战船悄悄潜入萨拉米斯海峡，寻找正在逃跑的波斯船只。他们的数量并不少，因为全能的宙斯已经把恐惧灌输到了敌人的心中。就像狄俄墨得斯（Diomedes）在多风的特洛伊平原上杀死特洛伊人一样，阿米尼亚斯也给西亚人带来了黑死病一般的巨大灾难。当然，两者之间的区别在于，阿米尼亚斯实际上不能发动一场个人的战争。与英雄狄俄墨得斯不同，他依靠船上其他 199 名船员的配合。他们中的许多人是阿米尼亚斯在帕勒涅德莫区的同胞，他们一起分享他的成就感。

他们是一个小团体中的铁杆成员。在阿提密喜安和现在的萨拉米斯，他们都知道规则：要么进攻，要么被击倒。

阿米尼亚斯是许多雅典和埃伊那岛船长的杰出代表。他们击溃腓尼基人之后，掉转方向，向爱奥尼亚人和卡里亚人的船队发起攻击。除了他杀敌的数量比战友多，他作战的方式并无特别之处。希腊战船撞角的撞击是非常可怕的——埃斯库罗斯称之为"毁灭性的撞击"[1]，将波斯舰队切断了。当敌人靠近时，塞克人的弓箭手向敌人射击，以保护自己的船只。通常盾牌能保护希腊的舰载步兵，甲板能保护划桨手。此外，如果奥拉风确实吹得腓尼基人的战船摇摇晃晃，他们的弓箭手可能很

难瞄准。埃斯库罗斯说，箭——

> 没有多少用处，大军都被消灭
> 被战船撞角的撞击击溃。[2]

　　强大的雅利安之箭，长期以来都是波斯擅长骑马的贵族喜爱的武器，虽具有威慑力，却无法匹敌渔民简陋的工具和船夫"简单的划桨"。[3] 这是一个被颠覆的世界，阿米尼亚斯船上的士兵引导了革命性的变革。

　　像阿米尼亚斯这样的船长的经历可以说明爱奥尼亚人和卡里亚人是怎么失败的。战斗开始时，三层划桨战船是按照顺序整齐排列的，但很快就演变成了一系列战船之间的单打独

177

斗。这些战斗更多地取决于船长的性格，而不是现成的规则。理想的船长是狡猾、敏捷、灵活且无情的。获得胜利不仅取决于船长的知识，而且要看他判断形势和预测敌人下一步行动的天赋。今天的专家称这种能力为"态势感知"（situational awareness）。[4] 船长必须能随机应变。用一句现代军事准则来说就是，"没有什么绝对正确的战术"[5]。在萨拉米斯，阿米尼亚斯一贯不遵守成规，这样的手段让他一直很难堪，直到那一天结束，情况才不一样了。

到了中午，阿米尼亚斯的船员们既兴奋又疲惫。9月下旬，萨拉米斯海峡的气温在中午前后可能达到21℃。在这个季节，希腊的太阳温暖而明亮，不像夏天那样令人窒息。尽管如此，一连几个小时坐着，还是会让人非常不舒服。特别是水面的反射加剧了这种感觉。甲板上的舰载步兵和弓箭手一定汗流浃背。只有船长能在帆布篷下面免受其苦。甲板下面的人坐在狭窄且通风不良的空间中。即使是最上层的划桨手也无法呼吸到通过两侧舷外支架吹来的新鲜空气。在战斗时，帆布或兽皮制成的侧盖悬挂在舷外支架上，保护士兵，以免他们被箭射中。

只要三层划桨战船在航行，甲板上的人就必须像下面的划桨手一样坐着。舰载步兵不得不学习如何以坐姿投掷投枪，以便能够在敌船逼近要撞击时攻击敌人的舰载步兵。坐着投枪难以掌握，对背部和手臂肌肉的力量要求很高，而站立时腿部肌肉能参与动作。而且，舰载步兵很少有机会站起来并伸展双腿，更不用说散步了。

划桨手会抱怨自己身心两方面的痛苦。现代的划桨者能够使用滑动座椅来充分发挥腿部肌肉的力量。古代的划桨手的座位是固定的，上面有羊皮坐垫。他们的脚固定在地板上，划桨手每次划水时都被迫来回滑动。[6] 因此，他们可以利用腿部的肌肉，但更多工作是靠背部和手臂完成的，这不是理想的状态。古代划桨手被限制在一个狭窄的空间里，没有一点隐私。在一天的辛苦工作中，他们总是口渴，不得不喝有限的水和吃一些零食。排尿对于划桨手来说几乎不是问题，因为身体多余的水分往往通过流汗排出来。在战斗中男人不得不小便时，就必须坐在原处进行。（那个女人，阿尔忒弥西亚，毫无疑问有自己的夜壶。）船舱里的划桨手要忍受上面两层划桨手的汗水滴落在他们身上。

划桨手没有机会跟旁边的人聊天，因为必须保持安静，才能听到风笛手和划桨指挥的声音。但有人需要船上的木匠提供帮助时，求助的呼喊可能会打破沉默。在战斗间歇，木匠确实会非常忙碌。

在萨拉米斯这场从日出持续到日落的长时间战斗中，会有很多间歇。船员需要休息，战船需要编队，阵线需要重新部署。例如，在成功撞击了一艘敌舰后，船上船员需要时间来恢复。因为海岸线离得很近，有可能派遣小船将伤者和死者运送回基地。一旦波斯舰队逃跑，希腊人的三层划桨战船可能就会有时间返回岸上进行修理，补充食物，或者在有后备人选时轮换一批划桨手。

在士兵心理方面，有一点不能忘记：一天慢慢过去，几乎每个人都看到友军阵亡。波斯人如此，希腊人也一样，虽然他们取得了成功，但确实蒙受了损失。虔诚的希腊人认为，命运之神悄悄潜入战场，急切等待饮用人血。在萨拉米斯，命运三女神不会失望。船被撞烂了，人被剑砍死，被投枪刺死，被箭射穿，偶尔会被战斧或其他奇特的武器击伤，作战双方皆是如此。舰载步兵面临的风险最大，因为即使躲过了敌船的撞击，甲板上也会有一两个人因被敌人的箭射中未受保护的身体部位而丢掉性命。

受伤后一些人可能幸存下来，而另一些人会在坚持数天之后因伤口感染而死。但是有些人会在海峡中立即死去，特别是如果他们的腹部受到创伤。死亡有时是痛苦的、绝望的，会伴随着涌出的鲜血和受伤者的尖叫声。一些人看到朋友或盟友死了，比以往任何时候都更加坚决地投入战斗。有些人则对眼前所见感到恐惧。还有一些人过了一阵儿就不在意这场屠杀了。

士兵们精疲力竭，遍身红肿，畏缩或冷漠，思维混乱或惊恐万分。毫无疑问，有些人只是在下面继续划船，告诉自己只要手里抓住桨柄，就能保持头脑清醒。在如此狭小的空间中，如此多的人密切接触，一些人精神亢奋，忘我投入。

雅典人在狭窄处突破了腓尼基人的阵线后，萨拉米斯的战斗区域开始变得与英雄时代的战场毫无相似之处。到了下午，战斗变成了一场混战。重型的希腊三层划桨战船追逐逃离海峡的轻型波斯三层划桨战船，一群刚加入的波斯三层划桨战船无意间堵住了出口。

这场战斗演变成寻求安全的波斯战船与渴望血战的希腊战船之间的一系列单独对决。正如希罗多德所说，海峡已经变成了一个"喧嚣之地"（thorubos）[7]——再次使用了这个表示"混乱"的希腊词。就在两天前，他用同样的词描述了在萨拉米斯的希腊指挥官，当他们得知波斯人占领了雅典卫城时，陷入了恐慌。

对于波斯规模庞大的舰队来说，这是糟糕的时刻，是遭受痛苦的时刻。进出的战船相互碰撞，造成一片混乱，很多波斯人送命，死亡人数比战斗中其他时候都要多。[8]埃斯库罗斯写道——

> 他们都匆匆逃去，毫无秩序，
> 野蛮人战队中的每一艘船都是如此。
> 然后希腊人用折断的船桨

和沉船的残骸拦住了去路

他们像对待金枪鱼或其他捕获的鱼一样，剔掉敌人的
骨头。[9]

一些波斯人可能已经逃回到了陆地上，但也有一些人游到
了萨拉米斯海岸，却被岸边愤怒的希腊士兵杀死。许多波斯人
死在水里。波斯人并非独自死去，但他们是孤独的，就像埃斯
库罗斯所说的那样，是"荒芜之地的寄居者"[10]。在溺水之前，
他们"双手拼命挣扎，十分可怜"[11]。他们中的一些人临死前
看到的最后一个景象可能是敌舰即将在他们身上碾过，准备用
青铜撞角撞向另一艘船。

阿米尼亚斯的光荣历程是在那天早上 7 点前后开始的，他
命令船员驾船撞上一艘腓尼基的三层划桨战船，这让船长拥有
了当天第一次进攻的记录（或者可能是第二次，埃伊那岛人坚
持认为是他们首开纪录）。当阿米尼亚斯和他的船员再次出现
在战斗记录中时，波斯舰队已经崩溃了。在那混乱的时刻，阿
米尼亚斯瞄准了他最特别的对手：哈利卡纳苏斯女王阿尔忒弥
西亚。

到了中午时分，阿尔忒弥西亚看到薛西斯的舰队已经瓦
解。她率领的卡里亚船队被部署在波斯战阵的左翼，更确切地
说，是先前未溃败的波斯战阵。这是个关键时刻，阿尔忒弥西
亚突然发现阿米尼亚斯的三层划桨战船冲向她的船。我们可以
想象，雅典战船的撞角从折断的船桨、破碎的船板和漂浮的尸
体上掠过，所到之处翻腾起大片的血沫。

要了解接下来发生的事情，我们必须了解古代海上战斗中
被遗忘的人——引航员所扮演的角色。他站在后甲板区，操纵
一对侧舵，实际上就是超大的桨，每个舵都斜挂在船体上，由
舵柄控制。两个舵柄的末端离得很近，引航员站在中间，一只

手操纵一个。希腊人把舵的叶片称为"翼"，把舵的桨杆称为"颈"，把舵柄称为"架"或"杆"，就像葡萄蔓支架或矛的杆一样。对照三层划桨战船或商船的尺寸，舵柄看起来非常小巧，这引起了哲学家的思考。

"为什么会是这样？"一个不知名的作家问道。他的作品与亚里士多德的作品一起流传下来。"舵虽然很小，而且在船的最末端，却有如此大的力量，以至于一个小小的舵柄和一个人就可以移动庞大的船体。"[12]罗马时代的希腊作家琉善（Lucian）谈到一艘名为伊希斯（Isis）的巨大运粮船时说，尽管它体积庞大，但"某个小老头"用"一根精致的杆子，转动大舵"，就可轻松操纵。[13]

引航员只用肉眼和舵柄操纵着他的三层划桨战船摆脱危险或扑向目标。事实证明，侧舵的效率很高。它们可以快速且稳定地改变船的航向，并且不需要怎么降低速度。然而，矛盾的是，引航员必须尽可能少使用方向舵，因为方向舵越是离开水，船的阻力就越小。特别是在加速准备撞击的过程中，最好将方向舵松开。知道如何有效和最低限度地使用方向舵本身就是一门艺术。

引航员要确定船的航向，所以不得不竖起耳朵听船长的命令，船长就坐在船尾，在他的正后方。他必须保持镇定、机警，且毫无怨言。毫不夸张地说，船上每个人的生命都取决于引航员敏锐的感觉和冷静的操控。

当阿米尼亚斯喊出"撞击"，他的引航员就会根据需要转动方向舵，然后让船从水中冲出。随着三层划桨战船的170支桨的每一次快速拍打，阿尔忒弥西亚的末日越来越近了。

但是她的引航员完全值得信赖，她自己也有出色的创造力。阿尔忒弥西亚命令她的引航员采取躲避行动。她所做的可能会让珀涅罗珀（Penelope）自惭形秽。珀涅罗珀是希腊史诗中的女主人公，她说等她给一位老人织完寿衣就结婚。但她每天晚上都把织好的部分又拆开，让求婚者无法得逞，以保持她对失踪的丈夫奥德修斯的忠诚。阿尔忒弥西亚更加戏剧性地毁掉了自己的作品，她命令引航员转弯，撞向自己战队中的卡里亚战船。

她没有选择的余地。阿尔忒弥西亚无法逃离海峡，因为通道被一艘艘友军的战船堵住了，一些人是在逃跑，另一些人仍然试图冲到前面，以向观战的波斯皇帝证明自己的英勇。阿尔忒弥西亚也无法深入海峡，因为敌人统治了那片水域，她现在身处希腊战船的包围之中。所以她攻击了自己一方的人。

被攻击的三层划桨战船属于当地的一个国王——达玛西提摩斯，他是卡林达的国王。卡林达是卡里亚人的城邦，位于哈利卡纳苏斯的西南。作为近邻，阿尔忒弥西亚女王跟达玛西提摩斯国王很可能是竞争对手。两人五六月时曾在达达尼尔海峡争吵过。希罗多德推测，9月时，阿尔忒弥西亚可能仍然怀恨在心。在他看来，由于阿尔忒弥西亚已预见到了波斯在萨拉米斯的溃败，她甚至可能提前计划了这次袭击。其实，达玛西提摩斯可能只是运气不佳的受害者，他的船刚好挡住了阿尔忒弥西亚的去路。不管怎么说，她下达了命令，阿尔忒弥西亚的手下将盟友的船撞沉了。

达玛西提摩斯和他的船员一定很震惊。也许他们的舰载步兵放箭或投掷投枪，对阿尔忒弥西亚的战船实施了反击。也许他们只能在落水时咒骂叛徒的名字。

这样一来，老谋深算的女王获得了双重收益。阿米尼亚斯看到了阿尔忒弥西亚的船撞击了达玛西提摩斯的船。因此，阿米尼亚斯可能判断阿尔忒弥西亚的船是友军，大概是叛逃到希腊一方的波斯战船，否则，它就不会撞击波斯的三层划桨战船。他可能也考虑到另一种可能性，就是他的瞭望员完全弄错了该船的身份，阿尔忒弥西亚的船实际上是一艘希腊战船。这个错误是可以理解的。毕竟，哈利卡纳苏斯的舰载步兵穿着希腊铠甲，尽管阿尔忒弥西亚的船上也有来自雅利安和塞克的舰载步兵，但在混战中，希腊铠甲可能已经引起了瞭望员的注意。不管怎样，阿米尼亚斯决定放过阿尔忒弥西亚。阿米尼亚斯于是命令引航员改变航向，去攻击另外一艘船。

但是阿米尼亚斯被骗了。他没有见过阿尔忒弥西亚本人，因为她坐在遮阳篷下。如果他真的认出了女王，就会不惜一切去抓她。要么他抓获她，要么他自己被俘虏，阿米尼亚斯决不会放弃进攻。跟每一位雅典船长一样，阿米尼亚斯知道活捉阿尔忒弥西亚会得到 1000 德拉克马的奖励，更不用说为雅典人复仇而获得的荣誉了。那天下午，阿米尼亚斯继续在萨拉米斯攻击敌舰，但他刚刚错过了最大的奖赏。

阿尔忒弥西亚消除了阿米尼亚斯的怒气，但她还要应对薛西斯。这是她背叛行为的第二部分收益。薛西斯非但没有因为阿尔忒弥西亚撞击了他的一艘战船而生气，反而更加看重她。看来他和雅典人一样上当受骗了。他在海峡上面小山的宝座上看到，或者是有人报告给他，阿尔忒弥西亚的三层划桨战船撞了另一艘船。他的朝臣们认出了阿尔忒弥西亚，但误将达玛西提摩斯看成了敌人。他们对波斯皇帝说道："陛下，您看见阿尔忒弥西亚战斗得多么出色吗？"[14] 毫无疑问，有好消息报告，他们很是兴奋。

对万王之王来说，这是一个漫长的早晨。我们可以想象，皇帝身边通常是忙忙碌碌的景象。宦官举着遮阳伞，让他在伞下乘凉；奴隶奉上用金制餐具装盛的茶点（当然，由皇家品尝师先尝过）；他的顾问们，如阿里亚拉莫奈斯（Ariaramnes）和时刻陪伴在他左右的马铎尼斯，会对山下的战斗评头论足；传令官冲到岸边把他的命令带给军官们，军官们把命令传达给舰队，书记官会记录下他说的每一句话。首先，毫无疑问，每个人都会赞扬波斯海军的韧性，认为他们有能力面对背信弃义的希腊人，扭转局面，反败为胜。希腊人所谓的伏击本身是幼稚的策略，一个人必须有波斯人的智慧，才能完美地执行它。但是，随着太阳高高升起，照耀着海峡，掩盖真相变得越来越困难。

没人愿意告诉波斯皇帝真相。战斗前几天发生的一件事说明了朝臣们的谨慎。故事是这样的，波斯宫廷中的两个希腊流亡者，斯巴达的德玛拉托斯和雅典的迪凯欧斯（Dicaeus），在西阿提卡随着波斯的大军扫荡乡村。毫无疑问，他们带着波斯人抢掠时看到了惊人的征兆。伴随着一阵嘈杂声，埃琉西斯附近升起了大片的烟尘。对迪凯欧斯来说，这听起来像是每年在这个季节举行的厄琉息斯秘仪。他告诉同伴们，这个迹象是薛西斯失败的征兆。如果烟尘飘向科林斯地峡，他的陆军会输掉一场战斗；如果飘向萨拉米斯，他的海军将会失败。

"闭嘴！别把这个故事告诉任何人。"德玛拉托斯说道。"如果这些话传到皇帝耳朵里，那您将失去某些东西——项上人头。我和其他任何人都无法帮助您。保持沉默，让众神来关照大军。"[15] 德玛拉托斯说话时，烟尘飘向萨拉米斯，两人知道灾难即将发生。但他们什么也没说，直到后来，迪凯欧斯和他的后代又讲述了这个故事。

虽然迪凯欧斯的故事过于完美，不像是真的，但它的确是基于当时的常识：薛西斯的手下对他心存恐惧。因此，当他们在萨拉米斯目睹灾难正在他们脚下上演时，波斯皇帝的侍臣会否认主人看到了一切。他们可能告诉薛西斯，他的战船只是在为了一次毁灭性的进攻而重整旗鼓。他们可能已经指出，准备进入海峡的船队正声势浩大地扑向精疲力竭的敌人。他们可能会大胆地寻思如何能派一个信使带着丰厚的贿赂去见地米斯托

184

克利——也许此时，地米斯托克利也在等待着大赚一笔。如果其他所有的办法都不行，他们可能会安慰薛西斯，想一想士兵们英勇赴死时还在呼喊皇帝的名字。

他们肯定会抓住一切可用的救命稻草。一方面，他们注意到了薛西斯的一个计划已经出色地完成了，如他期望的一样。正如皇帝说过的，他的到场使得士兵们在萨拉米斯比在阿提密喜安更加拼命。不必在意他们其实更多的是因为恐惧而卖力，并非因为受到了激励。不管怎么说，他们非常卖力。卖力还有竞争的原因。

腓尼基人和爱奥尼亚人都是波斯的臣民，但他们彼此关系并不亲密。他们都有强大的海军。腓尼基人的舰队最受薛西斯推崇，但爱奥尼亚人非常想获得这种认可。要实现这一目标，需要做两件事：在海上获得一流的战功和拥有身居高位的朋友。在波斯，如果没有宫廷里的显贵来疏通关系，那什么事情都做不成。出于同样的原因，高层官员也都在寻找他们可以提携关照的对象。让急切的外国人大献殷勤，对他们来说，没有什么比这更有面子的了。因此，波斯的每个民族在宫廷里都有代言人，每次波斯的议事会上都有派系斗争。

波斯宫廷中亲爱奥尼亚派的领袖阿里亚拉莫奈斯无疑向波斯皇帝说起过，这个富裕地区的各个城市是为他们的君主而战的。他们中很少有人理会地米斯托克利让爱奥尼亚人故意消极作战的宣传。相反，爱奥尼亚人在萨拉米斯之战中的杀敌人数是遥遥领先的。"我有一份俘虏希腊船只的船长名单。"[16]希罗多德说。尽管他只提到了两位船长。

他们都来自安纳托利亚海岸附近的萨摩斯岛。一个是安德罗达马斯（Androdamas）的儿子赛默斯特（Theomestor），另一个是希斯提亚埃乌斯（Histiaeus）的儿子菲勒克斯（Phylakes）。如果不忠于希腊的问题让他们感到不安，那么每个人都能从本岛的历史中找到安慰。无论萨摩斯人的道德说教者宣扬什么美德，忠诚都不是其中之一。在机会主义者的世界里，萨摩斯人表现突出。

在长达两代人的时间内，萨摩斯人一直摇摆反复。前525年萨摩斯的僭主波吕克拉特斯（Polycrates）威胁要帮助埃及对抗波斯。后来，前517年前后，波斯征服了萨摩斯，驱逐了波吕克拉特斯，并让波吕克拉特斯忠于波斯的兄弟索利森（Solyson）取而代之。接下来，在前499年，爱奥尼亚人反抗波斯时，萨摩斯加入了反叛军。也就是说，他们最初加入了反叛者的队伍。在前494年的拉德海战中，萨摩斯人的船队在希腊的右翼，有60艘战船之多。他们在战斗打响之前就逃跑了，挽救了自己，却导致了反叛的失败。

赛默斯特可以为背叛希腊的行为辩护，声称这是为了实现更高的目标：为一个伟大的帝国效力。或者他可能满足于一个更低的目标：心怀感激的薛西斯可能会给他一些回报。

结果，萨拉米斯海战之后，薛西斯缺少能授以荣誉的英雄，因此萨摩斯人就有机会索要一个奖励。赛默斯特被任命为萨摩斯岛的僭主。菲勒克斯被赏赐了一大块地，并被任命为波斯皇帝的"恩主"（benefactor）之一，"恩主"也称作orosaggai，是个精英团体。

然后是阿尔忒弥西亚。当他的朝臣提到她撞击敌船的壮举时，薛西斯表现出明智的怀疑。"那真的是阿尔忒弥西亚吗？"[17]他问。薛西斯的发问表明，从他坐的地方很难看清楚具体情况。难怪一位罗马时代的作家讲述了一个关于蛇的寓言故事。这条蛇的视力极好，可以看到两英里外的情况，它跟薛西斯一起在一棵金色的梧桐树下，汇报了山下阿尔忒弥西亚的功绩。[18]事实上，薛西斯手下无疑有目光锐利的侦察兵，他们坚称可以清楚地看到阿尔忒弥西亚船上"明显的标记"。[19]

可以想象，他们辨认出的是船头上绘有船名的牌匾。另一种可能是，阿尔忒弥西亚的船上饰有形态较大、明显可见的东西，类似于萨摩斯人五十桨战船的野猪鼻状的撞角，或者腓尼基人三层划桨战船船头的人头形塑像。但是在那种情况下，阿米尼亚斯也应该会认出她的船。

还有一个说法是，阿尔忒弥西亚提前计划好了，带了一套希腊的信号旗到船上。[20] 她决定撞击达玛西提摩斯时，把船上的波斯旗帜换成了希腊旗帜。但是阿米尼亚斯和薛西斯的朝臣都会认为阿尔忒弥西亚的船是希腊的，所以这无疑是一个荒诞的故事。

有没有可能薛西斯的手下完全知道阿尔忒弥西亚撞了一艘波斯战船，但他们撒谎是为了让波斯皇帝再多做思考，而不是把身边的人都处决掉？阿里亚拉莫奈斯，腓尼基人的敌人，可能急切地歪曲事实，以便进一步证明腓尼基人的无能。我们甚至可以考虑他和阿尔忒弥西亚之间预先设计阴谋的可能性。但是所有这些都只是推测。

薛西斯的认可，不管是如何获得的，对女王来说都是个好消息。然而，如果达玛西提摩斯船上的幸存者告发她，那将事与愿违。她很幸运，没有幸存者。这对阿尔忒弥西亚来说是意外的好运，因为船被撞后，船上的人全部遇难的情况是罕见的。船员通常有时间弃船逃命。除波斯人和米底人之外，达玛西提摩斯船上的大部分船员都会游泳，因为他们常年生活在岛上。

是运气使然？达玛西提摩斯船上的 230 名水手不可能无一人生还，除非有人试图杀死他们。这个人可能就是阿尔忒弥西亚。她有制造大屠杀的强烈动机。她不仅害怕幸存者揭露真相，而且不喜欢达玛西提摩斯，她需要让后面追击的雅典人相信她是站在他们一边的。最好的方法是遵循常规，这意味着她命令弓箭手射杀卡林达的幸存者。她甚至可能已经派她的舰载步兵登上了达玛西提摩斯战船的甲板实施攻击。

阿尔忒弥西亚的确有勇气下令血洗盟友，但是她的士兵会服从吗？可能他们对女王无比的忠诚，倘若她下令袭击薛西斯的宝座，他们也会照做。早在萨拉米斯之前，阿尔忒弥西亚就精心挑选了她旗舰上的船员，对他们关照有加。她招募的卡里亚划桨手和舰载步兵能获得很高的薪水，划桨指挥也很随和。她对来自雅利安和塞克的舰载步兵的指挥官也极尽甜言蜜语。

她习惯于亲自跟他们每个人谈话，告诉他们她跟其父辈是多么熟悉，并为他们儿子的健康祈祷。她会把守护她帐篷的荣誉给予其中最优秀的人。她向指挥官们口述指令时，通常使用德尔斐神谕式的神秘方式。有船员侮辱同伴，说他们对一个女人俯首帖耳，结果往往会招致一顿暴打，她从不阻止。

当达到目的后，阿尔忒弥西亚会把她的大部分手下变成听话的工具——其余的人会因为害怕而不敢反抗。如果达玛西提摩斯侮辱过他们的女王，那么就应当以神的名义，让他的船沉没，以捍卫追随女王的那些人的荣誉。如果阿尔忒弥西亚希望她的舰载步兵大开杀戒，他们就会喝下卡林达人的血，如果那样可以取悦她的话。

尽管如此，可能仅仅是附近有希腊人，才注定了达玛西提摩斯的命运。阿尔忒弥西亚心里会想，希腊人能够帮她干掉达玛西提摩斯的船员，为什么要让她的手下做些他们以后可能会后悔的事情呢？对于她的手下来说，撞击了盟友的船，陷入了被怀疑的境地，以后肯定对此紧闭嘴巴，保持沉默。

周围有许多希腊船只，卡林达人被杀掉的方式有很多。在蓝色的爱琴海里游泳是一回事，在一场大海战后漂满尸体和残骸的水域中游泳是另一回事。有些人可能无法通过游泳逃生。即使是游泳好手也可能被掠过的三层划桨战船的船桨击中头部，或者被拽到船下活活淹死。其他人可能被敌人的投枪刺杀。但是最大的威胁是弓箭手，落水的人很容易成为弓箭手的靶子。

可以理解的是，在希腊人的一些记载里，完全看不到萨拉米斯海战中希腊人对落入水中的敌人实施的暴行，但这种事情可能很多。海上的野蛮行为是复仇之战和你死我活的斗争中司空见惯的。例如，前433年的一场三层划桨战船之战在愤怒的科林斯与其忘恩负义的前殖民地克基拉岛之间展开。科林斯赢得了战斗，通常情况下，船长会在沉船残骸中航行，打捞一些敌人的船体以供自己使用。科林斯的船长们则是寻找克基拉的幸存者并在水中将他们屠杀。前413年，叙拉古拼死抵抗雅典的入侵。当三层划桨战船在叙拉古的港口战斗时，叙拉古人增派了不少小船加入鏖战，一些船上载着年轻人，他们用干草叉刺杀弃船跳入水中的雅典人。

石头也成为好武器，被投向水中的敌人。我们知道雅典人在萨拉米斯战役中用石头对付波斯陆军。在萨拉米斯的希腊船队中有不少小船，雅典人同仇敌忾，用小船来执行复仇任务，正如雅典的船长们时刻准备屠杀曾经亵渎他们神殿的敌人。

提莫西亚斯提出了一个很好的建议，即希腊人向波斯船只发射燃烧的箭。他说道："用大火覆盖［……］木头的夹板；他们蜂拥在一起，被长着翅膀的青铜利头屠杀［……］。"[21]他还说："熊熊的大火伴着浓烟，会烧死［波斯的年轻士兵］。"[22]波斯人在攻击雅典卫城时使用了这些武器，可能在萨拉米斯又一次使用了。至于希腊人如何看待这场战斗，提莫西亚斯的描述并没有流传下来。

无论使用火箭、矛、干草叉、石头还是双手，在萨拉米斯战役中，希腊人都是很残忍地对待落水的波斯人。我们可以肯定，这是因为波斯人入侵希腊人的家园时，曾虐待王室成员的尸体，抢劫私有财产，焚烧神庙，奸淫、奴役和杀害平民。除非希腊人是天使，才能不进行任何报复。所以面对阿尔忒弥西亚的手下和附近希腊战船上的士兵，达玛西提摩斯和他的船员没有逃脱的机会。

但如果希罗多德的消息来源是可靠的，薛西斯并不知道达玛西提摩斯的船员是狡猾女王的受害者，他认为阿尔忒弥西亚撞击了一艘希腊战船，这对他来说是黑暗的一天中发生的大事情，这也是一件痛苦的事。正如薛西斯在总结波斯作战不利时说的一句话："我手下的男人变成了女人，而我手下的女人成了勇敢的男人。"[23]

毫无疑问，阿米尼亚斯对自己的男子气概感到满意，即使一艘神秘的船让他错过了猎物。他的怒火让其他不少船遭了殃。我们不确定他那天在萨拉米斯撞击了多少敌舰，但我们知道阿米尼亚斯因为作战英勇而赢得了奖赏。他的美名流传下来。希罗多德和普鲁塔克都写过他的事迹。一个多世纪以来，帕勒涅的每个学童都可能听说过阿米尼亚斯，他是该德莫区最受人喜欢的人。在这个阿提卡乡间寂静的小镇里，除了阿米尼亚斯，没有其他哪个人能配得上这一荣誉。帕勒涅的年轻人参观当地的雅典娜神庙时，很可能看到了阿米尼亚斯存放在那里的战利品，这是向他的家乡女神表示感谢的惯常姿态。因此，在萨拉米斯海战一个世纪后，雅典海军以帕勒涅德莫区的名字把一艘战舰命名为"帕勒涅"，让人们的思绪又回到了阿米尼亚斯在萨拉米斯海峡的高光时刻。

189

第十一章　萨拉米斯海峡：夜晚

　　克瑞斯（Crius）的儿子波律克利托斯（Polycritus），是埃伊那岛一个大家族的继承人，这一家族无论是世系还是财富都首屈一指。他坐在船尾等待着。他的船队在海峡出口处搜寻敌人。在那里，每当一艘波斯船急匆匆地朝法勒隆逃去，一个有着青铜喙的埃伊那杀手就会跟踪他的猎物。每当撞角撞进一艘波斯船的船舷，勇敢的波律克利托斯就会想象听到一个吟游诗人的歌声，颂扬全希腊最伟大的海军中最伟大的人物。无须在意雅典战船的数量，只有民主制度下的乌合之众才将数量与卓越混为一谈。埃伊那岛的 30 艘三层划桨战船胜过雅典的小船，就像贵族胜过暴民一样。我们可以想象波律克利托斯就是这么想的。

　　筋疲力尽，严重脱水，双手生满老茧，腿部抽筋，由于擦伤和箭伤而流血不止，气喘吁吁，大汗淋漓，饥肠辘辘又怒火中烧，埃伊那岛的划桨手们一小时接一小时不停地划桨，一次又一次地杀戮。他们对垂死者的尖叫声和观战者的呼喊声充耳不闻，拼命压制着他们想要发出的吼叫，除了划桨指挥的号令和尖厉的笛声，他们什么也听不见。在他们下面，"青绿色的

大海波纹荡漾……船过之处，船上溅落的鲜血将海水染红。战斗的呐喊声与痛苦的尖叫声混杂在一起"[1]。同时，在甲板上，埃伊那的舰载步兵前仆后继，一旦有人被波斯的箭射中，接着就有人顶上去。

　　因战船沉没而落水的人在不断挣扎，"海水泛起的泡沫直冲进他们的喉咙"[2]；他们大口喘气，吐出咸咸的海水；他们咬牙切齿，大声辱骂；他们打着寒战，看天色渐晚，无比愤怒。成功游到阿提卡海岸的腓尼基划桨手们"赤身裸体爬上岸去，身体都要冻僵了"[3]。埃伊那人的三层划桨战船仍在划动，

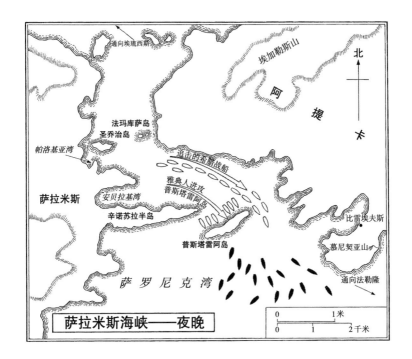

搜寻新的目标。

　　波斯人直到晚上才放弃抵抗。[4] 这个听起来无害的事实凸显了波斯溃败的不同寻常的本质。一旦希腊人突破了波斯的阵线，把腓尼基人和爱奥尼亚人打跑，这场战斗实际上已经结束了，剩下的就是希腊人的追击了。然而，此后战斗却又持续了几个小时。这要归咎于地理和政治因素。狭窄的萨拉米斯海峡使得波斯舰队的前锋向法勒隆败逃时不可避免地撞上仍在向海峡进发的船只。

　　埃斯库罗斯描述了由此导致的碰撞场景——

　　　　　　起初波斯人浩浩荡荡的船队
　　　　　　保持稳定。但当大量的船只
　　　　　　涌进海峡，彼此之间难以相互帮助，

193

实际上，他们被自己人的青铜撞角击中，

巨大的舰队开始瓦解。

希腊战船趁势开始灵活地四处攻击

围成一圈，船体上下颠簸

再也看不见大海了，因为它已经

被沉船的残骸和尸体填满。[5]

希腊诗人提莫西亚斯的记载与此类似："野蛮人的船向后逃窜，冲了过去；一队战船沿着狭长的水面航行，与另一队撞在一起，瞬间碎裂……"[6]

但是，为什么波斯的三层划桨战船在他们最厉害的分队战败之后继续向前呢？当然，失败的信息需要以某种方式在船与船之间传播。问题不在于沟通不畅。相反，失败的消息越多，后面的将士越觉得有机会证明自己。波斯的船长们使出浑身解数，要到前锋线上占据一个位置，以便能够在撞击敌舰的时候让薛西斯看见，然后被记录在日后的奖励名单里。在萨拉米斯，各个希腊船队竭力搁置他们之间的争议，为共同的利益而战，而波斯的各个分队考虑的是各自与波斯皇帝的关系。

出于同样的原因，波斯战队如果认为继续战斗的成本会超过他们可能获得的奖励，就会失去兴趣。斯巴达人在温泉关情愿战斗到最后一个人，而腓尼基人意识到无法击败雅典人之后决定掉转船头，离开萨拉米斯。二者相比，高下立判。斯巴达国王列奥尼达为至高无上的事业而战，而腓尼基国王铁特拉姆但司托斯只考虑胜算大小。自由是值得为之付出生命的，但是用生命从波斯皇帝那里换取永远无法享受的权利是没有什么好处的。

194 到9月25日晚上，希腊人已经将陷入混乱的波斯人击退。萨拉米斯的战斗回到了前一天晚上波斯人开始行动的地方，即海峡的东端。当埃伊那人潜伏在海峡出口时，海峡内的雅典人将波斯船只赶进他们的包围圈中。同时，一支雅典人的突击队在普斯塔雷阿岛登陆，就在埃伊那人分队的南边。在那里，另一个骄傲的人带回了经过血战获得的战利品，为自己赢得了荣耀。他就是雅典的利西马科斯之子阿里斯提得斯。尽管他们各自的城市是竞争对手，但阿里斯提得斯和波律克利托斯有一个共同之处：对地米斯托克利的仇恨。来自希腊其他城市的船只也杀死了数量可观的敌人。我们仅提及克罗顿、纳克索斯岛和科林斯。

我们可以想象，要想让埃伊那人伏击成功，就要先把波斯人从普斯塔雷阿岛赶走，这是十分关键的。如果他们留在那里，就可以给波斯舰队发出有埋伏的信号，这将会让一些波斯的三层划桨战船逃脱，逃脱的方式可能是加速航行，或者紧贴海岸，或者沿"之"字形路线逃跑。最重要的是，如果埃伊那人想把他们的船只藏在普斯塔雷阿岛的背光面，波斯人就可能会用箭威胁他们。所以，波斯人必须被赶走。除此之外，雅典人还想尽可能地把异邦人从他们的土地上赶走，一寸土地也不退让。

这项任务被指派给阿里斯提得斯指挥的一队雅典步兵。这位"勇敢的人"[7]，"雅典人中最优秀的人"[8]，似乎在雅典最伟大的海战中没有指挥过一艘战船。考虑到他是一个政治流亡者，这不足为奇。相反，当希腊人冲破了波斯人的阵线，波斯皇帝的三层划桨战船陷入一片混乱时，他迎来了辉煌的时刻。在这个时候，减少萨拉米斯海岸沿线的雅典步兵是安全的。阿里斯提得斯召集了许多人，我们不知道具体有多少，然后让他们登上小船。他们在普斯塔雷阿岛登陆，把那里的波斯人杀得片甲不留。据罗马时代的一份文献称，普斯塔雷阿岛上有400名波斯人。很显然，复仇和嗜血精神激励着萨拉米斯的希腊人。

埃斯库罗斯通过一个波斯信使的口，用夸张的词句描述了这一事件——

195

> 神把海战胜利的荣耀赐予了希腊人，
>
> 就在那一天，他们穿着厚重的青铜铠甲，跳下船，把整个岛包围了起来。
>
> 我们［波斯人］陷入困境，无计可施。许多人倒在地上，
>
> 被希腊人手中的石头或强弓射出的箭杀死。
>
> 最后，他们一起向我们冲来，发起攻击，如同切肉一般砍去我们不幸的四肢，直到所有人的生命都被彻底夺去。9

将被困的波斯人干净利落地屠杀掉是一个壮举，但并非难事。

普斯塔雷阿岛的大屠杀和埃伊那人的伏击都是清除敌方残余的行动。波斯海军已被击败。现在是尽可能多地杀敌人的时候了。只要波斯人把陆军留在阿提卡，他们就可以将法勒隆作为舰队的安全基地。希腊人无法阻止所有的波斯战船逃离，但他们努力去撞击更多的敌舰。

在萨拉米斯，埃伊那岛的海军展现了其伟大的传统。和腓尼基人的众多城市一样，埃伊那岛是水手的家园。商人积累了大量财富。例如，拉俄达玛斯（Laodamas）之子索斯特拉图斯（Sostratus）是前6世纪希腊最富有的商人。由于其发达的贸易，埃伊那岛养活了4万多人，尽管这个小岛的农田仅够养活大约4000人。

埃伊那岛的海军统治了萨罗尼克湾数十年。甚至他们信奉的神灵也被尊为海战中强大的保护者，希腊人在萨拉米斯战役前一天请求获得埃阿科斯和他儿子们的雕像便是明证。埃伊那

岛的海军曾称霸一时，前483年之前，雅典尚未建造新的舰队，不得不从科林斯另外租用战船，以便与埃伊那岛作战，这些租用的战船只确保了雅典暂时的胜利。在很久以前，有一个难忘的时刻，或许是在前7世纪，埃伊那岛人大败入侵的雅典军队，后者只剩下一个人活着回去报告消息。等他跌跌撞撞地回到家，立刻就被一群愤怒的雅典寡妇杀掉了。她们用固定衣服的大头针刺死了他。

在萨拉米斯，埃伊那的水手不仅想打败波斯人，更想证明他们才应该统治海洋，而不是自命不凡的雅典人。最重要的是，雅典的民主政治让埃伊那岛上层阶级脊梁骨发凉。仅仅十年之前，他们被迫镇压了岛上进行的一场民主革命。他们被激怒了，捉住了一个在神庙中寻求庇护的革命者，砍掉了他的双手。雅典暗地里支持了那场革命，所以在萨拉米斯，来自埃伊那岛的舰载步兵和指挥官们空前团结，积极行动，以证明他们的寡头政治比雅典民主更优越。在他们眼中，雅典的民主是暴民统治。说埃伊那人而不是雅典人在萨拉米斯第一个撞击了波斯战船，无论是不是真的，埃伊那人肯定觉得，这个荣誉理应属于他们。

196

埃伊那人对雅典人的不信任可以解释为什么他们没有把所有的三层划桨战船派往萨拉米斯。他们最好的三层划桨战船参加了战斗，其他战船则留在家中。也许他们担心雅典可能与波斯人做交易，所以他们想保留一支后备力量来保卫自己的岛屿。另一个考虑就是防御波斯人入侵。

克瑞斯之子波律克利托斯是一个以他的血统为荣的人，具有波斯显贵的做派。每个古希腊名字都有字面意思，波律克利托斯对自己的名字格外珍视，这个名字继承自他的爷爷。"波律克利托斯"（Polycritus）的字面意思是难以衡量的优秀、公羊（Ram）之子。在萨拉米斯海战十年之前，雅典人羞辱了

"公羊"*。前490年，波斯人准备从马拉松入侵雅典，而埃伊那岛则向波斯献出了水和土，以示顺服。毫无疑问，岛民很高兴加入如此强大的盟友，来对抗他们的仇敌。

但是雅典人争取到了斯巴达人的帮助，进行了反击，斯巴达在当时就对波斯恨之入骨。斯巴达国王克莱奥梅尼（Cleomenes）航行到埃伊那岛，要逮捕他判定的希腊叛徒。但他被一个意志坚定的埃伊那人阻止了，此人不是别人，正是波律克利托斯的父亲克瑞斯。克瑞斯并没有被克莱奥梅尼吓倒，他指控克莱奥梅尼受贿。

克莱奥梅尼气急败坏，却无可奈何，他发誓要带着援军回来。他以不露声色但又咄咄逼人的拉科尼亚式的机智，对那个名字的意思是"撞角"**的人说道——

197

　　　　最好把你的角包上青铜，因为你要消除自己的很多麻烦。[10]

克莱奥梅尼很快返回，并逮捕了克瑞斯以及其他9位知名的埃伊那人，将他们全部当作人质，送给了他们的死敌雅典人。此后，无论是外交手段还是武力手段都无法使他们再回到埃伊那岛。我们不知道他们是否曾返回故土，抑或在雅典去世。

为了在前480年建立反对野蛮人的共同阵线，波律克利托斯可以原谅雅典人的所有罪行，只有一项除外，他不能原谅雅典因与克莱奥梅尼结盟而让他父亲受到伤害。波律克利托斯做好了准备，要让每一个雅典人在口中默念他父亲的名字。在海

---

* "克瑞斯"的意思是"公羊"。——译者注

** "公羊"（Ram）的拼写与"撞角"相同。——译者注

峡的出口处，他朝自己的目的进了一步。雅典人将波斯战船驱
逐出航道时，埃伊那人收网了。希罗多德写道——

> 当野蛮人被击溃，向着法勒隆逃窜，埃伊那人在必经
> 的通道设下埋伏。[11]

希罗多德所说的"通道"指的是萨拉米斯海峡的出口、海
面向外扩展的区域。[12] 我们可能会猜测，阿里斯提得斯指挥
的行动在此地将波斯士兵赶出去之后，埃伊那人将他们的船藏
在了辛诺苏拉半岛或者普斯塔雷阿岛的后面。划桨指挥对划桨
手说："安静，孩子们。"此时，波律克利托斯的船还在悄悄隐
蔽着。我们可以想象，他们静静地坐着，直到下一艘波斯战船
驶过，拼命向法勒隆方向逃去。波律克利托斯在下令攻击之前
要仔细盘算，等待足够长的时间，找到足够好的时机，为撞击
做充分的准备，不能让波斯战船往前走得太远，免得它们趁势
逃脱。

与雅典合作为埃伊那岛提供了抢其宿敌风头的机会。波
律克利托斯的三层划桨战船刚刚撞击了一艘正在逃离的西顿战
船。不管他是否知道，这都是一个特殊的奖励，因为这艘船被
波斯人评为他们整个舰队中速度最快的10艘船之一。波律克
利托斯随后发现了地米斯托克利的旗舰，这艘船正在追赶逃跑
的敌舰，碰巧离他很近。这时，天色渐晚，雅典的三层划桨战
船正在进行两场不同的战斗，一场是要跟坚持抵抗的敌舰作
战，另外一场则是追击已经放弃战斗正在逃跑的敌舰。敌人的
抵抗接近尾声的时候，像地米斯托克利这样重要的指挥官才会
离开海峡。

接下来，波律克利托斯命令引航员将他的三层划桨战船开
到地米斯托克利的战船与一艘敌舰之间，可能是地米斯托克利

198

正在追击的那艘。埃伊那的战船距离很近，波律克利托斯完全可以对地米斯托克利大喊大叫。他嘲笑地米斯托克利批评埃伊那人"米底化"，即支持波斯人。看来这是地米斯托克利惯常表达的一个主题，也许是他在军事委员会上当着埃伊那人的面无意中说出的话。现在，波律克利托斯说了一番话："我们是米底人吗？地米斯托克利，我会告诉你谁是米底人！"[13] 说完，波律克利托斯撞向了敌舰。地米斯托克利即使做出了回应，也没有被记录下来。

波律克利托斯享受这种复仇的感觉，也惊叹于他的舰载步兵登上被撞的西顿战船时的发现。他们找到了一个同胞，伊舍诺斯（Ischenöos）的儿子皮西亚斯（Pytheas）。

8月，皮西亚斯在一艘埃伊那的三层划桨战船上充当舰载步兵，船长是阿索尼戴斯（Asonides），船在希腊北部的斯基亚索斯岛附近被敌人俘获。波斯人还俘获了另外两艘希腊的三层划桨战船，一艘来自特罗森，另一艘来自雅典。雅典人的船搁浅了，船员四散逃命。特罗森的船员被抓住，一名舰载步兵被割开喉咙当作祭品。埃伊那三层划桨战船上大多数舰载步兵很快被俘虏，但皮西亚斯奋力抵抗。他使袭击者陷入混乱。[14]

这是在阿提密喜安战役之前希腊和波斯船只的首次交战。虽然波斯人数占优，战船数量是10艘对3艘，但希腊人进行了更为顽强的战斗。皮西亚斯是唯一体现抵抗精神的人。希罗多德评论说："那天他表现得最为勇敢。"[15] 皮西亚斯持续战斗，直到他身受重伤。

他终于跌倒在地，但仍在呼吸。敌舰上舰载步兵中大多数都是波斯人，波斯人非常钦佩勇敢的人。因此，他们尽力救了皮西亚斯的命。他们将没药敷在他的伤口上，没药是一种从红海岸边的沙漠灌木中收集的芳香树脂，它具有抗菌的作用，在古代用于治疗外伤。没药也被用作熏香。波斯人用细麻布长条做绷带给皮西亚斯包扎，这种布在古埃及用来包裹木乃伊。然后他们把他带回希腊北部塞尔马（Therma）的营地，向全军展示，表达钦佩之情。其他埃伊那人的俘虏都被当作了奴隶。

皮西亚斯本该丢了性命，但在萨拉米斯，他就被关在俘获他的那艘西顿战船上。希腊对波斯的反抗兜了个圈又回到了原地。第一个在海上抵抗波斯的人，在希腊海军取得最伟大的胜利那天，被自己的同胞解救了出来。

皮西亚斯的故事只是萨拉米斯战役中不同寻常的故事中的一个。另一个例子是法洛斯（Phayllos）的故事，他是在萨拉米斯作战的一艘三层划桨战船的船长，来自意大利南部的希腊殖民地克罗顿。法洛斯在希腊已经很有名了，他在德尔斐的皮提亚运动会（Pythian Games）上获得三项冠军：一次是在赛跑中，两次是在五项全能项目中。五项全能项目包括掷铁饼、掷标枪、跳远、赛跑和摔跤，是很艰苦的比赛。皮提亚运动会是泛希腊运动会，就像地峡运动会和尼米亚运动会（都在科林斯附近）以及最著名的奥林匹克运动会一样。前480年，他的运动员时代早已成为过去，那时法洛斯50多岁了，但他的美名流传下来。这位上了年纪的冠军放弃了舒适的退隐生活，来帮助在萨拉米斯的希腊事业。法洛斯是一个贵族，非常富有，他支付自己三层划桨战船上船员的薪水，船员主要是住在希腊的克罗顿人。这是在萨拉米斯参战的唯一一艘来自意大利或西西里的战船，在战斗中表现非常出色。法洛斯的船员在战斗中俘获了好几艘波斯战船（我们不知道确切的数字）。战争结束后，法洛斯在雅典卫城竖立了自己的雕像，宣扬他的胜利。

但在萨拉米斯最成功的波斯杀手可能是希腊船长——纳克索斯岛的德谟克利特，他是第三个投入战斗的，紧随帕勒涅的阿米尼亚斯的战船和载有埃阿科斯和他儿子们雕像的埃伊那战船。纳克索斯岛已向萨拉米斯派出了四艘三层划桨战船，但是为波斯而不是为希腊而战。纳克索斯岛是爱琴海的一个大岛，前490年被波斯洗劫一空，掌权者无意反抗。但是德谟克利特站了出来。他虽然只是一名船长，却是岛上最负盛名的人之一。他说服其他纳克索斯岛人在萨拉米斯之战中加入希腊阵营，而不是去法勒隆为波斯人卖命。（帕罗斯岛是纳克索斯岛的邻居，也是竞争对手，也与法勒隆撇清关系，但帕罗斯人没有在萨拉米斯帮助希腊人。由于雅典人曾在前489年试图征服帕罗斯岛，帕罗斯人对雅典人就像对波斯人一样没有好感。因此，他们置身事外，静观哪一方将会获胜。）

德谟克利特在萨拉米斯度过了美好的一天。当代诗人西摩尼得斯用下面的话来赞美他——

> 德谟克利特是第三个在萨拉米斯开始战斗的人
> 希腊人和米底人在海上作战。
> 他将五艘敌船劈成碎片，又俘获了第六艘，
> 那是一艘被野蛮人拖走的多利亚人的船。[16]

换句话说，德谟克利特一共击毁了5艘波斯战船，并从波斯人手中夺回了一艘希腊战船。我们可以想象，这些波斯船只都被撞毁了，但胜利者仍然可以将其打捞上来。

一个船长创造了击溃至少6艘船的战绩，令人惊叹。在双方的舰队中，像德谟克利特这样的人不可能太多，然而后来他并没有因为英勇而获得奖励。奖励给了埃伊那岛的波律克利托斯，然后是两个雅典人，即帕勒涅的阿米尼亚斯，还有阿那几洛斯（Anagyrus）德莫区的欧迈尼斯（Eumenes），我们对后者一无所知。我们还听说了另一位雅典船长，也许是联合船长（有时船长的职位由多人担任），名字叫索希柯勒斯（Sosicles），来自巴沙尼亚（Pasania）德莫区。我们不知道

这些人是否比德谟克利特击毁了更多的波斯三层划桨战船，也许他们获此殊荣、赢得美名是因为他们所在的城市更具影响力。无论如何，德谟克利特在萨拉米斯的表现代表着希腊在那场战斗中的成就。

科林斯也享有它的荣耀。一位名叫狄奥多罗斯的科林斯船长俘获了一艘敌舰，还有其他立功的科林斯船长，名字不详。科林斯的水手冒着生命危险和他们的希腊同胞在萨拉米斯并肩作战，一些科林斯人死了，被埋葬在萨拉米斯城外的一个纪念地。

可能是科林斯的船队在黎明时分拉开了萨拉米斯战役的序幕。它们向北航行，作为诱饵，诱骗波斯人相信希腊人在逃跑，也许是为了让波斯人撤走一部分战船。我们继续还原当时的场景，战斗一开始，一艘希腊人派出的小船就跟在科林斯人后面，把他们叫回来。他们收起船帆，迅速划回来，加入附近雅典人和埃伊那人的战斗，致使腓尼基船队毁灭。

我们大致可以还原科林斯人的战斗经历。到前5世纪中叶，希罗多德触及这个主题时，科林斯和雅典已成为劲敌。雅典人声称，科林斯在战斗中丢了脸，而科林斯人和希腊其他地方的人说法正好相反。其他希腊人坚持认为科林斯人在战斗中非常勇敢，名列前茅。实际上，在德尔斐和奥林匹亚的战争纪念碑上，科林斯的名字被刻在第三位，仅次于雅典和斯巴达。除此之外，至少有4首赞美科林斯在萨拉米斯的贡献的诗歌流传到了罗马时代，这意味着要么雅典人诽谤了自己的对手，要么科林斯努力掩盖了其失败。控制着萨拉米斯的雅典人允许科林斯在萨拉米斯城外的岛上，在死去的科林斯人的墓碑上刻下一首赞美诗。这样看来，雅典人有诽谤之嫌。

雅典人大概是这么说的，科林斯海军统帅阿狄曼托在两支舰队第一次交锋的那一刻仓皇逃窜。他扬起船帆，向北驶去，

201

后面跟着他40艘战船的分队。但是，一艘通信快船"在神的干预下"[17]，在萨拉米斯海岸附近追上了科林斯人。一名信使谴责阿狄曼托是叛徒，并告诉他希腊人在战斗中占了上风。阿狄曼托和他的手下返回了，时间刚好是在战斗进入尾声的时候。

由于战斗持续了大约12个小时，而萨拉米斯是一个小岛，科林斯人错过了大部分战斗几乎不可能是真的。诗歌讲述了科林斯人的英勇事迹。萨拉米斯墓碑上的诗歌写道——

> 陌生人，我们曾经住在水源充足的科林斯城
> 但是现在，在埃阿斯的岛萨拉米斯，我们来到
> 这里，我们与腓尼基人、波斯人
> 和米底人作战：因此，我们保护了神圣的希腊。[18]

202

在科林斯地峡，科林斯人领地上波塞冬圣所竖立了一个科林斯纪念碑。这里是两年一度的地峡运动会的举办地。短诗表达得十分生动——

> 当整个希腊都处于危险境地
> 我们用自己的灵魂保护了她，我们在这长眠。[19]

科林斯统帅阿狄曼托曾想把希腊舰队从萨拉米斯转移到这座纪念碑（一座空墓上方的纪念碑）矗立的地方。他没有实现愿望，但至少让这里成为被纪念的地方。我们可以想象，这座纪念碑旁边是波斯在萨拉米斯被俘获的战船，据希罗多德称，在他的时代即前430年前后，纪念碑仍然保存在科林斯地峡。

阿狄曼托在科林斯有一个引以为豪的墓志铭，上面写道——

> 这是阿狄曼托的坟墓
>
> 通过他，全体希腊人戴上了为自由而战的胜利花环。[20]

也许是作为阿狄曼托宣传活动的一部分，他给孩子们起的名字都有特殊的意义。女儿们名字的意思分别是"战舰的胜利"（Naussinice）、"精选的战利品"（Acrothinium）和"防御外来武力"（Alexibia）；儿子名字的意思是"最勇敢的人"（Aristeus）。

科林斯船长狄奥多罗斯在女神勒托（Leto）神庙中还奉上了献词，上面写着——

> 狄奥多罗斯的划桨手从仇敌米底人中夺来了这些武器，并将它们献给勒托，作为海战的纪念。[21]

传统上，战士们会奉献敌人的盾牌，但也许狄奥多罗斯战船留下了船尾的装饰品。

最后，还有一个故事，科林斯的女人向阿佛洛狄忒祈祷，让她们的男人"全心全意投入与野蛮人的战斗中去"[22]。这是鼓舞人心的祈祷，因为希腊语中的"投入"一词也有"撞击"的意思。（古代的文字游戏常利用"撞击"的性暗示含义。[23]）除此之外，阿佛洛狄忒在科林斯被妓女们敬奉，一些古代作家说，不是所有的科林斯女人而只是妓女们做了祈祷。最终，在科林斯卫城的阿佛洛狄忒神庙中竖立了女人们的青铜雕像，其铭文如下——

203

> 为这些女人塑像，因为她们为了那些进行公正和公开战斗的希腊联盟及其公民
>
> 向塞浦路斯人的女神祈祷。

> 聪明的阿佛洛狄忒根本不打算
> 把她的卫城交给带着弓箭的米底人。[24]

　　这一非凡的铭文赞扬了科林斯，同时批评雅典人缺乏刚毅之气。提到阿佛洛狄忒的卫城可能会让人想起雅典娜的卫城，以及它曾被波斯人占领的历史。说到"公正和公开"的战斗可能与地米斯托克利近乎背叛的狡猾形成鲜明对比。最后，希腊语中的"公正和公开战斗"还可以理解为"用勃起的阳具战斗"。毕竟，这样的祈祷对阿佛洛狄忒来说也是恰当的。* 希腊人并非谈性色变，实际上，他们是在说科林斯人在各个方面都非常勇猛，他们在与波斯的战斗中表现出强烈的阳刚之气。

　　萨拉米斯的战斗到了正午时分，在比雷埃夫斯慕尼契亚山顶，一个波斯哨兵眺望大海，大海的颜色从青绿色到蓝色到银色再到灰色，不断变化。往东南看，他会看到法勒隆湾，波斯舰队在前一天晚上就是从这里的港口出发的。远处，群山层层叠叠，向南方的地平线延展，直到苏尼昂海角。

　　转过身向东北望去，波斯哨兵会清楚地看到雅典卫城的废墟。因出产优质蜂蜜而闻名的伊米托斯山从它的南面升起，犹如一个幕墙。在东北部，有丰富大理石资源的彭特雷山若隐若现，而松树掩映的帕恩斯山矗立在阿提卡平原的最北端。现在转向西南方，波斯人会面对远处雾霭中萨拉米斯岛上低矮起伏的山丘，后面是埃伊那岛上奥罗斯山（Mount Oros）的圆锥形山峰。回望东方，顺着阿提卡海岸的转弯处，他会看到萨拉米斯湾的入口。

　　波斯哨兵瞭望之后，感到胜利已经远去，前途未卜。时间慢慢过去，如果他继续观察，一定会看到波斯的船只逃回法

---

　　* 阿佛洛狄忒是古希腊神话中爱情与美丽的女神，也是性欲女神。——译者注

勒隆，后面紧紧追赶的是大获全胜的敌人。这是一个初秋下午的恐怖景象，大海波光粼粼，呈现出一片灰蓝色。一切都是蓝色、灰色、银色，还有血红色。

波斯的死者没有纪念地，波斯人的死亡人数远远超过科林斯人，事实上超过了所有希腊人。我们不知道有多少波斯船员在萨拉米斯阵亡。希罗多德没有尝试给出数字。他只是简单地说，除了阿里阿比格涅斯，还有许多著名的波斯人、米底人及其盟友丢掉了性命。希腊的损失很少。除非他们死于"肉搏法则"，否则希腊人往往会游至安全地带。敌人就没有这么幸运了，至少来自雅利安和塞克的舰载步兵和军官不善游泳。波斯舰队中的爱奥尼亚人和其他希腊人以及熟悉海洋生活的腓尼基人和卡里亚人肯定掌握了游泳的技巧。

埃斯库罗斯也谈到有些波斯人死于肉搏战，而另一些波斯人在短兵相接中幸存下来，最后却被淹死。他列举了在萨拉米斯阵亡的 19 个波斯"首领"[25]，其中大多数仅仅提及了名字，也许是诗人因为这些名字发音各式各样而选取的。其中之一是西里西亚的国王或叙恩涅喜斯（国王的正式称呼）。他是安纳托利亚南部一个富裕地区的重要人物。希罗多德没有提到他的死，但是如果埃斯库罗斯的说法准确，那对薛西斯来说是个沉重的打击。同样的，如果埃斯库罗斯所言可信的话，有较大伤亡的国家除了波斯，还有巴克特里亚、西里西亚、埃及、吕底亚、米西亚和腓尼基。

一位罗马时代的作者也许援引了前 4 世纪的希腊文献，他写道，希腊人在萨拉米斯损失了 40 艘三层划桨战船，而波斯人损失了 200 多艘，即 1∶5 的比例。[26] 这符合战斗一边倒的结果，也符合这样一个事实，即在萨拉米斯海战之后，薛西斯仍然拥有大量三层划桨战船。因此，这些数字可能是大致正确的。

以此为参照，波斯人损失了 6000 多名舰载步兵和少数高级军官。如果根据粗略估计，波斯舰队中有同等数量的划桨手在肉搏战中被杀，那么波斯人在萨拉米斯阵亡的人数将超过 1.2 万人。想一想达玛西提摩斯手下士兵的命运，他们全都被屠杀了，这个数字或许是最低限度了。如果波斯人损失了 2 万或更多的人，也不足为奇。

埃斯库罗斯笔下的波斯信使这样总结萨拉米斯的灾难——

> 请确信这一点：从来没有在一天之内
> 有那么多人死去。[27]

在每艘波斯战船被撞毁或逃脱后，仍然有幸存者紧紧抱住船只的残骸。如果他们是希腊人，就会被救起；如果是波斯人，就会被杀死或任其在水中淹死。埃斯库罗斯说，他们的哀号在 9 月 25 日下午 7：18 雅典的日落时分仍然清晰可闻。

那时，风浪可能已经开始无情地将尸体运送到岸上，这一过程持续了好几天。这些尸体主要来自波斯船只，战斗中伤亡的绝大多数是波斯人。埃斯库罗斯说道——

> 萨拉米斯海岸和附近各处
> 都是尸体，横七竖八，开始腐烂。[28]

还有——

> 浸泡在海水中，被风吹散的尸体
> 被挟裹着
> 向两个方向漂去 [29]

还有——

> 在萨拉米斯海角附近推罗的一艘船上掉下
> 他们躺在崎岖的海岬上。[30]

提谟修斯（Timotheus）说："繁星照耀下的大海聚集了
［波斯人的］尸体，海岸上堆得满满的。"[31] 虽然有些尸体最终
留在了萨拉米斯，但大多数的尸体似乎已被吹向阿提卡。一天
快要结束时，一阵微风从西边吹来，最终将船只残骸、桨叶和
尸体赶到了位于法勒隆以南不远的科利亚斯海角附近的阿提卡
海岸。

战斗结束后，薛西斯的首席顾问马铎尼斯当着腓尼基人、
埃及人、塞浦路斯人和西里西亚人的面，指责他们胆小懦弱。
如果他说的懦弱是指在某一时刻之后，他们放弃战斗，选择
逃跑，他可能是对的。这些船队绝不是没有任何伤亡就撤出战
场，只是每个船队都希望能减少损失。

波斯海军不适合跟既不能被恐吓也不能被收买的对手作
战，如像希腊人这样的对手。波斯舰队不像是一支海军，更像
是一个政治组织。它不是单一的结构，而是由一群首领组成，
个个都为获得波斯皇帝的青睐而竞争。与其说它是海军，不如
说它是漂在海上的宫廷。

因此，萨拉米斯的波斯舰队时而过于自信，时而过于懦
弱，他们打仗很努力，但从不机智。如果波斯大军愿意继续战
斗，可能会给希腊人造成更多的损失，如果薛西斯愿意另找一
天继续在海上厮杀，波斯人取得最终胜利的概率会增加。另
外，如果波斯人撤退时统一行动，而不是每个船队各自为战，
那也能为日后保存实力。而最终，这些方案他们都没有选。

萨拉米斯冲突留下的最重要的问题是：为什么希腊人赢

得了胜利而波斯人失败了？希罗多德跟其他古代作家一样了解萨拉米斯之战，他给出了简单明了的答案：井然有序与杂乱无章的对抗。波斯人四分五裂，而希腊人不是这样。希罗多德写道——

> 由于希腊人战斗时［每艘船］都排列整齐，摆开阵势，而野蛮人既没有保持战斗的序列，也没有做任何灵活的调整，只是期待事情会按照他们以往的经验那样发展变化。[32]

但是历史学者想再深入探究为什么波斯人四分五裂了。关于这一点，有三个答案：准备不足、指挥不力、地形不利。

9 月 25 日拂晓，波斯人震惊地发现希腊人准备好战斗了。波斯人没有为此做好心理准备。他们原本指望轻松地追击溃败的敌人，并未想进行艰苦的战斗。黎明时分，希腊人让科林斯人假装向北逃走，可能让敌人放松了警惕。在萨拉米斯，希腊人在心理上处于最佳状态，前一晚在岸上睡觉，而不是彻夜未眠，精疲力竭地划船。惊愕瓦解了波斯舰队的良好秩序。

许多波斯指挥官在战斗中丧命，包括最高级别的司令、薛西斯同父异母的兄弟阿里阿比格涅斯。波斯海军（和陆军）的指挥官更容易成为斩首的对象，因为波斯的权力更集中。波斯也不像希腊人那样鼓励个人的主动性，特别是雅典这样的民主制度更容易激发创造力。与希腊人不同，波斯指挥官并没有多少对事业的忠诚之心；相反，他们打仗主要是为了讨好薛西斯。他们没有奋不顾身战斗到最后一息的动力。波斯人的指挥方式导致了萨拉米斯战斗中波斯军队秩序的崩溃。

最后，希腊人充分利用了萨拉米斯海峡独特的地理优势。狭小的空间让波斯人难以发挥速度上的优势。出于同样的原因，萨拉米斯海峡把希腊庞大沉重的三层划桨战船从负担变成了优势。由于船只相互碰撞，波斯人在数量上的优势变成了劣势。如果再现当时的情境，那么正常情况下，早晨海风刮起，波斯战船比希腊战船摇晃得更加厉害。因此，海峡的地理特征加剧了波斯舰队的混乱。

准备不足、指挥不力、地形不利，这三个因素以致命的方式累加在一起，让萨拉米斯战役从波斯人的铁拳重击变成了希腊人的瓮中捉鳖。波斯人希望凭借人数优势一举打垮希腊人，但陷入了伏击，人数反而成了不利因素。很少有这么多人被实力弱小的一方打得如此惨烈。

雅典人和埃伊那人破坏了大部分的波斯战船。他们的成就非同寻常，但埃伊那人更胜一筹，因为其只有 30 艘三层划桨战船，仅为雅典人 180 艘的六分之一。除了载有埃阿科斯和他儿子们雕像的战船撞坏了波斯战船之外，那天早上埃伊那人无疑还击毁了不少其他敌军船只。但真正让埃伊那人在萨拉米斯大放异彩的，还是他们在下午进行的伏击。希罗多德说，埃伊那人"展示了值得赞美的功绩"[33]。这的确是高度的赞扬，正如他在书中开头许下的诺言，写这本书是"为了让那些丰功伟业不被湮没"[34]。

208

撤　退

第十二章　法勒隆

9月25日晚，西风渐强，海上的战船像是午后的微风拂过的麦浪一样起伏隐现。波斯海军正在溃逃，士兵们瘫坐着，精疲力竭。在其中一艘三层划桨战船上，瞭望员传来消息，敌人已停止了追击，但吓呆的划桨手仍在拼命划桨。当船的左舷经过比雷埃夫斯港时，引航员开始调整方向舵，准备转向法勒隆湾，船长将她的思绪转移到了岸上。哈利卡纳苏斯女王一直在思考，她知道薛西斯会召集一次军事会议。她必须好好考虑如何利用她可能获得的赞扬，她希望最高指挥官会认为她撞击的是一艘敌舰。既然她对海军遭遇惨败的预测已经成真，她知道不能过分夸大自己的功劳。同时，正如阿尔忒弥西亚懂得的，她必须让她的手下对他们在萨拉米斯真正所做的事情感到满意，并保持沉默。我们大概可以想象得出来。

在波斯舰队历史上最糟糕的一天结束时，幸存的船只退回到法勒隆的海滩，士兵们可能慌慌张张地爬上岸，冲回营地。驻扎在那里的士兵跑到船那边去帮助他们，让有空的奴隶都去运送伤员和死者。尸体将被火化，伤者被送到医生那里救治。

尸体的数量很多。在萨拉米斯战役之后的日子里，阿提卡海岸已经成为到那时为止人类历史上种族最多样的墓地。这证明了波斯帝国的种族多样性，也显示出其领导者的愚蠢。

那些在战斗中受伤的人中，四肢有皮肉伤、简单的骨折或扭伤的人还有幸存的机会。伤口会用没药、无花果汁或葡萄酒擦拭，这样能够减少感染并止血，然后用亚麻布或棉布包扎。骨折的肢体将被伸展和矫正，用含有脂肪、树脂和草药的软膏揉搓，然后仔细包扎，轻轻压住伤口。几天后，必须检查并更换绷带。扭伤和脱臼可以矫正，疼痛可以通过草药和按摩来减轻，但并不总是管用。例如，薛西斯的父亲大流士曾经饱受踝

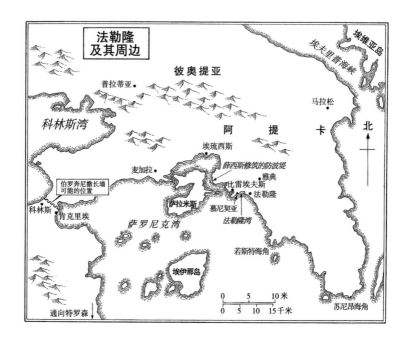

关节脱臼之苦，甚至连他的埃及医生——当时被认为是世界上最好的医生——都无法治愈他；只有碰巧来到波斯的意大利 - 希腊城市克罗顿的德摩西迪斯（Democedes）才有办法治疗。

对于任何需要手术的人来说，生存的概率都很低。古代医生携带的是青铜药箱，长约 5 英寸，宽约 3 英寸，里面的工具包括手术刀、钩子、钳子和钻头。[1] 古代外科医生很清楚清洁的重要性。希腊和近东的医生在如何从伤口中取出箭头和矛头方面取得了一些成功。他们有本事使萎缩的肺重新膨胀，并且尝试通过钻孔来治疗颅骨伤。然而，大多数经历这些手术的人存活率都很低。

荷马说："一个治疗师顶得上好多人，他会剪掉箭头，并在伤口上涂抹缓解疼痛的药物。"[2] 在萨拉米斯之战后，法勒隆湾是否有足够的医生来救治所有的伤员，还是个疑问。因此，按照我们的标准，大多数古代医生的治疗都是无效的，一些人不得不接受更糟糕的情况：从他们的战友那里寻求医疗帮助，或者从随军人员那里尝试一些魔法，比如秘方、咒语、祈祷和护身符等。战斗结束后的几个小时到数天之内，死亡人数肯定会增加。

同时，活着的人至少可以得到食物，能喝上水和酒。在海上待了近 24 小时之后，他们精疲力竭，也一定又饿又渴。尽管如此，在希腊人攻击他们之前，谈论的话题很可能会转到当晚立即撤离法勒隆。随着夜幕降临，火把照亮了营地，弥漫着沮丧的气氛。痛苦的呻吟声和为死者的哭泣声，以及谣言、抱怨和密谋的声响交织在一起。

无论那天晚上薛西斯有没有造访舰队，他都没闲着。他感到危险笼罩着他。薛西斯知道，当大流士在前 513 年入侵塞西亚时，多瑙河的桥梁几乎被切断，波斯大军差点被困住。现在，薛西斯担心达达尼尔海峡上的桥梁。他打算让残余的波斯舰队往回穿越爱琴海，以保护远征军的生命线。

但是他想隐藏自己的计划。因此，在萨拉米斯战败后，就在第二天，薛西斯紧接着命令工程师开始在大陆和萨拉米斯之间建造一条堤道。他们将腓尼基商船连接在一起，大概是那些为腓尼基军舰把补给运到希腊的船只。波斯人计划将这些船用作浮桥，同时作为围挡，以便在它们后面修筑堤道。换句话说，他们未能从海上抵达萨拉米斯，所以计划从陆路进攻。他们可能会把商船沿阿提卡海岸划到海峡里，用他们剩下的一些战舰来保护这些商船。有了规模足够大的海军护航，波斯人可能会给人留下他们正在计划另一场海战的印象，这只是他们想给希腊人提供的假情报。

9 月 26 日，薛西斯就召集了一次军事会议。与上次不同，薛西斯没有与所有的国王和各分队的指挥官见面。这次，他只

214

咨询了波斯人，但阿尔忒弥西亚属于例外。哈利卡纳苏斯女王从海峡的残骸中杀出来，就像阿佛洛狄忒在海上出现一样。她现在不仅是薛西斯随从中最有权势的女人，也是皇帝所有的非波斯人盟友中最有影响力的。

会议上，马铎尼斯建议薛西斯不必太在意萨拉米斯之战。"我们的胜败不是由木头船决定，而是由人和马决定。"[3] 他补充说——

> 波斯人不能为所发生的事情负责，你也不能说我们是懦弱的人。如果腓尼基人、埃及人、塞浦路斯人和西里西亚人都是懦夫，那么这场灾难跟波斯人无关。[4]

这种看法在波斯精英阶层引起了共鸣。当来自萨拉米斯的坏消息传到苏萨时，波斯人——

> 都撕破外衣，大声哭泣，悲痛万分，并斥责马铎尼斯。波斯人这样做与其说是为损失的战船而伤心，不如说是因为他们害怕薛西斯本人。[5]

从战略意义上讲，这些战船至少与皇帝同等重要，但波斯人的想法正好相反。

在听取了马铎尼斯和其他波斯顾问的意见后，薛西斯做了一件非同寻常的事情。他把这些人及贴身卫士都打发走了。终于，皇帝的帐篷空了，只剩下波斯皇帝和最能激发信心的那个人。如果他在萨拉米斯之战前能听阿尔忒弥西亚的建议，他现在可能已经是希腊的主人了。现在，他至少知道了该信任谁。

如果阿尔忒弥西亚停下来享受这一刻，她也许会被原谅。毕竟，她是半个克里特人，是安纳托利亚小城卑微统治者的遗孀，小城离波斯帝国的首都将近2000英里。她差一点没能从这场海战灾难中逃脱，她在众目睽睽之下背信弃义地攻击了盟友，才得以侥幸生还。在她身处的社会环境中，统治阶层认为评价一个男人"连个女人都不如"[6]是最可怕的侮辱。然而，她已经登上了权力的顶峰。

虽然薛西斯这时还未奖励她，但很快他就要表彰她在战斗中的英勇无畏。据说，阿尔忒弥西亚收到了一套完整的希腊盔甲，作为对她功绩的认可。与此同时，薛西斯给了"舰队司令"[7]一个纺锤和一个绕线杆。绕线杆是纺纱用的，在纺成线之前将羊毛卷绕在上面。在希腊，这是女性的象征。因此，给舰队指挥官一个绕线杆无疑是一种侮辱。

我们不知道"舰队司令"一词指的是哪个指挥官，可能的人选是美伽巴铁斯的儿子伽巴佐斯，他是腓尼基分队的两名波斯指挥官之一（另一个是阿司帕提涅斯的儿子普列克撒司佩斯）。从波斯波利斯的官方文件来看，伽巴佐斯可能拥有"舰队司令"的世袭头衔。[8]在罗马时代，伽巴佐斯被称为前480年的总司令，这可能佐证了他的地位。[9]但萨拉米斯战役后，伽巴佐斯的命运就沉沦了，因为他和另外两位幸存的波斯海军将领——阿契美尼斯和普列克撒司佩斯——在第二年都没有被任命为海军的指挥官。

如果说纺锤和绕线杆是一种侮辱，那么全套的希腊铠甲就意味着赞美。在战斗中，尤其是陆上战斗中表现英勇，代表着男子气概的极致。在希腊和波斯都是如此。薛西斯的礼物一定是使用了最上乘的材料和最棒的工艺：用最好的马鬃做羽饰，在头盔、胸甲和护胫甲上刻上图案，盾牌上有一个令人惊叹的纹章，可能是波斯艺术中常出现的狮子或有翼公牛的形象。

如果薛西斯真的给了阿尔忒弥西亚一套希腊盔甲，而不是波斯盔甲，这可能表现了卡里亚的惯例。卡里亚深受希腊的影响，士兵的着装参照了希腊样式。在雅典，一套盔甲和一个花环是奖励勇士的标准奖品。波斯君主对臣民的风俗非常重视。

但是当时没有人会认为薛西斯给阿尔忒弥西亚的礼物过于慷慨。毕竟，赛默斯特的奖赏是成为萨摩斯岛的僭主，菲勒克斯得到了一份田产，并加入了皇帝恩主的行列。两代人之后，贫穷的小国阿卡纳尼亚（Acarnania）奖励了一位雅典将军300套盔甲，而不是一套。[10] 但是那位将军赢得了战斗，而阿尔忒弥西亚只是在一场灾难中挽回了虚假的荣誉。

议事会于9月26日在薛西斯的帐篷里召开。薛西斯正处于万分焦虑之中，阿尔忒弥西亚在那里宽慰他。抛开她的个人魅力和卖弄风情不说，阿尔忒弥西亚是薛西斯军中最好的海战战略家。薛西斯同父异母的兄弟、卡里亚人和爱奥尼亚人的指挥官，阿里阿比格涅斯将军阵亡了。他的兄弟阿契美尼斯，平庸的埃及舰队的指挥官，蒙受了耻辱。三位腓尼基国王和两位比国王级别更高的波斯将军也蒙受了耻辱。萨摩斯人和萨莫色雷斯人的船长在战斗中杀敌很多，其他人也是如此。但是只有阿尔忒弥西亚一个人曾预言如果波斯人在萨拉米斯作战，他们将会面临灾难。最重要的是，她的仗打得十分漂亮，或者在薛西斯和他的朝臣看来是这样。

在阿尔忒弥西亚与薛西斯的私人会谈中，我们没有听说翻译的存在。如果没有翻译的话，我们可以推断，顺从的女王已经学会了波斯语，而且说得很好，因为万王之王不可能屈尊说被统治者的语言。

马铎尼斯曾建议薛西斯在两种行动方案中做出选择。皇帝要么命令整个波斯陆军在科林斯地峡对付希腊人，要么将整个海军和一部分陆军从希腊撤出，皇帝与他们一起撤离。在这种情况下，马铎尼斯将留下并指挥其余的军队。他承诺要让整个希腊臣服波斯皇帝的统治。希罗多德说，马铎尼斯更倾向于第二种方案，因为这可能会让他在远征失败后重新树立自己的声望，早前他是极力鼓吹远征的。

薛西斯问阿尔忒弥西亚推荐哪种行动方案。她回答说，马铎尼斯应该和一部分军队留在希腊。在这种情况下，风险都是他的，而如果马铎尼斯成功了，薛西斯可以把功劳归于自己。皇帝也不必担心希腊的任何威胁。"如果您和皇室都安全无事，"阿尔忒弥西亚说，"希腊人将不得不为他们的性命和财产进行多次战斗——他们将不得不经常如此。"[11] 此外，她补充道，他事实上已经把雅典烧了个精光。

阿尔忒弥西亚说出了薛西斯想听的话。希罗多德敏锐地补充道，即使周围的男男女女都让薛西斯留下来，他也不敢留在希腊，他太害怕了。然而，希罗多德也承认，薛西斯做出了慎重而及时的决定。薛西斯打了一场败仗，但他没有放弃战争。唯一的问题是战斗的策略。皇帝很快掌握了这场海战失利的全面情况。同时他也很快明白，萨拉米斯之战的结果引出一个比希腊更为重要的问题：爱奥尼亚。

在萨拉米斯，希腊人赢得了对海洋的控制。如果不加以遏制，他们迟早可以利用这一优势夺回帝国上一代来之不易的成果：希腊北部、爱琴海群岛，以及最大的战利品——爱奥尼亚。问题是如何遏制希腊人。

在短短的几天内，确切地说，在短短的 24 小时内，薛西斯想出了一个答案，一个他立即开始实施的新策略。征服希腊不再是他的首要任务。因为不能再从海上包抄敌人的侧翼，所以他的军队不能在科林斯地峡攻击希腊人。相反，他的策略是撤回所有的波斯海军和部分波斯陆军。薛西斯在希腊大陆上留下足够的军事力量，让希腊人保持忌惮，同时失去团结。另外，他将亲自率军转往帝国最需要他关注的地方：爱奥尼亚。萨拉米斯之战后的两个月，薛西斯到了萨迪斯。第二年，他留在了那里，直到前479年的秋天。

结果非常糟糕。在决定撤出雅典的一年内，薛西斯不仅失去了伯罗奔尼撒半岛，还失去了他在希腊大陆以及爱琴海东部的主要希腊岛屿上的几乎所有财产。爱奥尼亚和卡里亚两个城邦也面临丢失的危险。其他岛屿一年之后是同样的情况。前499年爱奥尼亚叛乱爆发20年后，希腊大陆上的希腊联盟正将波斯皇帝赶出爱琴海，迫使他从安纳托利亚的爱琴海沿岸地区撤退。

哪里出了问题？薛西斯犯了三个错误，但取消攻击科林斯地峡并撤回萨迪斯不是其中之一。事实上，从希腊撤军是完全有道理的。征服伯罗奔尼撒半岛这个希腊唯一没有被波斯人统治的地区，会给薛西斯带来荣耀，成为雇佣兵的来源，但除此之外别无他用。波斯帝国辽阔富饶，但希腊面积小且贫穷。尽管埃斯库罗斯的唱词优美动听，希罗多德书写了20万字的《历史》；尽管从波斯人手中夺取了大量战利品；尽管有纪念希腊胜利的大理石纪念碑；尽管有善使长矛的士兵和强大的舰队——但除此之外，希腊几乎没有什么值得炫耀的。波斯的统治者们在波斯波利斯城拥有的财富已经超过了整个希腊半岛的财富。

征服希腊可以带来的主要优势，除了荣耀，就是防御。如果不加遏制，希腊人就会向外扩张。爱琴海群岛、爱奥尼亚和埃及都可能会脱离波斯。一个不受约束的希腊为帝国其他心怀不满的民族树立了一个坏榜样。简而言之，希腊与其说是一种资源，不如说是一种威胁。

最重要的是，在与希腊的战争中消耗的时间和财富会减少管理帝国其他地方时的可用资源。乍一看，薛西斯选择从雅典撤军似乎证明了他的懦弱。实际上，波斯皇帝显示了他的成熟。他的存在能体现出的效益是有限的。无论波斯皇帝去哪儿，他的手下都可以表现得更好。当帝国的其他许多地方需要他的时候，留在希腊是不负责任的。

　　萨拉米斯战役后，薛西斯已经在法勒隆考虑其他波斯边境上的麻烦了。或者我们可以从一个泄露内情的细节中得出这样的结论：他舰队中的埃及战船——最多时曾有 200 多艘——返回了家园，但是它们的舰载步兵留了下来，加入了马铎尼斯领导的波斯陆军。这是一个有趣的选择。

　　一方面，埃及人因在阿提密喜安作战英勇而得到了奖励。他们俘获了 5 艘希腊战船，包括船上的船员和所有东西。凭借手中的登船长矛、大战斧、长刀和大匕首，他们的士兵成为一道亮丽的风景，显示了特别的实力。波斯陆军中没有埃及的步兵，这些舰载步兵可以填补这一空白。另一方面，在萨拉米斯之战中，埃及分队在马铎尼斯所列的懦夫名单中。也许他责备的是那些胆小的船长们，而非舰载步兵。也许留下埃及人的决定更具政治性，而不是出于军事上的考量。埃及舰队的司令是阿契美尼斯，他是薛西斯的兄弟、埃及的统治者。也许马铎尼斯向阿契美尼斯示好，是为了提高他在薛西斯家族眼中的地位。

　　还有一个让埃及人留在希腊的被动原因：不能让他们回到埃及。仅在六年前，尼罗河上的这个省就起兵反抗波斯的统治。如果埃及战船在风暴和战斗中幸存下来，未受太大损失——他们在阿提密喜安的英勇和在萨拉米斯隐身能说明这一点——那么埃及舰载步兵人数将达到 2000 人或者更多。2000 名武装人员目睹了波斯皇帝的失败，怎么能让他们回到对波斯缺乏忠诚的家乡呢？不出一代人的时间，埃及再次反叛。在前 480 年，波斯人可能已经预见到了。

　　当然，爱奥尼亚的舰载步兵也是潜在的反叛者。但与埃及人不同，爱奥尼亚人在萨拉米斯之战中证明了自己是忠诚而得力的水手。最好是留着这些舰载步兵参加另一场海战，而不是

219

让他们去面对斯巴达重装步兵的长矛。

到前480年或前479年，再也没听说过埃及船队的消息。显然，薛西斯觉得可以摒弃它们，还有西里西亚人、塞浦路斯人、利西亚人和潘菲利亚人的船队。剩下的只是卡里亚人、爱奥尼亚人和腓尼基人的船队，这些是波斯舰队的传统核心。现在，这支舰队将驻扎在东方。

这是薛西斯新策略的一部分。通过从希腊撤回舰队，薛西斯打破了军力平衡。没有这支舰队，波斯很难阻止希腊舰队，保持对爱琴海的控制。但这并非不可能。看似矛盾的是，波斯陆军能够打败希腊海军。这可以通过征服希腊，切断希腊海军与基地的联系来实现。但是，如果没有波斯海军提供机动性的帮助，让陆军越过希腊的防线，波斯陆军怎么征服希腊呢？

220

萨拉米斯灾难之后，薛西斯的答案是让波斯回到对付希腊人的老办法：贿赂。提莫西亚斯在描述萨拉米斯的诗中写道："战神阿瑞斯首屈一指：希腊不怕［波斯人的］黄金。"[12] 吹嘘得很好，但事实并非如此。波斯皇帝的财富仍然可以收买希腊叛徒。底比斯亲波斯的领导者是这么认为的。他们告诉统治者如何在一仗不打的情况下征服整个希腊——

> 把钱送给城市里最有权的人，您就能分裂希腊。然后，在他们的帮助下，您就很容易打败那些不忠于您的人。[13]

这是个好建议。斯巴达人非常担心雅典人会跟波斯人做一笔交易，或许已经这样做了。如果波斯人在萨拉米斯之战后进行了大规模的魅力攻势，如果他们做出一个重要的姿态，对雅典做出实质性的让步，承认其在海上的胜利，那么波斯人可能会达到目的。但波斯人只提了一个非常苛刻的条件，紧接着发动了规模不大的进攻。

波斯人认为，雅典人可以用低廉的价格收买。萨拉米斯战役后几周，波斯军队向北撤退，雅典人回到了他们残破的家园。前479年春，波斯人派马其顿国王出使雅典，他既是波斯的封臣，又是雅典的老朋友。他报告说，薛西斯现在对雅典人过去对他的冒犯给予大赦；他给予他们自治权，扩大他们的领土，并承诺承担重建他们的庙宇的费用。作为回报，薛西斯希望雅典的海军加入波斯阵营。

雅典人拒绝了这个提议，马铎尼斯在前479年6月第二次入侵阿提卡。雅典人再次撤离他们的领土，前往萨拉米斯。马铎尼斯再次派出使节，这次是去萨拉米斯，重复薛西斯的提议。一位名叫利西达斯（Lycides）的雅典议事会成员建议听完使节的话，竟被愤怒的同胞用石头砸死了。一群雅典妇女不甘示弱，来到利西达斯的家，用石头砸死了他的妻子和孩子。

在马铎尼斯看来，雅典人顽固执拗。公正的旁观者可能会说他们"意志坚定"。对阿提卡的第二次入侵只会让雅典人的抵抗变得更为顽强。这驱使他们对斯巴达发出威胁，斯巴达必须冒险从伯罗奔尼撒的坚固堡垒中杀出来，并派遣其精锐部队保卫阿提卡，否则雅典人可能跟波斯皇帝达成交易。斯巴达人同意了，波斯人招致了他们最想避免的麻烦。简而言之，事实证明，波斯人在谈判时并不比在海战中更精明。

外交上的无能是薛西斯的第一个错误。他的第二个错误是信任马铎尼斯，让其指挥留在希腊的波斯军队。一旦谈判失败，一个更加谨慎的将军将避免与希腊全副武装的步兵展开一场遭遇战。而且，如果战斗不可避免，他会坚持选择能够充分利用波斯骑兵优势的地形。但是自以为是的马铎尼斯让士兵陷入了一场地面对抗，他无法部署骑兵。在前479年8月的普拉蒂亚战役中，面对希腊方阵的猛烈进攻，马铎尼斯丢掉了性命，他的军队也遭到覆灭。

薛西斯的第三个错误是未能在东方重建他的舰队。事实证明，希腊在萨拉米斯的胜利不仅仅是海军的胜利，而且是心理上的胜利，因为它动摇了敌人对自己海军的信心。"他们遭受了巨大的打击，"希罗多德说，"在海上，波斯人的信念崩溃了。"14

无论是偶然还是有意，希腊人摧毁了腓尼基舰队，从而动摇了波斯在萨拉米斯的海战策略的基础。波斯本身不是海上强国，对腓尼基人充满了信心。对于舰队中的战船，除了腓尼基人的船队以外，薛西斯对其他任何船队几乎都不信任，即使在暴风雨和阿提密喜安之战中受到损失之后也未改变，而恰恰是腓尼基人在萨拉米斯最令他失望。

继腓尼基人的船队之后，薛西斯舰队中最优秀的两个船队是卡里亚人和爱奥尼亚人（以及其他希腊人）的船队。但是卡里亚人的船队规模从来都不大，而爱奥尼亚人不值得信赖。萨拉米斯之战后薛西斯的第一个想法是，爱奥尼亚人会把达达尼尔海峡上的桥梁出卖给希腊舰队。此外，正是因为爱奥尼亚人在萨拉米斯立场坚定，他们在海峡中也遭受重创。波斯舰队中最优秀的船队正在流血，未受伤的船队则不让人放心。

波斯人输掉了一场海战，但他们发现，与其继续在海上作战，不如干脆放弃他们的海军。确实，他们被迫回到自然的栖息地——陆地上，似乎松了一口气。与希腊人的战争又持续了一年，对抗十分激烈，但波斯舰队紧挨着安纳托利亚海岸航行。他们没有想到希腊舰队会冒险穿越爱琴海前来挑战。当希腊人在前479年8月真的杀来时，波斯人太害怕希腊人了，不敢在海上与他们作战。取而代之的是，他们将船只搁浅在萨摩斯岛对面安纳托利亚海岸的米卡勒（Mycale），结果却输掉了随后的陆上战役。希腊人在米卡勒的海滩上烧掉了波斯的船只。

在米卡勒的波斯舰队还有两件事引人注目。它总共只有300艘三层划桨战船，与萨拉米斯的大约700艘三层划桨战船相差甚远，更不用说波斯刚穿过达达尼尔海峡时的1207艘了。船队里也少了腓尼基人的船队，他们在战斗前已被派往其他地方了。不知道波斯人是想在其他地方比如色雷斯使用腓尼基人的战船，还是想确保他们的舰队中至少有一部分能幸存下来。两种动机都证明了波斯海军的羸弱。

但是，在前479年，波斯皇帝的国库并不空虚，要是把资金用于打造舰队是明智的。钱可以用来贿赂爱奥尼亚的海军将领，安抚不幸的腓尼基人，给船长们买他们需要的任何装备。从长远来看，保住波斯在爱琴海的霸权最经济的方法就是在海上为之而战。

在萨拉米斯战败后，薛西斯制定了新策略。策略很好，但他和他的将军们执行得很糟糕。结果，波斯失败了。

最重要的是，薛西斯低估了民主的力量。他既不理解民主制度的能量，也不晓得其从错误中吸取教训的能力。萨拉米斯之战后的第二天，薛西斯做了噩梦，被一支希腊舰队追击到达达尼尔海峡。一年后，他不再觉得那是可能的了。当然，他推断，如果雅典人没有在萨拉米斯之战后乘胜航行到安纳托利亚，他们就不会在前479年无法保卫阿提卡免受第二次入侵时还这样做。独裁者不知道被激怒的民众武装起来将会有多大的力量。

但是他的船长们对此十分清楚。在萨拉米斯惨败后的24小时，薛西斯舰队中剩余的战船最后一次从法勒隆湾启程。他们把出发时间安排在晚上，以便对希腊人保密。他们尽可能不被发现，但也提心吊胆。

在离法勒隆不远的若斯特海角（Cape Zoster）附近，瞭望员把一系列海岬误认为敌舰。波斯人急于逃离，阵形大乱。

223

最终，他们意识到自己的错误，又重新组合编队。

波斯舰队非常着急，想尽快到达大桥，所以他们走了最快的路线，直接向东北方向穿过爱琴海，驶向达达尼尔海峡。但是至少有一个分队沿着希腊大陆海岸更长一些的路线前进，这样能找到更多的避风处。根据两艘被伯巴瑞斯岛[Peparethos，今天的斯科佩洛斯岛（Skopelos）]俘获的卡里亚战船的命运，我们可以做出一些猜测。伯巴瑞斯岛是爱琴海西北部的一个希腊岛屿，位于埃维亚岛北部。

伯巴瑞斯岛并不是对抗波斯的希腊联盟成员。这里土地肥沃，有天然良港，可能已经设法建造了一些三层划桨战船，并配备了船员。或者可能是伯巴瑞斯的海盗袭击了卡里亚人的船。这些船可能掉队了，因此很容易被发现。无论如何，伯巴瑞斯人战争之后在德尔斐纪念了这一壮举。在那里，他们委托一位著名的雅典雕塑家为德尔斐的守护神阿波罗竖立了一座雕像。这座青铜雕像几乎是真人大小的两倍，早已不见了，但铭文依然存在。上面写着——

> 雅典人狄欧皮赛斯（Diopeithes）制作了这个雕像
> 因为伯巴瑞斯人俘获了卡里亚人的两艘船
> 他们把十分之一的战利品献给了远射战神阿波罗。[15]

阿尔忒弥西亚不在被俘者之列。薛西斯给了她一个光荣的任务，把他的私生子带到爱奥尼亚的港口城市以弗所。宦官海尔摩提莫斯跟她一同前去，并做孩子的监护人。我们可以想象，两个非常狡猾的人在同一艘船上，双方都试图从对方那里获取信息，不放弃任何机会。

薛西斯的旅途则不太愉快。他没有随舰队一起离开。萨拉米斯战役结束后，薛西斯和波斯军队在雅典停留了大约一周。

他们大概是在 10 月 2 日离开的。科林斯地峡的斯巴达人似乎准备好了在敌人撤退时进行骚扰，但是他们因为一个不好的预兆而改变了主意：国王克列欧姆布洛托斯（Cleombrotus）献祭时发生了日偏食。[16]

波斯人向雅典以北约 200 英里的萨塞利进军。在那里，薛西斯把马铎尼斯和他的部队留下来准备下一年的战斗。波斯皇帝和部分波斯军队继续行军大约 300 英里，去往达达尼尔海峡。他们前进的速度很快。总的来说，从雅典到大桥约 550 英里的路程，波斯人花了 45 天[17]，先前去雅典用了三个月，返回只用了大概一半的时间。薛西斯大概在 12 月 15 日到达了达达尼尔海峡。

这是一次艰难的旅程。[18] 波斯人计划"依靠土地生活"，这个古代委婉语的意思是从当地人那里偷窃和勒索食物。几个月前波斯人南下时，北方的希腊人知道会有麻烦，想必他们中的许多人都带着食物储备跑到山上去了。波斯人在一些地方沦落到吃草、树叶和树皮的地步。痢疾暴发了，生病的人不得不被遗弃，还有一些人死掉了。

当他们到达色雷斯的希腊城市阿布德拉（Abdera）时，薛西斯与那里的人签订了友好条约。他给了他们一把金匕首和一个金头饰，作为友谊的象征。据推测，他们犒劳了波斯人，提供的餐食比波斯人路上已经习惯的食物好很多。无论如何，阿布德拉人声称薛西斯在途中非常焦虑，以至于到了阿布德拉，他才在离开雅典之后第一次松开腰带——但是希罗多德不相信这个故事。

不久之后，当薛西斯的军队最终到达达达尼尔海峡时，他们偶遇了 9 月底从法勒隆湾向北航行的波斯舰队。由于暴风雨的侵袭，桥梁摇摇欲坠，战船载着这些人渡过了达达尼尔海峡。在海峡安纳托利亚一侧的阿拜多斯城，士兵们终于找到了大量的食物，但他们的麻烦并没有结束。饥饿的人们狼吞虎咽，水土不服又导致了一些人死亡。剩下的人同薛西斯一起继续向南到达了萨迪斯。

225

希罗多德很少在意作为战士的薛西斯，他对波斯皇帝在接下来的一年里的活动只字未提，只提到他对一个女人的热情。她是他兄弟马西斯忒斯（Masistes）的妻子，薛西斯碰巧跟她在萨迪斯一起度过了一段时间。直到后来他们都回到苏萨，他才公开了这段恋情。最终的结果是灾难性的，包括谋杀和叛乱。希罗多德从这一切中得出的道德教益是，薛西斯难以抵御欲望，以及女人的诱惑。

尽管薛西斯因为这件事让自己难堪，但他很可能在萨迪斯认真做了政治和军事方面的工作。事实上，我们可以想象，他去游说、恳求和威胁爱奥尼亚人保持对他的忠诚。令人惊讶的是，在萨迪斯度过的 9 个月里，薛西斯没有咨询住在南边仅 200 英里处的战略家、哈利卡纳苏斯的女王、他心目中比任何人都能征善战的阿尔忒弥西亚。

第十三章 安德罗斯岛

安德罗斯岛（Andros）上的空气里混合着浓烈的咸味儿，即使在帐篷里也能感受得到。走到外面的人会感觉到水面上的微风。夜晚，大海一片漆黑，但是海浪拍打着海岸的声音证明着海的存在。对于尤利克雷德的儿子尤利比亚德来说，大海是不稳定的，水手们是不可信任的。尽管他是希腊海军总司令，但他从未适应与水手们打交道，难以理解他们反抗上级的习惯。作为一个斯巴达人，他认为自己比任何外国人都要出色。两个月来，他一直忍受着地米斯托克利的无礼，在今晚的希腊军事会议上，他还要如此。尤利比亚德可能希望自己当初留在斯巴达，在那里他可以感觉到脚下的大地，平庸的人们也会安分守己，令人放心。

因此，我们可以想象这个斯巴达人看到盟友们继续争论时的挫败感。这是萨拉米斯战役结束两天后，大概是 9 月 27 日的晚上。9 月 26 日晚上，波斯舰队偷偷地离开了法勒隆湾。当希腊人得知敌人想要摆脱他们，悄悄溜走时，便立即决定追击。波斯海军已经逃跑了，在萨拉米斯象征性地留下几艘希腊战船是安全的。

那年夏天，波斯人是沿着希腊大陆的海岸航行到雅典的。当时，他们希望在阿提密喜安击溃希腊海军，这条路线具有战略意义，但这是一条从安纳托利亚出发的远路。现在波斯人急于在秋天到达达达尼尔海峡，他们肯定会绕过一些岛屿，直接穿过爱琴海。希腊人认为，他们可以从萨拉米斯直接奔向敌人必然到达的第一站：安德罗斯岛。

安德罗斯岛距离萨拉米斯大约 80 海里，即使在战斗之后划桨手非常疲惫且人手不足的情况下，也能在一天内到达。尽管希腊人很快到达了安德罗斯岛，但并没有看到任何波斯船

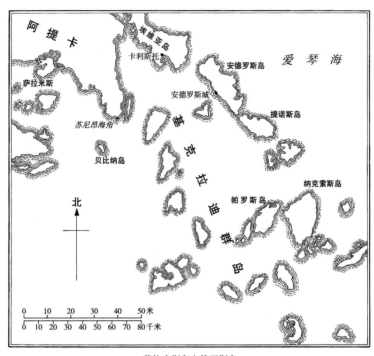

萨拉米斯和安德罗斯岛

只。如果他们想赶上敌人，他们就必须离家更远了。雅典人敢
于冒险，但这超出了大多数希腊人的预料，所以他们举行了一
次会议来决定下一步如何行动。该怎么做绝不是显而易见的，
因为在过去几天里，他们的命运摇摆不定。

9 月 25 日晚上，希腊的三层划桨战船撤回萨拉米斯，欢呼
和祝贺无疑让大战之后的波斯营地同样一片繁忙。外科医生、
士兵和奴隶急忙去救助生还者，并处理死者的尸体。当然，不
同之处在于，在萨拉米斯，雅典男人和他们在此避难的妻子与
孩子会祈祷，感恩家庭团聚，而且还会有其他工作要做。

希腊人会把双方舰队中有利用价值的残骸拖曳到萨拉米
斯。海战之后，胜利者总是要打捞抢救一些船只，并将其拖到岸上。即使被撞毁之后，三层划桨战船的木头船体仍能够漂浮在水上。修船工立即忙着修理，以使它们能再次出海。希腊派出的搜寻队在海峡中搜索船壳，只要避开阿提卡海岸的波斯弓箭手就行，薛西斯的士兵仍然控制着阿提卡海岸。这提醒人们，希腊在海上的胜利虽是惊人的，但不是完全的胜利。

事实上，希腊人在战斗后做好了再次进攻的准备。他们知道，尽管他们给波斯的战船造成了破坏，但敌人大多数的三层划桨战船逃脱了。在混战中，希腊人可能不知道破坏的船只中，敌人最好的战船所占的比例有多少。希腊人的胜利并不是不流血的，他们也遭受了人员伤亡和船只损失，即便损失远远小于敌人。

希罗多德称雅典船队是"希腊的拯救者"[1]，但在萨拉米斯战役后的第二天，希腊人还不知道这一点。他们赢得了巨大的胜利，击败了波斯舰队，但并没有摧毁它。他们起初并不了解，他们对薛西斯的意志打击有多大。

看到波斯人开始修建堤道时，希腊人不禁会对薛西斯可怕的财力感慨叹息。突然间，他们不得不担心来自陆地和海上两个方向的攻击。随后，9月27日早晨，他们震惊地发现，波斯舰队离开了法勒隆湾。我们不知道希腊人是如何获知这一信息的，因为敌人的战船已经在夜间离开了。也许那天早上，希腊人看到没有船只接近萨拉米斯，就派遣了一小队船进行调查，从而了解了真相。

前一天，希腊人会惊叹于在萨拉米斯波斯人的尸体堆积成山的壮观景象。有些人试图挣扎上岸，结果只能是被希腊士兵杀死。其他的尸体被冲上岸，但战斗开始后刮起一阵强烈的西风，把尸体吹走，它们离开萨拉米斯，朝着阿提卡方向漂去。此外，人死亡后几个小时内就要下沉，许多尸体会在海底浸泡数日，直到腐烂产生的气体再让它们浮上来。最终，萨拉米斯和阿提卡的海岸散发出人肉腐烂的气味。

死了的划桨手几乎赤身裸体，而波斯的舰载步兵会戴着金饰，贵族们的配饰更多。战利品归属于国家，或者在这种情况下，属于希腊联盟，待全部收缴后再进行分配。尽管如此，每个人都相对独立，无法抗拒诱惑，只要不被发现，就会顺手拿走能拿的财宝。在这种情形下，听听这个关于地米斯托克利和他一个朋友的故事。在一场海战之后，也许是萨拉米斯海战，他们沿着海岸行走，看到尸体跟金项圈和金手镯一起被冲上岸。朋友指给他看，地米斯托克利回应说："请自便，因为你不是地米斯托克利。"[2] 任何一个将军都无法承受不良行为被人发现的后果。

我们没有听到任何有关萨拉米斯战役中战俘的消息，尽管在海战中通常会有战俘。富裕的俘虏将被赎回，其余的将变成奴隶。可能的原因是，在萨拉米斯，希腊人太愤怒了，不愿饶恕敌人，而波斯人身处困境，难以停下来抓俘虏。波斯人确实在阿提卡抓获了至少500名雅典平民，但他们很可能被送回东方，而不是让他们在船上占据宝贵的空间。

无论如何，波斯舰队都急于撤离法勒隆。希腊人于9月27日派出了一些小船追赶逃窜的敌人，后来雅典胜利纪念碑的碑文上称之为"快船"[3]。随后，意在复仇的希腊舰队抵达安德罗斯岛。

安德罗斯岛面积很大，几乎是竖直向上的。陡峭的小山上有梯田，用来种植谷物、无花果、橄榄和葡萄。小山从海上拔地而起，像一个灰褐色的围屏，上有绿色条纹，置于珐琅蓝的背景之上。安德罗斯岛是通往埃维亚岛和阿提卡的中转站，离埃维亚岛约有7英里，距离阿提卡南端的苏尼昂约45英里。安德罗斯岛的位置既有优势，也能带来厄运。波斯人觉得这里是很好的船只停靠点，于公元前490年征服了安德罗斯岛，并强行征税。在阿提密喜安之战后，他们强迫安德罗斯人派遣船只，加入波斯舰队。因为距离萨拉米斯很近，安德罗斯人没有借口保持中立。我们不知道他们的船只在战斗中表现如何，但既然愤怒的希腊舰队突然造访，岛民们不得不做出许多解释。

安德罗斯城是一座传统的城市，控制着宽阔的海湾。它坐落在安德罗斯岛的西海岸，它的港口受不到强风的侵袭。该城位于狭长岛屿海岸线的中部，在安德罗斯岛两座最高的山峰下。

因为安德罗斯对希腊怀有敌意，希腊指挥官们可能在城外停泊舰队的岸边搭起的帐篷里举行了军事会议。尤利比亚德不得不忍受地米斯托克利的挑战。地米斯托克利表现得很轻松，像是还在萨拉米斯，他的目光越过海峡，注视着熟悉的阿提卡的群山。他像数学家推导新方程式一样，分析实际情况，对舰队总司令施加压力。

地米斯托克利认为通往伯罗奔尼撒半岛的路经过达达尼尔海峡。他让希腊战船驶过安德罗斯岛，穿过岛屿，追赶波斯舰队，直达连接欧洲和亚洲的桥梁。希腊人可以实现在萨拉米斯最初的目标：在海上击溃波斯人。薛西斯和他的军队被截杀，一定胆战心惊，几乎只能匆忙泅水回家。

即使尤利比亚德不会怜悯被打败的敌人，也肯定要向地米斯托克利的战略天才低头，因为后者的策略已经在萨拉米斯海战的刀光剑影中验证过了。不，屈服不是斯巴达人的个性。提尔泰奥斯（Tyrtaeus）——在斯巴达深受欢迎的诗人——在他的战斗颂歌中总结了斯巴达的民族精神："所以，让每个人都站稳脚跟，双脚分开，咬住嘴唇。"[4]

尤利比亚德坚决反对地米斯托克利的意见，并且拉拢了其他人支持自己。埃伊那岛和其他岛屿的指挥官可能同意地米斯托克利的观点，但是希腊大陆的人肯定认为他已经被胜利冲昏了头脑。即使希腊控制着安德罗斯岛，薛西斯仍然占领着雅典，波斯陆军正在向科林斯地峡进军。在他们生活的世界中，战斗的胜负通常由陆军来决定，大多数希腊人会认为，通往伯罗奔尼撒半岛之路显然应该穿过科林斯地峡。波斯军队仍在希腊人的家园，尚未受到重创，还能带来危险，破坏达达尼尔海峡的桥梁有什么好处呢？

232　　尤利比亚德认为，万万不可把薛西斯困在希腊，而是应该尽一切努力让其撤军回家。不去管桥梁，允许薛西斯过桥。把他隔离在希腊，就像把一头饥饿的狮子逼入绝境。这会引起野蛮人更加凶猛的反扑，他们可能会将希腊的城市一个接一个地征服。实际上，波斯人现在可能会离开希腊，因为他们已经没有了海军，而且食物短缺。

我们可以想象，尤利比亚德之所以反对地米斯托克利的计划，还有另一个或许没有说出口的原因，即承认海军至高无上的地位就等于宣布雅典的霸权。

地米斯托克利只是代表他的同胞说话，因为大多数雅典人都同意他的观点。波斯人已经明确了下一步的行动，雅典人没有心情和耐心在萨拉米斯流亡、等待。萨拉米斯海峡的胜利让雅典人相信了在阿提密喜安时还有所怀疑的事情：他们在地中海东部建立了最强大的海军。从亚得里亚海到尼罗河，没有任何海上力量可以挑战雅典舰队。意识到这一点之后，雅典人希望大声宣告，将其公之于众。

但是他们不准备在其他希腊人都反对的情况下这么做。或者说，地米斯托克利还没有准备好带领他的同胞单独执行这一策略。他意识到无法在军事会议上赢得辩论，便决定让步。他将接受大多数盟友的意见，将舰队撤回希腊大陆。首先，他必须说服雅典人。雅典舰队的士兵会毫不犹豫地将他们的盟友留在安德罗斯岛，独自去追赶波斯人。

地米斯托克利离开了军事会议，召集雅典人开会。他们坐在户外，靠着他们的战船，这是一次规模挺大的聚会。雅典在萨拉米斯集结了180艘三层划桨战船。假设雅典舰队在战斗中损失了一些船只，有一些船只需要修理，还有一些船只被留下来守卫萨拉米斯岛，雅典派出100艘战船去安德罗斯岛也并不困难。毫无疑问，其中一些船只在战斗中损失了人员；一些船员是奴隶，因此没有资格参加集会；如果说有大约1.5万名或者更多的雅典公民在安德罗斯岛聆听地米斯托克利讲话，应该没有什么奇怪的。

地米斯托克利提出了三个主题：战略、宗教和雅典人的自身利益。他军事天才的地位已经在自己人那里得到认可。地米斯托克利用男人严厉和简洁的方式发表讲话，进一步巩固他的声望。"在被迫进行战斗的时候，"他说，"战败的人奋起反击，摒弃他们早先的懦弱。"[5] 他同意尤利比亚德的观点，即将波斯人困在希腊是危险的。

233

谈到宗教，地米斯托克利说，不是希腊人击退了"一大群人"，而是"众神和众英雄嫉妒一个人——一个不虔诚的、邪恶的人——统治亚洲和欧洲"。[6] 然后，他列举了薛西斯对神庙、神像甚至大海犯下的罪行。他曾用鞭子和脚镣惩罚达达尼尔海峡，因为大海波涛汹涌，波斯人第一次架桥没能成功。

现代读者可能特别想忽略这些宗教内容，但需要记住对于希腊人来说，神的世界与人类世界之间的界限是很模糊的。例如，当一个希腊人想说他了解海战技术的局限时，可能会说他是一个敬畏神灵的人，尊重海神波塞冬的威力。当他想说希腊人在萨拉米斯巧妙地利用了自然条件，像狭窄的海峡和恰当的风力等，他可能会指明是得到了众神和众英雄的帮助。

最后，地米斯托克利建议雅典人考虑他们的家庭，重建家园，种植庄稼。春天，他们将起航前往达达尼尔海峡和爱奥尼亚。因为波斯人还在阿提卡，同很多政治家一样，他许下了一些无法兑现的承诺。毫无疑问，不必向他的听众解释波斯人在阿提卡不会久留，原因很简单，波斯人缺乏食物。但他做了一个大胆的承诺，明年将在海上发起进攻，不会在达达尼尔海峡停止，还将进攻爱奥尼亚！

地米斯托克利说的这番话获得巨大成功。他能言善辩、夸夸其谈，但是随后他做的事情则是彻底的背叛。至少希罗多德是这样说的，他说地米斯托克利派了一艘小船回到雅典，可能是一艘拥有10支桨的帆船。船上全都是他安排的亲信，他相信这些人即使遭受酷刑也能保持忠诚。他的奴隶西琴诺斯就在其中。他们去往法勒隆，到了波斯人的营地。在那里，其他人都留在船上，西琴诺斯下了船，向薛西斯转达了一个口信。

他们留在船上，说明他们有多么害怕。一条小船不可能很快从安德罗斯岛到达阿提卡，一般说来，船员会渴望上岸休息。但是他们也渴望活着。勇敢的西琴诺斯告诉波斯皇帝，他带来了关于地米斯托克利的信息。聪明的雅典人地米斯托克利想帮皇帝一个忙，所以西琴诺斯向皇帝报告说，希腊人正跟随他的舰队，并计划毁掉达达尼尔海峡的桥梁。薛西斯可以平安地从陆路离开。

这可能看起来很奇怪，在萨拉米斯之战后，薛西斯还愿意再次听完西琴诺斯的话，而不是让人将其拖出去斩首。但这个故事可能会显示出西琴诺斯和他的主人有多狡猾。他们可能会争辩说，在萨拉米斯之战前，地米斯托克利的信息是真实的，毕竟在很大程度上的确是真实的。如果提诺斯岛的逃兵帕那提乌斯没有警告希腊人，希腊人就会被波斯人突袭，薛西斯将赢得胜利。因此，西琴诺斯第二次带来口信，让所有的人都很开心，尽管这是个彻头彻尾的假信息。薛西斯和他的军队必须在冬天来临之前撤回，他们想尽早地离开阿提卡。让地米斯托克利感到满意的是，他为希腊的解放做出了贡献，同时跟敌人保持了畅通的沟通渠道。西琴诺斯和他的船员逃回了安德罗斯岛。

但问题仍然存在。尤利比亚德让希腊舰队停止不前的做法是正确的吗？从短期来看，他可能是对的，因为秋天常会出现暴风雨，不是进行海战的好时候。但是从长远来看，他错了。希腊人在接下来的一年里不去进攻波斯舰队是愚蠢的，那样波斯人就有机会重整旗鼓。如果希腊人能够阻止敌人跨越爱琴海发展海军力量，那就会让波斯征服希腊变得非常非常困难。至于尤利比亚德认为将薛西斯限制在希腊只会迫使他进攻的论点，最大的问题是，波斯人能否在食物供应耗尽之前在科林斯地峡击败斯巴达人率领的希腊军队。问题的答案对斯巴达人是一个艰巨的考验，难怪尤利比亚德宁愿不寻求答案。

海上进攻的提议被否了，地米斯托克利接下来做了一件了不起的事情。他和他的盟友当初以争取自由的名义对抗波斯。他们宁愿死也不愿给波斯皇帝土和水，向他称臣纳贡。爱琴海诸岛的岛民曾在波斯海军的强迫下这样做了。他们中的大多数，如安德罗斯人，不得不在萨拉米斯为薛西斯而战，他们需要极大的勇气才能不被波斯胁迫。现在希腊人已经打败了波斯舰队，他们航行到安德罗斯岛，并宣布该岛获得了自由。

但是地米斯托克利要求安德罗斯人向他的舰队纳贡。换句话说，他告诉他们，实际上他们的主人只是由一个换成了另一个。安德罗斯人傻眼了，拒绝这样的要求。地米斯托克利从来不会理屈词穷，他说雅典两个伟大的女神需要这笔钱："信仰"和"必需"。安德罗斯人也不甘示弱，回答说他们自己也有两个伟大的女神——"贫穷"和"艰难"，所以无法满足要求。

文字游戏很雅致，但终究让位给了武力。希腊人围攻安德罗斯岛，意在获得他们想要的钱。安德罗斯城位于一座陡峭的

235

小山上，从海平面到顶端的卫城有大约1250英尺高，高度是
雅典卫城的两倍多。城外有精心建造的石墙保护，石墙把港口
和卫城连接起来。想要通过围攻来夺取这样一个堡垒，凡是理
智的人都会感到恐惧。希腊人试图征服这座城市，可能只是因
为安德罗斯人拒绝向他们朝贡而做做样子。无论如何，围攻不
可能持续很长时间，因为希腊人接下来要向埃维亚岛进发，接
着去斯巴达。适航季节很快就要结束了。安德罗斯岛仍然没有
被征服。

然而，希腊人悄无声息、毫不犹豫地开始了一场自相矛盾
的冒险。如果一位哲学家问地米斯托克利，他如何一面捍卫雅
典的自由，一面侵犯安德罗斯人的自由，他可能会对这样的矛
盾不屑一顾。完成神赋予的使命来解放自己家园的人，不会因
为这种矛盾停止脚步。

此外，希腊人心安理得地认为胜利者有获取战利品的权
利。前490年马拉松战役后，雅典得意扬扬的指挥官米提亚德
率领一支海军远征帕罗斯岛。这是波斯的盟友，是一个非常富
饶的岛国。米提亚德向他的同胞许诺，他们将会获得帕罗斯岛
的黄金。但是他们对帕罗斯岛的围困失败了。米提亚德在战斗
中受伤，而当他回到家，他的痛苦换来的是陪审团因为他的无
能而对他处以巨额罚款。他不得不支付这笔钱，但尚未兑现便
因伤势过重而死。难怪地米斯托克利对安德罗斯岛毫不留情。

236   当然，他选择安德罗斯岛并非要满足其对金钱的渴望。西
琴诺斯和他的船员从法勒隆回来后，地米斯托克利让他们去往
附近支持波斯的其他希腊岛屿。传达的信息跟安德罗斯岛的一
样：要么交钱，要么被围直至灭亡。帕罗斯岛在萨拉米斯的结
局明朗之前一直犹豫不决，没有派三层划桨战船加入薛西斯，
但它还是屈服于希腊人的要求，埃维亚岛南部的城市卡利斯托
（Carystus）也是如此。其他岛屿可能也捐出了钱，但目前并

没有充分的证据。

完全可以批评地米斯托克利勒索金钱的行为，特别是故意隐瞒，背着其他希腊指挥官这样做。但请记住，第一，地米斯托克利所劫掠的所有城市都曾支持进攻雅典；第二，维持一支海军的成本是非常高的；第三，斯巴达和其他伯罗奔尼撒城邦几天前就已经准备放弃雅典的最后一寸土地。即便地米斯托克利自己留了一些收集来的钱财，也要记住，雅典并没有给他任何报酬来体现他所做的贡献。

但是地米斯托克利可能因对卡利斯托的攻击受到责备。围攻安德罗斯岛失败后，希腊舰队向北航行了很短的一段距离，到达了埃维亚岛。卡利斯托是埃维亚岛南部的主要城市。它陡峭的卫城位于离海岸几英里的内陆。要是围攻，不会比在安德罗斯岛的结果更好，所以希腊人只能满足于对卡利斯托的乡村造成一些破坏。这可能意味着抢劫农舍，践踏葡萄藤，砍倒橄榄树，而惊恐的民众则蜷缩在城墙内。如果尤利比亚德知道这个波斯曾经的盟友已经在向雅典支付保护费，他可能会网开一面。话说回来，帕罗斯岛给了地米斯托克利足够的钱来免于被攻击，与帕罗斯岛相比，卡里斯托似乎吝啬了，所以对其遭遇负有一定的责任。

希腊海军随后返回萨拉米斯。现在，薛西斯和波斯军队已经从雅典撤退到希腊北部。首先，这意味着雅典人可以回自己的家了。从特罗森和埃伊那岛，主要是从萨拉米斯，希腊开始了大规模的回迁。我们可以想到，雅典海军会像当初帮助人们撤离一样，护送大家回家。

阿提卡大体上保持完好。波斯人在那里待的时间不长，还没有对当地的基础设施造成严重的破坏。但他们的所作所为是为了彰显自身的声望。除了破坏神庙和推翻雕像外，他们还把很多艺术品带回了安纳托利亚。最广为人知的损失是一尊阿尔忒弥斯女神的青铜雕像，它曾被安放在布劳隆（Brauron）乡村的神殿里，还有一组英雄哈莫迪乌斯（Harmodius）和阿里斯托吉顿（Aristogeiton）的雕像。二人是刺杀暴君的英雄。雕像被从雅典卫城带到了波斯西南部的波斯波利斯的薛西斯宫殿里。在前330年，亚历山大大帝作为征服者到达那里，派人将这些雕像带回了希腊。原作已经没有了，但罗马时代的高质量复制品保存至今。

在萨拉米斯，指挥官们有了喘息的机会，举行了战后重要的仪式：分发战利品。胜利者清扫战场，包括船上和岸上，拿走一切有价值的东西，这是一个惯常的做法。之后，由指挥官将战利品分成若干份。可想而知，每个指挥官都会给自己留下一些东西。战场上的英勇行为也将得到奖励。

战斗结束后，谈论的话题都是埃伊那人如何勇敢，其次是雅典人。掠夺来的东西论功行赏。在城邦或个人之前，众神优先得到奖励。希腊人通常把战利品的十分之一，即所谓的最初收获，献给诸神。萨拉米斯的战果各式各样，包括三艘腓尼基人的三层划桨战船，一艘在萨拉米斯，被献给埃阿斯；另外两艘被献给波塞冬，其中一艘放在阿提卡的苏尼昂海角，另一艘在科林斯地峡的泛希腊圣所——这正是50年后希罗多德看见的那艘船。

德尔斐的阿波罗圣所是希腊最神圣的地方，也必须获得献祭。萨拉米斯的舰队给德尔斐送去了足够多的钱财，给阿波罗竖立了一座差不多18英尺高的铜像，他的手中握着一个船尾的装饰物。但是德尔斐的祭司让人们知道，阿波罗被埃伊那人亏待了，埃伊那岛是萨拉米斯劫掠中的最大受益者。埃伊那人弥补了过失，在德尔斐建造了一座纪念碑，它是用青铜桅杆做成的，上面有三个黄金做的星星。希罗多德也曾见过。

分发完战利品后，希腊的盟友们离开了萨拉米斯。他们终于要去科林斯地峡了。船开了，旅途开启，萨拉米斯岛渐渐远去，消失在视线中。在一艘离开的三层划桨战船上，有人会想9月24日至25日以来，世界发生了多大的变化。当时希腊人正准备前往地峡，敌人在萨拉米斯把他们包围的消息打乱了他们的计划。

地峡是一个宗教圣所，是海神波塞冬的圣地，也是科林斯的领土。为阻止波斯人进犯，一个月前筑起临时的防御墙，保卫地峡。在这里，人们时常会感受到对希腊持续的威胁。这不是可以冷静思考的地方，联盟却选择在此地做出重要决定。

指挥官们要在他们当中推选一人，对其在萨拉米斯的英勇表现给予奖励。每个指挥官的事业以及每个希腊人渴望获得的荣誉都取决于最后的结果。赢得投票将是美妙的，而支持一个失败者后果是十分严重的。为了显示庄重，避免偏袒，指挥官们遵循了一个仪式般的投票程序：他们一个接一个地走向波塞冬的祭坛，每个人都投出了自己的选票。

但不幸的是，没有人胜出。每个将军都把票投给了自己。但是也要求选出第二名。在这个问题上，大多数人——尽管不是全部——把票投给了地米斯托克利。但是因为互相嫉妒，什么奖励也未颁发。海军被解散了，指挥官们各自扬帆返回家乡。但如希罗多德所说，抱怨的声音四处传开。

> 地米斯托克利的名字在那个时刻呼声最高，人们一致认为他是全希腊最聪明的人。[7]

但是像地米斯托克利这样雄心勃勃的人，想要的不是窃窃私语的支持，而是正式的认可。他没有从萨拉米斯的战友那里得到认可，也不可能从雅典的同胞那里得到承认。民主体制不信任伟人，而地米斯托克利想让雅典人认识到自己的伟大，他并不羞于这么做。我们能看到一些迹象，表明战后在雅典引发了争论，争论的焦点是萨拉米斯的胜利是雅典人民的胜利还是他们最著名的战略家的胜利。此外，看清我们不为人知的弱点的人，往往会被憎恨，这是人的本性使然，而地米斯托克利见识过他的同胞最脆弱的时候。

239　　有一个暴露内幕的逸事，说的是来自爱费登（Aphidna）德莫区的雅典人提莫德莫斯（Timodemus）。他是个微不足道的人，对地米斯托克利的嫉妒近乎疯狂，引起了公众的注意。提莫德莫斯不断地告诉地米斯托克利，如果他不是雅典人，他就一无是处。最后，地米斯托克利用一句妙语回击了他的敌人："如果我来自贝比纳（Belbina）这个小岛，我可能一无是处，但即使你是雅典人，提莫德莫斯，你仍然百无一用。"[8] 提莫德莫斯可能是个小丑，但人们怀疑，在他的身后，站着成千上万的雅典人，每个人都觉得，对于地米斯托克利个人做出的牺牲——从在海峡的战船上战斗到在流亡中依靠陌生人的施舍生活——他们都起到了关键的作用。他们谁也不想在地米斯托克利的雕像前鞠躬，不管他有多么配得上屈膝礼。

地米斯托克利在自己的城邦不受欢迎，不得不去斯巴达寻求认可。如果这看起来很奇怪的话，请记住，斯巴达越是赞美地米斯托克利，就越不用去褒扬自己的英雄尤利比亚德。斯巴达人和雅典人一样不喜欢个人崇拜。因此，他们做出了一个完美的举动，让地米斯托克利和尤利比亚德分享他们的荣耀。他们给了二人每人一个橄榄花环，尤利比亚德代表勇敢，地米斯托克利代表智慧和机敏。这等于说两个人都不可能单独赢得胜利。

斯巴达人还送给地米斯托克利一辆战车，这是斯巴达最漂亮的战车。这可能是一件很平常的事情，要知道斯巴达人是非常不喜欢奢侈的。但是没有人能否认地米斯托克利在斯巴达获得的褒扬。最引人注目的是陪同护送者众多，地米斯托克利离开时，300 名精选的护卫把他送到边境。根据希罗多德的说法，历史上，在斯巴达获此殊荣的仅他一人。300 这个数字自然会让人想起跟列奥尼达一起在温泉关战死的人数。可以肯定的是，此举意在淡化萨拉米斯战役，但让我们为地米斯托克利说句公道话，这一安排也意味着希腊历史上最伟大的军事力量在他们最辉煌的时刻跟地米斯托克利联系在一起。

回到朴素民主制度下的雅典并不容易，尤其是在一个尚在哀恸中的雅典。雅典人失去了雅典卫城上的宗教圣地，经历了死亡、流离失所和毁灭性的打击。在阿提密喜安，在雅典卫城，在萨拉米斯海峡，很多雅典人失去了生命；不少雅典人被掳掠到东方充当奴隶。在这个社会里，苦难是每一个人都要分担的，正如雅典宁愿去抚慰一个不知名的士兵，也不打算拥立一个国王。

在前 479 年春，战争再次爆发时，地米斯托克利没有指挥雅典军队。当时的将军是他的老竞争对手，阿里斯提得斯和桑西巴斯。很有可能，地米斯托克利没有再次入选每年选出的"十将军"决策委员会。不管怎样，他已经失宠了。民主国家抛弃核心的领导者，这不会是最后一次。

除了对地米斯托克利的嫉妒和对其野心的恐惧之外，地米斯托克利在国内失势还有一个原因，那就是人们开始意识到战争还没有结束。地米斯托克利曾是海军战略的设计师。曾经的辉煌现在却变得黯然失色。第二个萨拉米斯海战救不了希腊：这一次，一场步兵的战斗迫在眉睫。

用更现代的词语来说，萨拉米斯是希腊的葛底斯堡，并不是阿波马托克斯县府*。萨拉米斯之战是斯大林格勒保卫战，而

---

* 在美国南北战争中，1865 年 4 月 9 日李将军率领的南军向格兰特将军率领的北军投降的地点。——译者注

240

不是柏林之战。萨拉米斯之战是决定性的战斗，因为希腊人击败了波斯海军，但并未将波斯人赶出希腊。萨拉米斯战役几乎把最后的胜利交到了希腊人的手中，但这并不是这场战争的最后一战。

与前480年秋天尤利比亚德在安德罗斯岛预言的相反，波斯人并没有全部离开希腊。一支庞大的敌军留在希腊半岛，威胁着阿提卡和伯罗奔尼撒半岛以外的地方，并得到了马其顿和底比斯等著名希腊城邦的帮助和支援。最终，只有斯巴达林立的长矛和无数斯巴达人的鲜血才能把他们驱逐出去。战斗的结果会给斯巴达带来荣耀，尤利比亚德不会有多少光彩，因为他是舰队司令，而不是陆军上将。雅典也将获得荣耀，因为它的长矛兵也在前线奋力杀敌，但这些荣耀都不属于地米斯托克利。

尽管如此，荣耀并不等同于权力。希腊人在普拉蒂亚取得步兵作战的胜利，以及在米卡勒的陆上和海上均获得胜利（前479年的一场战斗）之后，地米斯托克利之星在雅典再次升起。希腊人一把波斯赶出希腊，就开始互相攻击。为了对抗斯巴达，雅典人需要一个不仅勇敢，而且冷酷和狡猾的领袖。无论是鲁莽逞能的阿里斯提得斯，还是一意孤行的桑西巴斯都不行。只有脑子里有各种计谋的地米斯托克利能够胜任。

地米斯托克利重新掌权后，便着手抗击斯巴达，重建了雅典的城墙（波斯人早先把城墙摧毁了）。这因他向曾经的朋友斯巴达人撒谎而得以建成。地米斯托克利将外交手段作为拖延战术，秘密地重建城墙，斯巴达人发现时为时已晚。斯巴达人很生气，但此举让雅典能够保护自己免受外来侵扰。地米斯托克利还让雅典人完成了比雷埃夫斯新港口的筑防，他多年前就想要构筑防御工事，一直未能完成。这些年来，地米斯托克利一直坚持认为雅典的未来在海上，他是这一观点的代言人。他是加强海军力量的不懈倡导者。他敦促雅典人搬到比雷埃夫斯，在那里的造船厂找工作，要把雅典视为一个适于海上生存的国家。换句话说，他说萨拉米斯的舰队不是脱离常规，而是代表真正的雅典。

地米斯托克利是具有革命性和创造性的思想家。但是像许多先知一样，他未在自己的家乡获得相应的荣誉。他在前5世纪70年代的政治基础有限，前477年雅典建立了新的海上联盟"提洛同盟"（Delian League），在此过程中他没有发挥主要作用。雅典的领导权被移交给了其他人。

然而，地米斯托克利确实是新雅典的缔造者。他建立了强大的舰队，因此拯救了国家。地米斯托克利将雅典的实力提升到新的高度，也因此播下了新冲突的种子。萨拉米斯战役50年后，两个对抗波斯的前盟友把整个希腊世界带入一场新的甚至更具破坏性的冲突。伯罗奔尼撒战争（前431—前404年）异常残酷，足以让许多人怀念对抗野蛮人入侵的那段美好的旧时光。

在那两个月里，在他们的文明面临危险的时刻，地米斯托克利和尤利比亚德摒弃前嫌。他们的共同努力拯救了希腊。但这只持续了短暂的时间：希腊人对竞争的长期危险不加重视，最终在劫难逃。一个雅典人和一个斯巴达人肩并肩站在一起，每人都戴着一个胜利者的花环，这样的情形再也不会出现了。

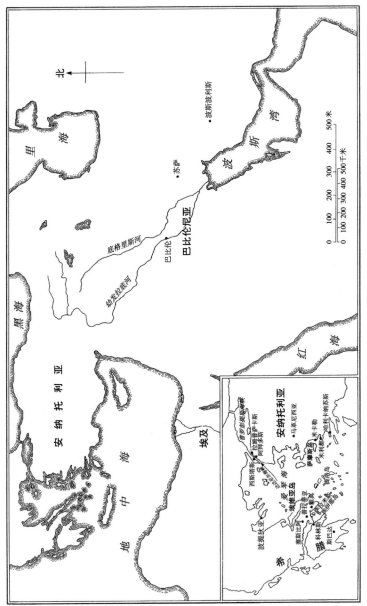

希腊和古代近东地区

尾声　苏萨

他站在皇宫大殿的门口。他已经准备好开启人生的下一幕。他的人生在最苛刻的缪斯看来也足够戏剧化了。地米斯托克利离家2000多英里，好多年没回过家了。首先，在一个政治内斗的时节，他被逐出雅典。然后被指控叛国，不得不逃命。他从希腊世界的一端到了另一端。他用尽了各种手段，包括乞求、贿赂、调情、拉关系、欺骗、威胁、交朋友，最终风风光光地去了波斯。他冒险的一生又开始了最新的一次赌博。现在是时候看看是否有回报了，地米斯托克利即将见到波斯皇帝。时间可能是在前464年初。地点是在苏萨的皇宫，苏萨跟波斯波利斯一样，也是波斯的都城。

地米斯托克利遭受了民主制度下许多政治人物共同的命运。人们喜欢看到领导者身居高位而又迅速倒台。成功的政治人物在台上时间越长，公众对他想要干什么就越发担心。像地米斯托克利这样狡猾的人会让人们感到紧张，让他在雅典为阿尔忒弥斯建造一座神庙也无济于事，那似乎是为了宣扬他自己的天才。他的政敌们很愿意联合起来反对他，在前5世纪70年代末期，他被放逐了。他流亡到阿尔戈斯，阿尔戈斯是伯罗奔尼撒半岛上斯巴达的敌人。几年后，斯巴达声称找到证据证明地米斯托克利是波斯的间谍，于是他逃离了阿尔戈斯。经过多次历险，他到达了苏萨。

地米斯托克利的脸圆圆胖胖的，皮肤粗糙，看上去跟波斯皇帝期望的不一样。他的形象与波斯军队从雅典带回的雕像截然不同；那些雕像都长着瘦削的脸，五官清爽。这个站在皇宫大厅入口处的希腊客人看起来更像一个粗野之人，而非英雄。

但是年轻的皇帝非常清楚这个希腊人是谁。阿塔薛西斯不久前刚登上皇位，但他的谋臣们已经很详细地介绍了地米斯托克利。前465年8月，他的父亲——皇帝陛下、大流士的儿子、万王之王薛西斯——被暗杀，他继承了皇位。薛西斯死于宫廷政变。现在，坐在他宝座上的阿塔薛西斯正准备接见父亲的宿敌。在所有散发着爱琴海咸味气息的、搞两面派的希腊人中，没有人比地米斯托克利更奸诈。

阿塔薛西斯当然知道。他和谋臣们都不可能被地米斯托克利写给他的信迷惑。在信中，这个雅典人声称他在前480年说服希腊人不要破坏达达尼尔海峡上的桥梁，从而拯救了薛西斯。一看到地米斯托克利，阿塔薛西斯可能想立刻站起身来，从他的护卫手中抓过一支长矛，刺穿这个奸诈的雅典人。但接下来，他可能也知道这个希腊老头身上会有很多宝贵的秘密。把地米斯托克利供养在波斯能起到非常好的宣传效果。因此年轻的阿塔薛西斯在居鲁士大帝继承人的宫廷里接待了他亲爱的父亲曾面对的最大仇敌。

希腊人可能对此感到惊讶，但波斯人可能会因为失去薛西斯这样伟大的人而沉痛哀悼。在其统治期间，薛西斯是一个建设者，在波斯波利斯城修建了最宏伟的皇家宫殿。他是一名勇士，镇压了埃及和巴比伦的叛乱。他是一个战略家，在波斯，人们可能不会记住他是一个在与希腊的战争中失败的人，而会记住他是一个扩张西部边疆的皇帝。其他人不明白，但薛西斯清楚地知道，帝国的力量过于分散了。有必要收缩帝国的西部边界。但首先，他给了希腊人一个教训。

245　　波斯皇帝对希腊蛮族土地的远征真正代表了历史上最伟大的成就之一，波斯人大致是这样认为的。[1] 在上天的帮助下，万王之王在达达尼尔海峡架起长桥。他聚集了数不清的军队和战船，它们密密麻麻，遮蔽了地平线。大军所到之处，沿途的每座城市惧于皇帝的神威都热情款待。皇帝随后在温泉关击溃了斯巴达军队，杀死了邪恶的国王列奥尼达。然后，他占领了雅典，把供奉虚伪和撒谎的神灵的神庙付之一炬，彻底摧毁了这片土地，把所有没有逃跑的居民都卖为奴隶。陛下征服了从色雷斯到科林斯地峡的每一片土地，征收了贡品，并风光地回到了安纳托利亚。

当然，波斯皇帝的奴隶经常犯错误。马铎尼斯在阻止敌人率军后撤时，遭遇希腊野蛮人的伏击，不幸丧生。阿塔薛西斯听说，在一个叫萨拉米斯的岛屿附近发生了一场小冲突，西顿的国王被一些希腊船长搞得十分窘迫。但在展示过武力之后，波斯军队撤退到了安全的地界。

前477年，雅典建立了一个新的希腊城邦的海军联盟。它是在提洛岛成立的，提洛岛位于爱琴海中部，是阿波罗的圣地。历史学家通常将该联盟称为"提洛同盟"。这个联盟由约150个希腊城邦组成，包括爱琴海诸岛、埃维亚岛，以及希腊东北海岸、马尔马拉海（Sea of Marmara）和安纳托利亚西海岸的城邦。雅典担任联盟的领导者。这些城邦中有许多曾是波斯皇帝的附庸。

波斯要求其附庸国纳贡。雅典也做了同样的事情。为了有效运作，提洛同盟需要拥有一支强大的舰队，而建设海军成本高昂。因此，除了少数几个成员提供军舰或人员之外，提洛同盟的其他成员都要向雅典纳贡。希腊城邦以一种帝国霸权取代了另一种霸权。

提洛同盟从成立之初就致力于扩张。它的成员不仅承诺保卫希腊免受波斯任何新的攻击，还发誓要进攻波斯皇帝的领地，以报复前480年薛西斯对希腊造成的破坏，并获取战利品。

提洛同盟的建立和发展是与波斯为敌的，但波斯人能够从容应对。他们可能已经看到了这样的事情：仅仅因为波斯帝国的金库提供了在希腊城邦萨摩斯岛和米利都（现在都属于提洛同盟）维持僭主的费用，一些关于爱奥尼亚人解放的无稽之谈

246

散布开来。希腊人可能会喋喋不休，但爱奥尼亚的波斯总督仍然在萨迪斯。波斯骑兵继续在安纳托利亚富饶的河谷上驰骋，这些河谷从爱琴海通向内陆。安纳托利亚海岸的一些希腊城市仍然每年向波斯皇帝进贡；如果他们中的一些人也向雅典人支付保护费，那又有什么关系呢？

同时，已故陛下的策略获得了很好的效果。希腊野蛮人只能做他们最擅长的事情：自相残杀。雅典正在爱琴海建立一个海军帝国，而斯巴达人感到愤怒，及时地策划了一场反对雅典崛起的战争。

阿塔薛西斯不可能知道，波斯帝国在萨拉米斯战役之后又延续了 150 年。波斯人没再有更多的扩张，但在前 5 世纪六七十年代输给雅典后，波斯人设法维持了他们的帝国，只是偶尔镇压一下这里或者那里的叛乱。提洛同盟仅存续了 75 年。前 404 年，提洛同盟解体后，波斯皇帝通过外交和贿赂手段，让希腊人内部分裂，放松警惕。此后，一个新的力量马其顿崛起，在国王腓力二世和亚历山大的带领下，最终于前 330 年推翻了波斯帝国。

对于"模仿是最真诚的奉承"这样的说法，波斯人可能会意地报以微笑。提洛同盟成立不久，就看起来很像波斯帝国。雅典的盟友奋起反抗，就像波斯的盟友过去所做的一样。雅典的将军们率领舰队出海与叛军作战，然后将他们处决或奴役，就像波斯人在萨拉米斯试图对雅典人做的那样。雅典的政治家开始装腔作势，显示出帝国霸主的傲慢，备忘录中写的不是"盟友"，而是"雅典控制的城市"[2]。雅典的消费者对波斯的服装和艺术产生了浓厚的兴趣，这也是有道理的，因为帝国会相互吸引。

在两代人的时间里，雅典创建了世界上最早的民主国家之一。同时，雅典的另一个非凡成就是开创了世界上第一个帝国民主制度。在国内，雅典代表自由与平等。在国外，雅典肆无忌惮地使用任何必要的手段来强化其领导的联盟的权威。在以自由的名义英勇抵抗薛西斯后，雅典发现，为了维持自由，必须在国外做出艰难的妥协。

萨拉米斯战役被称作一场伟大的战役，因为如果没有这场胜利，希腊的荣耀就不会为世界所知。但这低估了希腊文明的韧性和动力。

如果希腊人在萨拉米斯失败了，薛西斯就会继续前进，征服伯罗奔尼撒半岛。地米斯托克利和幸存的雅典人会逃到意大利南部。在那里，他们会很快恢复元气。就像前480年及之后希腊大陆拯救了爱奥尼亚，希腊人治下的意大利或许能拯救希腊大陆。雅典人被迫流亡，可能会激起西部的希腊人武装起来反抗侵略者。他们可能最终一起航行回到希腊，用鲜血和武器驱逐野蛮人。

也许这些流亡者会留在意大利的南部，在那里繁衍生息、兴旺发达。因此，即使希腊人在萨拉米斯战役中失败了，他们也很可能继续创造古典文明——只是地点换成了流亡地意大利。但是他们就不会发明帝国民主了。

若希腊在萨拉米斯战败，世界不会不了解它的荣耀，但未必能知道它的狡诈和贪婪。萨拉米斯让雅典第一次体会到了它无法抗拒的诱惑。正是因为萨拉米斯之战，雅典获得自由，希腊将被奴役。民主制度得救了，雅典帝国诞生了。

正是民主和帝国的矛盾让雅典在萨拉米斯海战之后的一个多世纪令人激动不已。雅典未能实现其自由的理想，失败招致了批评。批评者有像希罗多德和修昔底德这样的历史学家，以及像索福克勒斯、欧里庇得斯和阿里斯托芬这样的诗人，其中包括最尖刻的批评者：苏格拉底。苏格拉底深刻影响了柏拉图、亚里士多德和西方政治哲学传统。对于民主及其弊端展开辩论，

248　这样的传统正是萨拉米斯之战的真正遗产，是其成为古代世界最伟大的战役——当然也是最伟大的海战——的终极原因。

　　萨拉米斯战役之后的若干年里，雅典走上了民主和帝国的道路。同时，希腊政治流亡者源源不断地涌向波斯皇帝的宫廷。现在回到前464年在苏萨的场景——阿契美尼德的万王之王薛西斯的儿子阿塔薛西斯，正要收获最好的果实。

　　皇帝示意让希腊来客进来。地米斯托克利快步向前。他们说，希腊人过于骄傲，热爱自由，不会像波斯皇帝其他的臣民一样在皇帝面前俯首屈膝。我们不知道地米斯托克利在这种情况下是怎么做的，但后来有流言称，他毫不犹豫地拜倒在地。

　　故事还说，那天晚上，阿塔薛西斯在睡梦中叫了三声："雅典人地米斯托克利臣服于我！"3

　　地米斯托克利与阿塔薛西斯的会面非常成功。雅典人请求给予他一年的时间来学习波斯语和波斯的风俗，获得了批准。当他再次见到波斯皇帝时，阿塔薛西斯深感他是个天才。皇帝任命地米斯托克利做爱奥尼亚马革尼西亚城（Magnesia）的总督，该城位于富饶的米安德河（Meander River）的内陆河谷。马革尼西亚为地米斯托克利提供了"他的面包"4，同样归他管辖的附近的城市迈奥斯（Myos）提供了"他的肉"，达达尼尔海峡上的拉姆普萨卡斯城（Lampsacus）准备了"他的酒"——拉姆普萨卡斯地区的葡萄酒声名远扬。地米斯托克利的家人跟他一起流亡，他的女性亲戚在马革尼西亚担任阿尔忒弥斯神庙的女祭司。

　　这个在萨拉米斯战胜波斯舰队、让爱琴海的控制权开始从波斯转向希腊的战略家，这个把家乡从二流的陆上强国变成了海上巨人的雅典海军的创始人和远见卓识者，这个曾经羞辱过薛西斯并摧毁其海上力量的人，现在穿过爱琴海，和他的家人一起过着舒适的流亡生活，成为波斯几个省的统治者和薛西斯的儿子波斯皇帝阿塔薛西斯的手下。

前 459 年，地米斯托克利在马革尼西亚去世。埃及再次反抗波斯，雅典派遣船只前往尼罗河协助叛军。传说地米斯托克利是服毒自杀的，因为他不能服从波斯皇帝的命令向雅典开战。但他可能是自然死亡的。马革尼西亚的市场上竖立了一座地米斯托克利的纪念碑。同时，家人按照他的遗愿，秘密地把他的骨头带回家，在雅典的土地上重新埋葬，据说是这样。当然，雅典法律禁止在阿提卡埋葬一个叛徒，地米斯托克利被认定为叛徒。但是在前 459 年，可能有许多雅典人会乐意给他在故乡建造一个希腊式的坟墓来纪念他们曾经的指挥官。

萨拉米斯战役之后，地米斯托克利不是唯一一个生活发生重大转变的老兵。先看希腊方面，从雅典说起。前 480 年，地米斯托克利的老对手阿里斯提得斯前途一片光明。前 479 年 8 月，阿里斯提得斯在普拉蒂亚战役中指挥雅典的步兵取得胜利，从而成为载入史册的希腊救世主之一。不久之后，阿里斯提得斯帮助地米斯托克利欺骗了斯巴达人，雅典趁机修建了防御墙，把自己保护起来。前 477 年，阿里斯提得斯为提洛同盟成员的贡品做了第一次评估。但是他不怎么贪财，因为他在前 468 年前后去世时，身无长物。他被安葬在法勒隆，这里很容易让人想起波斯舰队在法勒隆停泊的那个夜晚，正是阿里斯提得斯帮助希腊人扭转局势，让形势朝着不利于波斯的方向发展。他的儿子利西马科斯是一个众所周知的失败者；他的孙子，也叫阿里斯提得斯，可能在伯罗奔尼撒战争期间阵亡。

前 480 年后，埃斯库罗斯作为一名剧作家获得了巨大的荣耀。除了前 472 年的《波斯人》和前 467 年的《七英雄远征底比斯》（*Seven Against Thebes*），他还在前 458 年推出了经典三部曲《奥瑞斯提亚》（*Oresteia*）。后来他去了希腊的西西里岛，前456年在那里去世，被安葬在杰拉城（Gela）。他的两个儿子也成了剧作家。

前479年，雅典将军桑西巴斯在米卡勒战役中获胜后，乘船来到达达尼尔海峡，围攻西斯塔斯城（Sestus）。西斯塔斯位于达达尼尔海峡的欧洲一侧，与阿拜多斯城隔海相望。这两个城市控制着海峡的交通。事实上，西斯塔斯是前480年薛西斯跨过达达尼尔海峡后进入的第一座欧洲城市。经过长达数月的围攻，西斯塔斯于前478年春天被桑西巴斯率军攻陷。

此后不久，桑西巴斯就去世了（不清楚具体是哪一年）。他留下了一个雄心勃勃的儿子：伯里克利。前480年的少年难民若干年后成为雅典最重要的人物。但是首先，他必须击败一个对手。西蒙是一个聪明、年轻的保守主义者，在萨拉米斯战役之前就披挂上阵。前5世纪60年代，西蒙主导了雅典的政治。他在东方击败波斯，赢得了重大胜利。伯里克利设法抹黑了西蒙，并取而代之。

从前460年到前430年，伯里克利将雅典带入了黄金时代。正是在伯里克利的领导下，雅典完成了民主革命。也正是在伯里克利的统治下，提洛同盟成为地中海地区有史以来最大的海洋帝国。伯里克利用帝国征收的贡金资助了希腊历史上最伟大的建筑工程：雅典重建了雅典卫城的神庙。那些神庙曾在前480年9月被薛西斯的军队损毁。42年后，即前438年，重建计划里的核心帕特农神庙举行了落成典礼，这是古希腊最著名的建筑。

据推测，地米斯托克利的奴隶西琴诺斯成为希腊中部的小城邦塞斯比阿的公民，过着舒适的生活。塞斯比阿位于底比斯西部，在赫利孔山（Mount Helicon）山脚下一个肥沃的山谷里，传说那里是缪斯女神的故乡。前480年，塞斯比阿英勇地对抗薛西斯，遭到了破坏。但是战后经重建，这座城市把自己

250

献给了它最喜爱的神——爱神厄洛斯（Eros）。我们可以想象，西琴诺斯很享受在塞斯比阿的生活，时而讲述他与波斯皇帝会面时惊心动魄的故事。

在伯罗奔尼撒半岛，科林斯的阿狄曼托把他对雅典的怨恨传给了下一代。他的儿子阿里斯提亚斯（Aristeas），一位魅力非凡的军事指挥官，率领一支科林斯志愿军于前432年与雅典发生了一场未公开的冲突。此后不久，伯罗奔尼撒战争正式爆发，阿里斯提亚斯肩负军事使命，去见波斯皇帝，寻求帮助来对抗雅典。但是阿里斯提亚斯在途中被捕，于前430年被雅典城邦处决。

还不清楚法洛斯是否再次回到故乡克罗顿，但人们对他一直念念不忘。前330年，亚历山大大帝在伊拉克北部的高加米拉（Gaugamela）大败波斯军队后，将部分战利品送给遥远的克罗顿，以表彰法洛斯对萨拉米斯之战胜利所做的贡献。

萨拉米斯战役中的其他一些主要人物在前480年后的历史记录中没有留下任何痕迹。例如，希腊舰队的指挥官斯巴达的尤利比亚德，再也没有被提起；勇敢的埃伊那人皮西亚斯、骄傲的埃吉纳船长波律克利托斯，以及雅典的顶尖高手、帕勒涅的阿米尼亚斯，同样如此。在波斯方面，西顿国王铁特拉姆但司托斯在萨拉米斯之后的踪迹没有得到证实。宦官海尔摩提莫斯在前480年之后消失在波斯波利斯和苏萨宫殿中蜿蜒的走廊里。

力促薛西斯远征的主战派首领马铎尼斯于前479年死于普拉蒂亚的战场上。他的一把匕首落在了雅典卫城，成了雅典人的战利品。雅典人所获战利品总价值达500塔兰特，相当于当时300万天的工资。马铎尼斯的匕首重5.5磅。显然是用纯金制成的。

前464年，薛西斯的兄弟、阿塔薛西斯的叔叔阿契美尼斯还活着。他担任埃及的总督（在萨拉米斯，他曾指挥埃及舰队）。他在前459年镇压埃及叛乱时阵亡。

有个流传至今的说法是薛西斯奖励了斯巴达的德玛拉托斯，因为德玛拉托斯告诉了他敌人真正的实力，他让德玛拉托斯自己选择愿意得到什么样的奖励。据说，德玛拉托斯要求进入萨迪斯城[5]，这座城是安纳托利亚的骄傲。他乘坐一辆战车，戴着冕状宝石头饰，这是皇室的特权。换句话说，德玛拉托斯要求再次做国王，拥有斯巴达人未曾听说的辉煌。不管这个故事是否真实，可以肯定的是，德玛拉托斯和他的后代在波斯帝国的日子一直比较红火。大流士二世给了这个斯巴达流亡者土地，让他管辖离特洛伊不远的三个安纳托利亚城邦：哈利萨尼亚（Halisarna）、铁乌特拉尼亚（Teuthrania）和帕加马（Pergamum）。他的后代在两个世纪里经受住了一次次动荡，维持了他们对这些城邦的控制，直到亚历山大大帝去世。

前480年之后，阿尔忒弥西亚的活动没有留下任何细节。我们不知道她何时以及如何去世的。但薛西斯远征期间她努力维护的波斯王朝在一代人之后依然存在。前460或前450前后，她的儿子或者是侄子吕戈达米斯作为国王继续统治哈利卡纳苏斯，那个时期的铭文上有记载。[6]吕戈达米斯所具备的生存技能让他坐稳了位子。前5世纪六七十年代，雅典海军在安纳托利亚西海岸一带驱逐了波斯人和支持他们的统治者。国王、王子和僭主一个接一个地倒台了，除了几个见风使舵的国王像猎人换箭一样轻易改变效忠的对象。哈利卡纳苏斯的吕戈达米斯是成功的范例之一。

如果希罗多德当年成功了，那么吕戈达米斯就会是一个失败者。这位未来的历史学家年轻时在哈利卡纳苏斯参加了一场反对统治者的叛乱。但是叛乱失败了，希罗多德被迫流亡——后来的事情就尽人皆知了。

注　释

引子　比雷埃夫斯

1　希罗多德那天很有可能是在雅典，详见 J. L. Myres, *Herodotus, Father of History* (Oxford: Clarendon Press, 1953), 14–16。我想象了他乘船的游历，所见的景象应该是真实的。

2　传统上认为，希罗多德的出生日期是公元前 484 年。对于其生平的传统观点参见 J. Gould, *Herodotus* (London: Weidenfeld & Nicolson, 1989), 4–18。

3　参见纽约大都会艺术博物馆的大理石半身像。

4　我想象希罗多德身穿典型的希腊成年男子的服装。

5　Herodotus 7.141.4.

6　Herodotus 8.121.

7　前 500 年，地球上的人口约为 1 亿。参见 Colin McEvedy and Richard Jones, *Atlas of World Population History* (Harmondsworth, Eng.: Penguin, 1978), 343。今天，世界人口约为 60 亿。30 万人占 1 亿人口的 0.3%，60 亿人的 0.3% 相当于 1800 万人。

8　Herodotus 1.1.1.

进　军
第一章　阿提密喜安

1　Plutarch, *Life of Themistocles* 2.3.

2　Herodotus 5.78.

3　Herodotus 7.188.3.

4　Sosylus of Lacedaemon,Felix Jacoby, *Die Fragmente der Griechischen Historiker, Zweiter Teil, Zeitgeschichte, B. Spezialgeschichten, Autobiographien und Memoiren. Zeittafeln* (Berlin: Weidmannsche Buchhandlung, 1929), no. 176, frg. 1.2, pp. 904–905.

5　Herodotus 8.12.1–2.

6　Herodotus 8.15.2.

7　Herodotus 8.15.2.

8　Herodotus 8.13.1.

9　Plutarch, *Life of Themistocles* 8.3. Trans. John Dryden.

10　Plutarch, *Life of Themistocles* 8.2. Trans. John Dryden = Pindar frg. 93, Alexander Turyn, *Pindari Carmina, cum fragmentis* (Cambridge, Mass.: Harvard University

Press, 1952), 302.

11 Herodotus 8.22.1–2.

12 Plutarch, *Life of Themistocles* 29.1.

第二章　温泉关

1 Herodotus 7.210.2.

2 R. Schmitt, "Achaemenid Dynasty," *Encyclopedia Iranica*, vol. 1 (London: Routledge & Kegan Paul, 1983), 417.

3 XPlOP (Xerxes Persepolis Inscription letter "l," in Old Persian), trans. Achaemenid Royal Inscriptions Project (Chicago: Oriental Institute, University of Chicago, 1998), http://www-oi.uchicago.edu/cgi-bin/aritextbrowse.pl?text=xpl&language=op&banner=yes &translation=yes.

4 Curtius 3.3.17. Trans. John Yardley, *Quintus Curtius Rufus, The History of Alexander* (Penguin: New York, 1984), 31. 这是指公元前 331 年大流士三世率领军队向亚历山大大帝进军。

5 XPlOP, trans. Achaemenid Royal Inscriptions Project.

6 Herodotus 8 γ 1–2.

7 XPlOP, trans. Achaemenid Royal Inscriptions Project.

8 参见对开掘运河的概括性介绍，http://www.gein.noa.gr/xerxes_canal/ENG_XERX/ ENGWEB.htm。

9 Polyaenus, *Stratagems* 7.15.1.

10 Schmitt, "Achaemenid Dynasty," 419.

11 Herodotus 7.39.3. 前 513 年，当波斯人试图阻止奥巴佐斯（Oeobazus）的儿子们参加斯基泰人（Scythian）的远征时，大流士下令杀死了奥巴佐斯的所有儿子，薛西斯可能会像往常一样效仿他的父亲（Herodotus 4.84）。薛西斯的惩罚跟他父亲的相比显得宽容了一些，却更加残暴。

12 Herodotus 7.52.2.

13 Herodotus 7.235.3.

第三章　雅典

1 参见 C. Hignett, *Xerxes' Invasion of Greece* (Oxford: Clarendon Press, 1963), 195–196。

2 亚历山大大大帝的军队平均每天行进 13 英里，每周让驮畜休息一天。如果按照这个速度，薛西斯的军队在离开温泉关后 11 天内就可以到达雅典。但是亚历山大的军队规模小，效率高，没有随营人员。前480年秋天，薛西斯从希腊撤退时，从雅典到达达尼尔海峡大约550英里的路程用了45天，也就是说，行军速度是每天12英里。但是军队撤退途中无须停下来攻城略地，他们只是夏季入侵希腊的大军的一部分，其余的人留在了萨塞利（Herodotus 8.115.1）。

3　Diodorus Siculus 11.60.5; Plutarch, *Life of Cimon* 12.5.

4　Strabo, *Geography* 9.2.9, cf. 1.1.17.

5　Herodotus 8.106.3.

6　一种残酷但被广泛证实的阉割形式。参见 Vern Bullough, "Eunuchs in History and Society," in Shaun Tougher, ed., *Eunuchs in Antiquity and Beyond* (London: Duckworth, 2002), 1–2。

7　Herodotus 7.140.2.

8　Herodotus 7.141.3–4.

9　Herodotus 7.139.6.

10　Theognis 757–764.

11　雅典凯拉米克斯博物馆，第 I.318 号展品。

12　参考在如今的比雷埃夫斯城地下出土的阿波罗铜像，年代为前530年到前520年，或前500年到前480年。比雷埃夫斯博物馆，第4645号展品。

13　纽约大都会艺术博物馆，第 L.1992.23.8 号展品。

14　Herodotus 8.52.2.

15　Herodotus 8.52.5.

第四章　萨拉米斯

1　参见前6世纪的一尊斯巴达人的青铜雕像，现存于康涅狄格州哈特福德沃兹沃思博物馆。

2　萨拉米斯现在大约有3.4万人，参见 http://salamina.gr/english/information.htm。

3　这是根据指挥官（也许还有船员）之间对尤利比亚德计划的私下议论（Herodotus 8.74.2），以及古希腊水手以桀骜不驯著称的特点做出的有根据的推测。

4　Sophocles, *Ajax* 598.

5　要确认该信息，参见 J. F. Lazenby, *The Defence of Greece, 490–479 B.C.* (Warminster, Eng.: Aris & Phillips, 1993), 177。

6　Psytalleia 即今天希腊的 Lipsokoutali，而非圣乔治岛，参见 C. Hignett, *Xerxes' Invasion of Greece* (Oxford: Clarendon Press, 1963), 397–402。另见 Lazenby, *Defence of Greece*, 179。

7　Homer, *Iliad* 3.226–229.

8   参见 Pseudo-Demosthenes 50.34–35。

9   Aeschylus, *Persians* 339–340.

10   Aristotle, *Rhetoric* 1411a.

11   他的雕像矗立在前 345 年的萨拉米斯（Aeschines, *Against Timarchus* 25）。因为梭伦从前 594 年做执政官起一直是伟大的雅典英雄，我们可以想象，前 480 年也会有他的雕像。

12   Herodotus 1.153.2.

13   我猜测，根据 Agostino Masaracchia, *Erodoto, La battaglia di Salamina: libro VIII delle Storie/Erodoto* (Milan: Fondazione Lorenzo Valla, A. Mondadori, 1977), 183 的说法，Herodotus 8.50 和 Herodotus 8.56 提到的属于同一个信使。

14   Herodotus 8.56.1.

15   Constantin N. Rados 在 *La Bataille de Salamine* (Paris: Fontemoing & Cie., 1915), 290 中提出此观点。

16   很多人对这一逸事表示怀疑，因为它对地米斯托克利充满了恶意（参见 Hignett, *Xerxes' Invasion*, 204），但是地米斯托克利有时候也需要帮助，而且通过增强戏剧性，故事也凸显了地米斯托克利的韧性。参见 C. J. Fornara, *Herodotus: An Interpretive Essay* (Oxford: Clarendon Press, 1971), 72, n.19。

17   Rados, *Bataille de Salamine*,290.

18   Thucydides 5.105.4.

19   Herodotus 8.59.

20   Plutarch, *Life of Themistocles* 11.3.

21   Herodotus 8.60 α.

22   Herodotus 8.60 β.

23   Plutarch, *Life of Themistocles* 11.5.

24   Herodotus 8.62.1.

25   Herodotus 8.64.1.

陷　阱
第五章　法勒隆

1   我想象阿尔忒弥西亚戴着珠宝，就像前 4 世纪的墓葬里发现的哈利卡纳苏斯上层社会女人，即卡里亚公主那样。参见 http://www.bodrum-museum.com/depts/carian.htm。

2   2 世纪的作家 Ptolemy Hephaestion 曾有记载。Photius 190 概括了他写的《新历史》。

3   Herodotus 8.68. α 1.

4   Herodotus 7.99.1.

5 来自波斯波利斯的一块奠基石碑，引自 James E. Pritchard, ed., *Ancient Near Eastern Texts Related to the Old Testament*, 3rd. ed. (Princeton: Princeton University Press, 1969), 316–317。

6 James E. Pritchard, ed., *Ancient Near Eastern Texts Related to the Old Testament*, 3rd. ed. (Princeton: Princeton University Press, 1969), 316–317.

7 这是一个猜测，所依据的假设是薛西斯想快速行动，希腊人惊恐且沮丧（Herodotus 8.56）。

8 Herodotus 7.99.1.

9 参见 Vitruvius 2.8.10–15, Strabo 13.1.59; Lucian, *Dialogues of the Dead* 24。

10 Herodotus 3.136.

11 Herodotus 8.93.2.

12 *Lysistrata* 675.

13 这包括在斯巴达的一系列雕像，其中一个是阿尔忒弥西亚的雕像。参见 Pausanias, *Guide to Greece* 3.11.3。

14 Constantin N. Rados 在 *La Bataille de Salamine* (Paris: Fontemoing & Cie., 1915), 287–288 持有此观点，依据的是 Herodotus 8.85 中描述的萨拉米斯战役中各船队的排列顺序。

15 来自雅斯阿达沉船，现存于土耳其博德鲁姆博物馆。

16 Herodotus 8.68.α.

17 Herodotus 8.68.γ.

18 对科林斯地峡的深入考古调查发现了几个不同时代的防御墙，但没有找到前480年建造的墙的痕迹，这进一步证明了伯罗奔尼撒人当时建造的防御墙是不结实的、易被侵蚀的。参见 Timothy E. Gregory, *The Hexamilion and the Fortress* (Princeton, N.J.: The American School of Classical Studies at Athens 1993)。

19 T. Cuyler Young, "480/479 B.C.—A Persian Perspective," *Iranica Antica* 15 (1980): 229.

20 参见 C. Hignett, *Xerxes' Invasion of Greece* (Oxford: Clarendon Press, 1963), 415–417 的精彩论述。

21 Herodotus 8.66.2.

22 Herodotus 8.66.1.

23 Herodotus 8.13.1.

24 没有任何古代资料告诉我们波斯舰队是在哪里展开战斗队形的。但是如果他们进入了萨拉米斯海峡，希腊人就会惊慌地冲向他们的船只。并未有这方面的记录。

25 参见 Herodotus 8.78。

26 Herodotus 8.71.1, 8.108.1. 萨拉米斯战役前一天波斯人的行动中心理战所起的作用，参见 J. F. Lazenby, *The Defence of Greece, 490–479 B.C.* (Warminster, Eng.: Aris &

Phillips, 1993), 165–166。

第六章 从萨拉米斯到法勒隆

1 Ephorus, 在 Diodorus Siculus 11.16.3 中有记载。

2 Herodotus 8.74.2.

3 Aeschylus, *Persians* 355–360.

4 Herodotus 8.75.2.

5 Plutarch, *Life of Themistocles* 12.4–5.

6 参见 J. F. Lazenby, *The Defence of Greece 490-479 B.C.* (Warminster, Eng.: Aris & Phillips, 1993),169–170 的论述。

7 Aeschylus, *Persians* 360–361. 参见 Seth Benardete 的译文，"Greek guile," in *Aeschylus II*. 2nd ed., The Complete Greek Tragedies (Chicago: University of Chicago Press, 1991), 61。

8 Herodotus 8.76.4.

9 Plutarch, *Life of Aristides* 2.2.

10 Herodotus 8.79.1.

11 Polyaenus, *Stratagems* 1.30.8–32.2.

12 Herodotus 8.79.4.

13 Plutarch, *Life of Themistocles* 8.2.

14 Herodotus 8.80.1.

15 Herodotus 8.79.2.

16 Herodotus 8.78.1.

17 Herodotus 8.81.1.

第七章 从法勒隆到萨拉米斯

1 君主也被称为 Tabnit, 参见 David M. Lewis, "Persians in Herodotus," in P. J. Rhodes, ed., *Selected Papers in Greek and Near Eastern History* (Cambridge: Cambridge University Press, 1997), 355。

2 Joshua 11:8.

3 Françoise Briguel-Chatonnet and Eric Gubel, *Les Phéniciens aux origins du Liban* (Paris: Gallimard, 1998), 72.

4 Genesis 10:15, 19.

5 Diodorus Siculus 11.18.1. 泛指腓尼基人。

6　根据波斯的文档，美伽巴佐斯应该有世袭的"海军上将"头衔，而普列克撒司佩
　　斯的父亲阿司帕提涅斯应该做过管理波斯波利斯的官员。参见 Lewis, "Persians in
　　Herodotus," 358–359。

7　参见 "Salamis," in A. Pauly, G. Wissowa, and W. Kroll, eds., *Real-Encyclopädie der
　　klassischen Altertumswissenschaft*, vol. 20 (Stuttgart: A. Druckenmüller Verlag 1958,
　　1914): cols. 1826–1827。

8　Herodotus 8.76.2.

9　Thucydides 8.101. 参见 Xenophon, *Anabasis* 6.4.2。

10　Aeschylus, *Persians* 74–75, 39–42, 52–55, 59–60.

11　Aeschylus, *Persians* 380–381.

12　Aeschylus, *Persians* 366–368.

13　Diodorus Siculus 11.17.2.

14　Herodotus 8.76.2.

15　Herodotus 8.76.1.

16　Herodotus 8.76.1,8.81.1.

17　Herodotus 8.77.1.

18　Herodotus 8.76.3.

19　Xenophon, *Hellenica* 5.1.5.

20　Herodotus 8.85.1.

21　Herodotus 8.76.3.

22　Aeschylus, *Persians* 382–383.

23　Herodotus 8.118.

第八章　萨拉米斯

1　在今天的萨拉米斯，渔民们仍在咖啡馆里谈论他们对萨拉米斯战役的见解。我推测，
　　古代的渔民会抱怨失去了去港口的机会。

2　Plutarch, *Life of Themistocles* 4.2, 24.4.

3　Plato, *Republic* 556d–e.

4　Xenoxphon, *Oeconomicus* 21.3.

5　Aeschylus, *Persians* 242.

6　Lysias, *Funeral Oration* 2.37.

7　*Inscriptiones Graecae*, 3rd ed., vol. I, no. 1032 =*Inscriptiones Graecae*, 2nd ed., vol. II,
　　no. 1951.

8　Aeschylus, *Persians* 559, *Suppliants* 773.

9　Aeschylus, *Suppliants* 716–718.

10　Plutarch, *Life of Themistocles* 12.1. 普鲁塔克将这个故事的时间设定在前一天晚上（9月23日至24日）。那天晚上地米斯托克利在甲板上对众多的人发表演讲时很难看见猫头鹰。普鲁塔克不能保证故事的真实性。

11　Plutarch, *Life of Themistocles* 13.2, *Life of Aristides* 9.1.

12　9月25日，在雅典，太阳在早上7：15升起，天亮大约是在一小时之前，即早上6：15前后。

13　大多数学者把这个希腊短语简单地翻译成"他结束了演讲"，但是希罗多德使用的动词 kataplēssō 语义非常强烈。

14　Herodotus 8.83.

15　我的分析是在请教了 Michael Petrakis 博士之后做出的。他是雅典国家天文台环境研究与可持续发展研究所的所长。另可参见 J.Neumann, "The Sea and Land Breezes in the Classical Greek Literature," *Bulletin of the American Meteorological Society* 54 (1973): 6–8;Jamie Morton, *The Role of the Physical Environment in Ancient Greek Seafaring* (Leiden: Brill, 1999), 97–99。

16　Plutarch, *Life of Themistocles* 14.2.

17　"舷墙"的字面意思是"高顶的甲板"，可能指的是需要舷墙来保护挤在甲板上的40名舰载步兵。Plutarch, *Life of Themistocles* 14.2.

18　Plutarch, *Life of Themistocles* 14.2.

19　Aeschylus, *Persians* 378.

20　Aeschylus, *Persians* 84.

21　Aeschylus, *Persians* 336.

22　Aeschylus, *Persians* 90.

23　Aeschylus, *Persians* 347.

战　斗
第九章　萨拉米斯海峡：清晨

1　一个波斯贵族，是阿里阿比格涅斯的外祖父，帮助大流士登上王位的七个共谋者之一。参见 Herodotus 3.78，4.130–134，7.97。

2　Aeschylus, *Persians* 466–467.

3　David G. Chandler, *The Military Maxims of Napoleon* (New York: Macmillan, 1997), 111–112.

4　Aeschylus, *Persians* 388–390.

5　Aeschylus, *Seven Against Thebes* 268–270.

6　Aeschylus, *Persians* 391–394.

7　Aristides Quintilianus, *On Music* 2.6; Homer, *Iliad* 21.388. 人们发现了一个前 5 世纪的希腊萨尔平克斯号，它的管筒由 13 个象牙部件组成，喇叭口是青铜做的。

8　Aeschylus, *Persians* 396.

9　J. F. Lazenby, *The Defence of Greece*, 490–479 B.C. (Warminster, Eng.: Aris & Phillips, 1993), 184 认为，不需要让希腊舰队在海峡里绕弯儿，因为波斯人在看到他们之前就已经听到了动静。

10　一切都发生得非常快，参见 Aeschylus, *Persians* 398。

11　Herodotus 8.83.2.

12　Aeschylus, *Persians* 399–400.

13　Timotheus of Miletus, *The Persians*, 引自 A. Podlecki, *The Life of Themistocles: A Critical Survey of the Literary and Archaeological Evidence* (Montreal: McGill-Queen's University Press, 1975), 63–64。

14　Aeschylus, *Persians* 401–407.

15　Aeschylus, *Persians* 401–407.

16　Aeschylus, *Persians* 401–407.

17　参见《地米斯托克利法令》。

18　比较一下 1987 年至 1992 年 "奥林匹亚号" 海上试验的结果，复原船的速度明显低于古代三层划桨战船能达到的速度。参见 J. S. Morrison, J. F. Coates, and N. B. Rankov, *The Athenian Trireme: The History and Reconstruction of an Ancient Greek Warship*, 2nd ed. (Cambridge: Cambridge University Press, 2000), 262–264。

19　参见 J. T. Shaw, "Steering to Ram: The Diekplous and Periplous," in J. T. Shaw, ed., *The Trireme Project: Operational Experience 1987–90: Lessons Learnt*, Oxbow Monograph No. 31 (Oxford:Oxbow Books, 1993), 100。

20　Herodotus 8.89.1.

21　Herodotus 8.84.2.

22　Aeschylus, *Persians* 409.

23　Thucydides 7.44.1.

24　Thucydides 7.71.4.

25　所有这些细节均见 Plutarch, *Life of Themistocles* 15.1。

26　Herodotus 8.87.1.

27　Aeschylus, *Persians* 412.

28　Herodotus 8.86.

29　Phormio, 引自 Thucydides 2.87。

30　Plutarch, *Life of Themistocles* 14.2.

31　Timotheus of Miletus, *Persians* 791.132. 作者自译。参见 J. H. Hordern, ed., *The Fragments*

of Timotheus of Miletus (Oxford: Oxford University Press, 2002)。提莫西亚斯也称其为 "轻
快而湿润的奥拉风"，同上，81。

32　Timotheus of Miletus, *Persians* 791.7–13. J. H. Hordern 译，同上。

33　Diodorus Siculus 11.19.4

34　Diodorus Siculus 11.85.5.

35　Plutarch, *Life of Themistocles* 14.3.

第十章　萨拉米斯海峡：午后

1　Aeschylus, *Persians* 562.

2　Aeschylus, *Persians* 278–279, cf. 269–271.

3　Aeschylus, *Persians* 976.

4　Mike Spick, *The Ace Factor: Air Combat & The Role of Situational Awareness*
(Annapolis, Md.: Naval Institute Press, 1988), xii.

5　美国海军飞行员兰迪·坎宁安在越战时期说过的一句话。引自 Robert L. Shaw, *Fighter
Combat, Tactics and Maneuvering* (Annapolis, Md.: Naval Institute Press, 1985), x。

6　在缺乏古代证据的情况下，这仅仅是一个假设。但这是很有可能的，因为如果脚不固
定住，在战船撞击的一瞬间，划桨手就会飞出去。

7　Herodotus 8.87.2.

8　Herodotus 8.89.2.

9　Aeschylus, *Persians* 422–426.

10　Aeschylus, *Persians* 319.

11　Aeschylus, *Persians* 977.

12　Pseudo-Aristotle, *Mechanica* 850b.

13　*Navigation* 6.

14　Herodotus 8.88.2.

15　Herodotus 8.65.5–6.

16　Herodotus 8.85.2.

17　Herodotus 8.88.2.

18　2 世纪的作家托勒密·赫菲斯提安（Ptolemy Hephaestion）讲述了这个故事，Photius
190 概括介绍了他的《新历史》。

19　Herodotus 8.88.2.

20　Polyaenus, *Stratagems* 8.53.1, 3.

21　Timotheus of Miletus, *Persians* 791.26–30. Trans. J. H. Hordern; J. H. Hordern, ed., *The
Fragments of Timotheus of Miletus* (Oxford: Oxford University Press, 2002).

22 Timotheus of Miletus, *Persians* 791.183–185. 作者自译。Timotheus 并不是完全可靠的资料来源。

23 Herodotus 8.88.3.

第十一章 萨拉米斯海峡：夜晚

1 Timotheus of Miletus, *Persians* 791.31–34.Trans. J. H. Hordern; J. H. Hordern, ed., *The Fragments of Timotheus of Miletus* (Oxford: Oxford University Press, 2002).

2 Timotheus of Miletus, *Persians* 791.61–64., cf.791.82–85. 作者自译。

3 Timotheus of Miletus, *Persians* 791.98–99. 作者自译。

4 Plutarch, *Life of Themistocles* 15.2, 这一细节可能来自西摩尼得斯（Simonides）关于萨拉米斯的诗歌。

5 Aeschylus, *Persians* 412–422.

6 Timotheus of Miletus, *Persians* 791.86–89. Trans. J. H. Hordern.

7 Herodotus 8.95.1.

8 Herodotus 8.79.1.

9 Aeschylus, *Persians* 455–464.

10 Herodotus 6.50.

11 Herodotus 8.91.1.

12 Herodotus 8.76.1, 91.1.

13 根据 Herodotus 8.92.2 改述。

14 原文此处也使用了 "thorubos"（混乱）一词。Herodotus 7.181.1.

15 Herodotus 7.181.1.

16 Simonides in D. A. Campbell, *Greek Lyric*, vol.3., Loeb Classical Library (Cambridge, Mass.: Harvard University Press,1991), no. XIX, Plutarch 在 *The Malice of Herodotus* 36.869d 中引用。

17 Herodotus 8.94.4.

18 Plutarch, *The Malice of Herodotus* 39.870e =Campbell, *Greek Lyric*, vol. 3, no. XI.

19 Plutarch, *The Malice of Herodotus* 39.870e =Campbell, *Greek Lyric*, vol. 3, no. XII.

20 Plutarch, *The Malice of Herodotus* 39.870f =Campbell, *Greek Lyric*, vol. 3, no. X.

21 Plutarch, *The Malice of Herodotus* 39.870f =Campbell, *Greek Lyric*, vol. 3, no. XIII.

22 Plutarch, *The Malice of Herodotus* 39.871a. 作者自译。

23 Jeffrey Henderson, *The Maculate Muse: Obscene Language in Attic Comedy*, 2nd ed. (New York: Oxford University Press, 1991), 170.

24 Simonides, Plutarch, *The Malice of Herodotus* 39.871b, 以 及 Athenaeus, *Sophists at*

Dinner 13.573c–e, in Campbell, *Greek Lyric*, vol. 3, no. XIV 引用过。

25　Aeschylus, *Persians* 297.

26　Diodorus Siculus 11.19.3.

27　Aeschylus, *Persians* 431–432.

28　Aeschylus, *Persians* 273–274.

29　Aeschylus, *Persians* 275–277.

30　Aeschylus, *Persians* 964–965.

31　Timotheus of Miletus, *Persians* 791.97. Trans. J. H.Hordern.

32　Herodotus 8.86.1.

33　Herodotus 8.92.1.

34　Herodotus 1.1.1.

撤　退
第十二章　法勒隆

1　出土于罗马的那不勒斯，因为该城是希腊的殖民地，这些药箱可能反映了早期希腊的状况。

2　Homer, *Iliad* 11.514–515.

3　Herodotus 8.100.2.

4　Herodotus 8.100.4.

5　Herodotus 8.99.

6　Herodotus 9.107.1.

7　Polyaenus, *Stratagems of War* 8.53.2, *Excerpts of Polyaenus* 53.4.

8　参见 David M. Lewis, "Persians in Herodotus," in P. J. Rhodes, ed., *Selected Papers in Greek and Near Eastern History* (Cambridge: Cambridge University Press, 1997), 358–359。

9　Diodorus Siculus 11.2.2; Strabo 9.2.9.

10　德摩斯梯尼（Demosthenes）将军（不是那个著名的演说家），在前 426 年奥尔匹之战后获得奖励。Thucydides 3.114.

11　Herodotus 8.102.3.

12　Timotheus of Miletus, *Persians* 790. 作者自译。

13　Herodotus 9.2.3.

14　Herodotus 8.130.2–3.

15　关于铭文及其背景的论证参见 Werner Gauer, *Weihgeschenke aus den Perserkriegen* (Tübingen: Verlag Ernst Wasmuth, 1968), 40–41, 74, 134。

16 日食的日期可以确定为 10 月 2 日。如果克列欧姆布洛托斯真的要进攻波斯人，他遵循的政策与尤利比亚德的建议相反，尤利比亚德不想给波斯人继续战斗的理由。参见下一章。

17 Herodotus 8.115.1. 希罗多德可能指的只是从萨塞利到达达尼尔海峡的路程，在这种情况下，从雅典到萨塞利还需要两到三周的时间。

18 Aeschylus, *Persians* 480–514. 在埃斯库罗斯笔下，薛西斯的回归之旅更加糟糕，但所描述的与诗人作为这场战斗的目击者获得的尊敬尚有差距。

第十三章 安德罗斯岛

1 Herodotus 7.139.5.

2 Plutarch, *Life of Themistocles* 18.2.

3 Russell Meiggs and David M. Lewis, eds., *A Selection of Greek Historical Inscriptions to the End of the Fifth Century B.C.*, rev. ed.(Oxford: Clarendon Press, 1988), no. 26, 54–57.

4 Tyrtaeus, frg. 10 West, in M. L. West, *Iambi et Elegi Graeci ante Alexandrum Cantati*, vol. 2 (Oxford: Clarendon Press, 1972), 174–175; Michael Sagey, trans., *Warfare in Ancient Greece: A Sourcebook* (London: Routledge, 1996), 34.

5 Herodotus 8.109.2.

6 Herodotus 8.109.2.

7 Herodotus 8.124.1.

8 Herodotus 8.125.2.

尾声 苏萨

1 希腊演说家迪奥·克瑞索托（Dio Chrysostom）有类似的说法，11.147–149。

2 Russell Meiggs, *The Athenian Empire* (Oxford: Clarendon Press, 1971), 171.

3 Plutarch, *Life of Themistocles* 28.4.

4 Thucydides 1.138.5; Plutarch, *Life of Themistocles* 29.7.

5 Seneca, *On Benefits* 6.31.11–12. 根据 Plutarch, *Life of Themistocles* 29.5–6, 波斯皇帝愤怒地拒绝了德玛拉托斯的要求。

6 Russell Meiggs and David M. Lewis,eds., *A Selection of Greek Historical Inscriptions to the End of the Fifth Century B.C.*, rev. ed. (Oxford: Clarendon Press, 1988), no. 32, 69–72.

　　想要了解更多关于萨拉米斯战役的情况，读者需要获得丰富的参考资料，同时需要付出努力。下文中，我仅列出了对本书的写作有用的一些主要作品。下面的信息并不是我查阅过的作品和文献资料的完整清单。

古代文献

　　首先，必不可缺的是希罗多德的《历史》，尤其是第八卷。但《历史》的每一部分都得放在整本书的上下文中去理解。最近比较好的英语译本包括 John Marincola 对 Aubrey de Sélincourt 的（Herodotus, *The Histories: New Edition* [Harmondsworth, Eng.: Penguin, 1996]）译本的修订，增加了导言和注释。还有 Robin Waterfield 的译本，Carolyn Dewald 撰写了导言和注释 (Herodotus, *The Histories* [Oxford: Oxford University Press, 1998])。W. W. How 与 J. Wells 的 *A Commentary on Herodotus*, 2 vols. (Oxford: Oxford University Press, 2000 [1928]) 是对希罗多德的史学评论，篇幅过短，信息太旧，但的确是本好书。在 *Erodoto, La battaglia di Salamina: libro VIII delle Storie /Erodoto* (Milan: Fondazione Lorenzo Valla, A. Mondadori, 1977) 中，Agostino Masaracchia 重点从文学的角度对希罗多德《历史》的第八卷做了很好的评论。

　　我研究的出发点是确信希罗多德是一个伟大的历史学家，他的描述大体上是公正、准确的。W. Kendrick Pritchett, *The Liar School of Herodotus* (Amsterdam: J. C. Gieben, 1993) 对希罗多德的准确性非常认可。Detlev Fehling, *Herodotus and His Sources: Citation, Invention, and Narrative Art*, trans. by J. G. Howie (Leeds, Eng.: Francis Cairns, 1989) 则质疑希罗多德，认为其弄虚作假，编造故事，这或许是最 具代表性的批评。John Gould, *Herodotus* (New York: St. Martin's, 1989) 对希罗多德做了简明得当的介绍。关于希罗 多德对薛西斯入侵希腊的描述，Gabriella Bodei Giglioni, *Erodoto e I sogni di Serse. L'invasione persiana dell' Europa*. Saggine 55 (Rome: Donzinelli Editore, 2002) 做 了简短但深思熟虑的研究。关于伯罗奔尼撒战争对希罗多德思 想的影响，参见 C. J. Fornara, *Herodotus: An Interpretive Essay* (Oxford: Clarendon Press, 1971), 75–91。

　　有关萨拉米斯战役第二个最重要的古代资料来源是埃斯 库罗斯的戏剧《波斯人》。高质量的译本包括 Janet Lembk and C. J. Herington, *Aeschylus: Persians* (Oxford: Oxford University Press, 1991) 和 Seth Benardete in David Grene and Richmond Lattimore, eds., *Aeschylus II*, 2nd ed. The Complete Greek Tragedies (Chicago: University of Chicago Press, 1991)。从历史和文学角度展开的评论，参 见 H. D. Broadhead, *The Persae of Aeschylus* (Cambridge: Cambridge University Press, 1960)。

　　第三个最重要的作品是普鲁塔克的《地米斯托克利 传》(*Life of Themistocles*)，有希腊文的版本和英文译 本，还有另外两个相关的作品，即普鲁塔克的《阿里斯提得 斯传》(*Life of Aristides*) 和《西蒙传》(*Life of Cimon*)，*Plutarch,, Lives,* vol. 2: *Themistocles and Camillus, Aristides and Cato Major, Cimon and Lucullus*, trans. Bernadotte Perrin (Cambridge, Mass.: Harvard University Press, 2001 [1914])。普鲁塔克的《地米斯托克利传》最 好配合着一本很好的注释来读，Frank J. Frost, *Plutarch's*

270

Themistocles: A Historical Commentary, rev. ed. (Chicago: Ares Publishers, 1998) 或 Carlo Carena, Mario Manfredini, and Luigi Piccirilli, Plutarco, *Le Fite di Temistocle e di Camillo* (Milan: Fondazione Lorenzo Valla: A. Mondadori, 1996)。萨拉米斯战役的研究者还要读普鲁塔克对希罗多德的评论文章 "On the Malice of Herodotus," 收录在 A. J. Bowen, *Plutarch: The Malice of Herodotus* (Warminster, Eng.: Aris & Phillips, 1992) 中，配有导言、希腊语和英语的文本以及评论。

在古代作家中，重要性再次之的是狄奥多罗斯，他对阿提密喜安战役和萨拉米斯战役的记叙可阅读英译本，C. H. Oldfather 译 *Diodorus of Sicily*, vol. 4 (Cambridge, Mass.: Harvard University Press, 1939), 155–175 (11.12.1–19.6)。这位西西里岛的希腊人生活在奥古斯都做皇帝的时代，编纂了一部地中海世界的通史。人们认为狄奥多罗斯对萨拉米斯战役的描述来自 4 世纪希腊历史学家厄弗鲁斯（Ephorus）的作品，那些作品现已失传。

修昔底德的《伯罗奔尼撒战争史》（*Peloponnesian War*）不仅包含了地米斯托克利和萨拉米斯战役的重要信息，而且是一个挖掘三层划桨战船战略战术相关资料的"金矿"。一个非常好的英语版本是 Robert Strassler, ed., *The Landmark Thucydides: A Comprehensive Guide to the Peloponnesian War* (New York: Free Press, 1996)。

《地米斯托克利法令》可以参见 M. Crawford and D. Whitehead, eds., *Archaic and Classical Greece* (Cambridge: Cambridge University Press, 1983). 224–225, no. 112。

流传下来的提莫西亚斯的诗歌可以读到希腊文版和英文版，参见 J. H. Hordern ed. and trans., *The Fragments of Timotheus of Miletus* (Oxford: Oxford University Press, 2002)。萨摩斯的诗人刻厄芮卢斯关于薛西斯入侵的诗史中的一些诗句可以读到希腊文的版本，参见 A. Bernabé, *Poetarum epicorumgraecorum: fragmenta et testimonia*, part 1 (Stuttgart: Teubner, 1996)。关于西摩尼得斯，有希腊语和英语的版本，参见 Deborah Boedeker and David Sider, *The New Simonides: Contexts of Praise and Desire* (Oxford: Oxford University Press, 2001)。另外可参见 Anthony J. Podlecki, "Simonides: 480," *Historia* 17.3 (1968): 257–275。

Polyaenus, *Stratagems of War*, ed. and trans. Peter Krentz and Everett L. Wheeler, 2 vols. (Chicago: Ares Publishers, 1994) 中有不少关于萨拉米斯战役、阿提密喜安战役以及三层划桨战船战争的逸事。在 Alphonsus Dain, *Naumachia* (Paris: "Les Belles Lettres," 1943) 中可以搜集到拜占庭海军手册（希腊文）中记录的一些希腊划桨战船作战的信息。

其他我经常参阅的古代作家包括 Lysias, Xenophon, Justin 2.12.3, Onasander, Pausanias 和 Strabo，他们的作品都有希腊语英语对照或者拉丁语英语对照的版本，收录在 the Loeb Classical Library (Harvard University Press) 中。

萨拉米斯战役的现代研究

关于萨拉米斯战役已有很多高质量的研究成果，人们怀着尊重、感激和谦卑的态度对待学术文献。Constantin N. Rados, *La Bataille de Salamine* (Paris: Fontemoing & Cie., 1915) 是一部最好的长篇著作，但经常被人忽视。作者 Rados 是一个研究古代和中世纪海战的学者，是对这片土地有着深刻了解的希腊人，他聪明机智，具有质疑精神，文字优美考

究，还是获得"荣誉军团勋章"的军官。他博学多识，信念
笃定，写作严谨。J. F. Lazenby, *The Defence of Greece,
490-479 B.C.* (Warminster, Eng.: Aris & Phillips, 1993),
151-197 对这场战役的描述最简明清晰、令人信服。我对战
役的描述主要是基于 Rados 和 Lazenby 的著作。同时，也
大量参考了以下权威研究，如 C. Hignett, *Xerxes' Invasion
of Greece* (Oxford: Clarendon Press, 1963), esp. 193-
239; W. K. Pritchett, "Towards a Restudy of the Battle of
Salamis," *American Journal of Archaeology* 63 (1959): 251-
262；以及 "Salamis Revisited," in *Studies in Ancient Greek
Topography*, part 1 (Berkeley: University of California
Press, 1965), 94-102。

尽管他们对战争的重现与我所叙述的不同，Burn, Green,
Hammond, Morrison, Coates, Rankov 等都对萨拉米斯战役
的学术研究做出了杰出的贡献。参见 A. R. Burn, *Persia and
the Greeks: The Defense of the West, 546-478 B.C.*, 2nd ed.
(Stanford: Stanford University Press, 1984), esp. 450-475;
Peter Green, *The Greco-Persian Wars* (Berkeley: University
of California Press, 1996), 60-64, 146-48, 162-63; N.G.L.
Hammond, "The Battle of Salamis," *Journal of Hellenic
Studies* 76 (1956): 32-54; "On Salamis," *American Journal
of Archaeology* 64 (1960): 367-368; "The Expedition of
Xerxes," in *Cambridge Ancient History*, vol. 4, 2nd ed.:
*Persia, Greece, and the Western Mediterranean c. 525 to
479 B.C.* (Cambridge: Cambridge University Press, 1988),
569-588; J. S. Morrison, J. F. Coates, and N. B. Rankov,
*The Athenian Trireme: The History and Reconstruction of
an Ancient Greek Warship*, 2nd ed. (Cambridge: Cambridge

University Press, 2000), 55–61。我也受益于 Josiah Ober 和 Victor Davis Hanson 的研究成果。参见 Barry S. Strauss and Josiah Ober, "Xerxes of Persia and the Greek Wars: Why the Big Battalions Lost," in *The Anatomy of Error, Ancient Military Disasters and Their Lessons for Modern Strategists* (New York: St. Martin's, 1990), 17–43; Victor Hanson, "Freedom— 'Or to Live As You Please,' " in *Carnage and Culture: Landmark Battles in the Rise of Western Power* (New York: Anchor Books, 2001), 27–59。

我也从一些时间更早的文献中获益，如 Giulio Giannelli, *La spedizione di Serse da Terme a Salamina* (Milan: Societa Editrice "Vita e Pen- siero," 1924) 以 及 G. B. Grundy, *The Great Persian War and Its Preliminaries; A Study of the Evidence, Literary and Topographical* (New York: Scribner's, 1901)。

最近几十年用英语写的关于萨拉米斯战役的重要文献有 Jack Martin Balcer, *The Persian Conquest of the Greeks, 545-450 B.C.* (Xenia 38) (Konstanz: Univ.-Verl. Konstanz, 1995), 257–270; C. W Fornara, "The Hoplite Achievement at Psytalleia," *Journal of Hellenic Studies* 86 (1966): 51–55; P. W. Wallace, "Psytalleia and the Trophies of the Battle of Salamis," *American Journal of Archaeology* 73 (1969): 293–303; K. R. Walters, "Four Hundred Athenian Ships at Salamis?" *Rheinisches Museum* 124 (1981): 199–203; A. J. Holladay, "The Forethought of Themistocles," *JHS* 107 (1987): 182–187; J. F. Lazenby, "Aischylos and Salamis," *Hermes* 116 (1988): 168–185。对萨拉米斯战役的 模 拟， 参 见 Richard B. Nelson, *The Battle of Salamis*

273

(London: Luscombe, 1975)。

在即将出版的一本书里，我提出的观点是即使雅典在萨拉米斯战败，最终实力也会恢复。参见 "The Resilient West: Salamis Without Themistocles, Classical Greece Without Salamis, and the West Without Greece," in P. E. Tetlock, R. N. Lebow, and G. Parker, eds., *Unmaking the West: Counterfactual Thought Experiments in History* (forthcoming)。

古代的船只与海战

对古代航海基础性的介绍参见 Lionel Casson, *Ships and Seamanship in the Ancient World* (Baltimore: Johns Hopkins University Press, 1995)。另一本很好的介绍性著作是 Robert Gardiner, ed., *The Age of the Galley: Mediterranean Oared Vessels Since Pre-Classical Times,* Conway's History of the Ship (Annapolis, Md.: Naval Institute Press, 1995)。较近期的一项重要研究是 Jamie Morton, *The Role of the Physical Environment in Ancient Greek Seafaring* (Leiden: Brill, 2001)。

对古代三层划桨战船的介绍，参见 J. S. Morrison and R. T. Williams, *Greek Oared Ships*, *900-322 B.C.* (Cambridge: Cambridge University Press, 1968); Lucien Basch, *Le Musee imaginaire de la marine antique* (Athens: Institut hellenique pour la preservation de la tradition nautique, 1987); H. T. Wallinga, *Ships and Sea Power Before the Great Persian War: The Ancestry of the Ancient Trireme* (Leiden: Brill, 1993)。J. S. Morrison and J. F. Coates, *Greek and Roman Oared Warships, 399–31 B.C.* (Oxford: Clarendon Press,

1994)主要探讨希腊时代的帆船，在经典的三层划桨战船战争方面颇有见解。信息大多较为陈旧，但在某些方面仍有参考价值的是 Cecil Torr, *Ancient Ships*, ed. Anthony J. Podlecki (Chicago: Argonaut, 1964); W L. Rogers, *Greek and Roman Naval Warfare: A Study of Strategy, Tactics, and Ship Design from Salamis (480 B.C.) to Actium (31 B.C.)* (Annapolis, Md.: United States Naval Institute, 1937)。想要了解古代雅典的三层划桨战船及船员的情况，参见 M. Amit, *Athens and the Sea: A Study in Athenian Sea Power* (Brussels: Latomus, Revue d'Etudes Latines, 1965)，以及 Borimir Jordan, *The Athenian Navy in the Classical Period*, Classical Studies 13 (Berkeley: University of California, 1975)。

274

对"奥林匹亚号"的研究始自 J. S. Morrison, J. F. Coates, and N. B. Rankov, *The Athenian Trireme: The History and Reconstruction of an Ancient Greek Warship*, 2nd ed. (Cambridge: Cambridge University Press, 2000)。Morrison 和 Coates 设计了"奥林匹亚号"，是基于想象的三层划桨战船的复原。尽管存在一些缺陷（设计者自己也承认），"奥林匹亚号"对于历史学家来说重要性毋庸置疑。参见 Morrison and Williams, *Greek Oared Ships*。对"奥林匹亚号"实验的报道，参见 J. S. Morrison and J. F. Coates, eds., *An Athenian Trireme Reconstructed: The British Sea Trials of* Olympias, 1987, BAR International Series 486 (Oxford: B.A.R., 1989)，以及 J. T Shaw, ed., *The Trireme Project: Operational Experience 1987–90: Lessons Learnt*, Oxbow Monograph No. 31 (Oxford: Oxbow Books, 1993)。从"奥林匹亚号"获得的一些启示参见 Frank Welsh, *Building the Trireme* (London: Constable, 1988)。对"奥林匹亚号"的评论，参见 John Hale, "The Lost Technology of Ancient

Greek Rowing," *Scientific American*, May 1996, 66–71; A. F. Tilley, "Warships of the Ancient Mediterranean," *The American Neptune* 50 (1990): 192–200。

关于奴隶充当划桨手，参见 Peter Hunt, *Slaves, Warfare, and Ideology in the Greek Historians* (Cambridge: Cambridge University Press, 1998); Donald R. Laing, "A New Interpretation of the Athenian Naval Catalogue, IG II2 1951," Ph.D. diss. Cincinnati, 1960。

关于三层划桨战船的战术，参见 J. F. Lazenby, "The Diekplous," *Greece & Rome* 34.2 (1987): 169–178; Ian Whitehead, "The Periplous," *G & R* 34.2 (1987): 178–185; A. J. Holladay, "Further Thoughts on Trireme Tactics," *G & R* 35.3 (1988): 149–151; J. S. Morrison, "The Greek Ships at Salamis and the Diekplous," *Journal of Hellenic Studies* 111 (1991): 196–200; 以及我的 "Democracy, Kimon, and the Evolution of Athenian Naval Tactics in the Fifth Century B.C.," in Pernille Flensted-Jensen, Thomas Heine Neilsen, and Lene Rubinstein, eds., *Polis & Politics: Studies in Ancient Greek History Presented to Mogens Herman Hansen on His 60th Birthday* (Copenhagen: Museum Tusculanum Press, University of Copenhagen, 2000), 315–326。

关于雅典三层划桨战船船员的团队精神，参见我的 "The Athenian Trireme, School of Democracy," in Josiah Ober and Charles Hedrick, eds., *DEMOKRATIA: A Conversation on Democracies, Ancient and Modern* (Princeton: Princeton University Press, 1996), 313–325。关于在古代海战中士兵是如何死亡的，参见我的 "Perspectives on the Death of

275

Fifth-Century Athenian Seamen," in Hans Van Wees, ed., *War and Violence in Ancient Greece* (London: Duckworth, 2000), 261–283。关于古代船只以及当代的赛艇运动，参见我的 *Rowing Against the Current: On Learning to Scull at Forty* (New York: Scribner, 1999)。

关于船首的眼睛，参见 Troy J. Nowak, "A Preliminary Report on Ophthalmoi from the Tektas Burnu Shipwreck," *International Journal of Nautical Archaeology* 30.1 (2001): 86–94。

古代战争

要了解古代希腊战争的具体细节，五卷本的 W. Kendrick Pritchett 的 *Greek State at War* (Berkeley: University of California Press, 1971–1991) 是必读书目，该书主要聚焦于陆地战争。

关于重装步兵的战斗，参见 Victor Davis Hanson, *The Western Way of War: Infantry Battle in Classical Greece*, 2nd ed. (Berkeley: University of California Press, 2000)。关于火箭及其他非常规武器，参见 Adrienne Mayor, *Greek Fire, Poison Arrows & Scorpion Bombs: Biological and Chemical Warfare in the Ancient World* (New York: Overlook Press, 2003)。

关于古代的行军速度，参见 Donald W. Engels, *Alexander the Great and the Logistics of the Macedonian Army.* (Berkeley: University of California Press, 1978), pp. 153–156。关于波斯军队在法勒隆的后勤补给，参见 T. Cuyler Young, "480/479 B.C.—A Persian Perspective," Iranica Antica 15 (1980): 213–239。关于军队的饮食，参见 Nick

Sekunda, "Food and Drink—Greek Military Cuisine," http: www.hoplitesco.uk/pdf /hoplite_food_and_drink.pdf, 源自 *Osprey Military Journal* 4.1. (Oxford: Osprey Publishing Ltd., 2002), 3-6。关于战斗前的献祭，参见 Michael Jameson, "Sacrifice Before Battle," in Victor Davis Hanson, ed., *Hoplites: The Classical Greek Battle Experience* (London: Routledge, 1991), 197-227。关于萨尔平克斯，参见 Peter Krentz, "The Salpinx in Greek Battle," in ibid., 110-120。

人物和地点

关于希罗多德提到的地点的很有价值的照片、地图和（德语）评论，参见 Dietram Müller, *Topographischer Bildkommentar zu den Historien Herodotos. Griechenland im Umfang des heutigen griechischen Staatsgebiets* (Tubingen: Ernst Wachsmuth Verlag, 1987)。

关于波斯入侵前以及入侵期间波斯世界的详尽的、学术化的介绍，参见 Robin Osborne, *Greece in the Making, 1200- 479 B.C.* (London: Routledge, 1996), esp. 243-350。

关于地米斯托克利，参见 A. Podlecki, *The Life of Themistocles: A Critical Survey of the Literary and Archaeological Evidence* (Montreal: McGill- Queen's University Press, 1975); Robert Lenardon, *The Saga of Themistocles* (London: Thames & Hudson, 1978)。

关于《地米斯托克利法令》和学者们的辩论，参见 Russell Meiggs and David M. Lewis, eds., *A Selection of Greek Historical Inscriptions to the End of the Fifth Century, B.C.*, rev. ed. (Oxford: Oxford University Press, 1988), no. 23, 48-52; M. Crawford and D. Whitehead,

Archaic and Classical Greece (Cambridge: Cambridge University Press, 1983) no. 112, 224。

关于雅典帝国，参见 Russell Meiggs. *The Athenian Empire* (Oxford: Clarendon Press, 1971)。关于公元前479年后雅典的波斯化，参见 Margaret C. Miller, *Athens and Persia in the Fifth Century B.C.: A Study in Cultural Receptivity* (Cambridge: Cambridge University Press, 1997)。

关于民主制给雅典带来的活力，参见 Brook Manville and Josiah Ober, *A Company of Citizens: What the World's First Democracy Teaches Leaders About Creating Great Organizations* (Boston, Harvard Business School Press, 2003)。

关于民主作为古代雅典的伟大遗产的争论，参见 Josiah Ober, *Political Dissent in Democratic Athens: Intellectual Critics of Popular Rule* (Princeton: Princeton University Press, 1998)。

关于萨拉米斯的地形，参见 Yannos G. Lolos, "Notes on Salamin- ian Harbors," in *Tropis III: 3rd International Symposium on Ship Construction in Antiquity,* proceedings ed. Harry Tzalas (Delphi: Hellenic Institute for the Preservation of Nautical Tradition, 1995), 291–297。另外可参见 Martha C. Taylor, *Salamis and the Salaminioi: The History of an Unofficial Athenian Demos* (Amsterdam: J. C. Gieben, 1997)。

一位杰出学者对斯巴达的精彩介绍是 Paul Cartledge, *The Spartans: The World of the Warrior-Heroes of Ancient Greece* (Woodstock and New York: Overlook Press, 2003)。

关于阿契美尼德王朝时期的波斯的基础研究是 Pierre

Briant, *From Cyrus to Alexander: A History of the Persian Empire*, trans. Peter B. Daniels (Winona Lake, Ind.: Eisenbrauns, 2002)。对阿契美尼德军队的一些思考，参见 "The Achaemenid Empire," in Kurt Raaflaub and Nathan Rosenstein, eds., *War and Society in the Ancient and Medieval Worlds: Asia, The Mediterranean, Europe, and Mesoamerica* (Washington, D.C.: Center for Hellenic Studies, Trustees for Harvard University; distributed by Harvard University Press, 1999), 105-128。对阿契美尼德王朝时期波斯的很好的介绍，参见 Josef Wiesehöfer, *Ancient Persia from 550 B.C. to 650 A.D,* trans. by Azizeh Azodi (London: I. B. Tauris Publishers, 1996), pp. 1-101。另外可阅读一篇非常清晰简明的文章 R. Schmitt, "Achaemenid Dynasty," in *Encyclopedia Iranica*, vol. 1 (London: Routledge & Kegan Paul, 1983), 414-426。尽管某些方面显得陈旧，但仍值得一读的是 A. T. Olmstead, *History of the Persian Empire* (Chicago: University of Chicago Press, 1959 [1948])。对于阿契美尼德王朝时期的波斯一些证据的介绍，参见 Maria Brosius, ed. and trans., *The Persian Empire from Cyrus II to Artaxerxes I.* Lactor 16 (London: London Association of Classical Teachers, 2000)。对薛西斯的重要的重新解读，参见 H. Sancisi-Weerdenburg, "The Personality of Xerxes, King of Kings," in L. de Meyer and E. Haerinck, eds., *Archaeologica iranica et orientalis: Miscellanea in honorem Louis Vanden Berghe*, vol. 1 (Gent: Peeters Presse, 1989), 549-561。

关于波斯时代的腓尼基，参见 Sabatino Moscati, ed., *The Phoenicians* (New York: Rizzoli, 2000); M. Gras, P Rouillard, and J. Teixidor, *L'univers phénicien*, rev. ed.

(Paris: Hachette, 1995)。

关于前 6 世纪和前 5 世纪的埃及和其海军，参见 A. B. Lloyd, "Triremes and the Saite Navy," *Journal of Egyptian Archaeology* 58 (1972): 268–279; and "Were Necho's Triremes Phoenician?" *Journal of Hellenic Studies* 95 (1975): 45–61。

关于阿尔忒弥西亚和希罗多德的故乡哈利卡纳苏斯，参见 Simon Hornblower, *Mausolus* (Oxford: Clarendon Press, 1982), 1–33。关于阿尔忒弥西亚，参见 R. Munson, "Artemisia in Herodotus," *Classical Antiquity* 7.1 (1988): 91–106。

关于宦官海尔摩提莫斯，参见 Simon Hornblower, "Panionios of Chios and Hermotimos of Pedasa (Hdt. 8.104–6)," in Peter Derow and Robert Parker, eds., *Herodotus and His World* (Oxford: Oxford University Press, 2003), 37–57。

工具书

Simon Hornblower and Anthony Spawforth, eds., *The Oxford Classical Dictionary*, 3rd ed. (Oxford: Oxford University Press, 1999) 可提供大量有用而简明的信息。权威的多卷本古典百科全书（德语）是 A. Pauly, G. Wissowa, and W. Kroll, eds., *Real-Encyclopadie der klassischen Altertumswissenschaft* (Stuttgart: A. Druckenmuller Verlag, 1958– [1893–])。有关前 6 世纪末和前 5 世纪初各种历史话题的学术论文参见 John Boardman, N.G.L. Hammond, D. M. Lewis, and M. Ostwald, eds., The Cambridge Ancient History., 2nd ed., vol. 4: *Persia, Greece and the Western Mediterranean c. 525 to 479 B.C.* (Cambridge:

278

Cambridge University Press, 1988)。

杂项

本书中描述的大多数服装，从希罗多德的披风到薛西斯的金项圈，都是基于古代着装惯例的一些有根据的猜测。关于古代希腊的服装，参见 M. M. Evans and E. B. Abrahams, *Ancient Greek Dress*, ed. Dorothy M. Johnson (Chicago: Argonaut, 1964)。关于波斯的服装，参见 Pierre Briant, *From Cyrus to Alexander: A History of the Persian Empire*, trans. Peter B. Daniels (Winona Lake, Ind.: Eisenbrauns, 2002), 187, 217, 299–300, 523–524; Margaret C. Miller, *Athens and Persia in the Fifth Century B.C.: A Study in Cultural Receptivity* (Cambridge: Cambridge University Press, 1997), 153–187。我想象阿尔忒弥西亚佩戴的珠宝与前4世纪哈利卡纳苏斯一个上流社会女人即所谓的卡里亚公主的坟墓里发现的珠宝一样。这些珠宝现存于土耳其的博德鲁姆博物馆。参见 http://www.bodrum-museum.com/depts/carian.htm。关于香水和化妆品，参见 Mikhal Dayagi-Mendels, *Perfumes and Cosmetics in the Ancient World* (Jerusalem: Israel Museum, 1989)。关于斯巴达人和其他希腊战士的武器和盔甲，参见 Anthony Snodgrass, *Arms and Armour of the Greeks* (Ithaca: Cornell University Press, 1967); Nicholas Sekunda, *Warriors of Ancient Greece* (Botley, Eng.: Osprey Publishing Ltd., 1986) 和 *The Spartans* (Botley, Eng.: Osprey Publishing Ltd., 1998)。

关于宦官，参见 Lloyd Llewellyn-Jones, "Eunuchs and the Royal Harem in Achaemenid Persia," in Shaun Tougher, ed., *Eunuchs in Antiquity and Beyond* (London: Duckworth,

2002), pp. 19–49。

关于薛西斯和马铎尼斯帐篷里的珍贵的设施以及薛西斯在萨拉米斯的宝座，参见 Dorothy Burr Thompson, "The Persian Spoils in Athens," in Saul S. Weinberg, ed., *The Aegean and the Near East: Studies Presented to Hetty Goldman on the Occasion of Her Seventy-Fifth Birthday* (Locust Valley, N.Y: J. J. Augustin, 1956), 281–291, 和 Miller, *Athens and Persia*, 29–41。

关于"态势感知"，参见 Mike Spick, *The Ace Factor: Air Combat & the Role of Situational Awareness* (Annapolis, Md.: Naval Institute Press, 1988)。

279

致　谢

281　　　　在写这本书的过程中，我得到了很多支持，有的来自一些机构，更多的来自个人。鲍里斯·兰科夫无私地花费时间给我讲述"奥林匹亚号"、三层划桨战船和划桨等方面的专业知识。维克多·戴维斯·汉森热情友善，让我参与了有关萨拉米斯战役后果和影响的长时间辩论。这些年来，约翰·黑尔和唐纳德·卡根都各自分享了他们关于古代船只和海战的丰富知识。乔西亚·奥伯在民主与战争方面有非常深入的思考。艾德丽安·马约有着编辑的严谨和学者的丰富学识。在讲故事方面，马克·莱文比我们大多数人都厉害得多。从研究项目的最初阶段开始，他就一直是热心的朋友，提供慷慨的支持。

　　约翰·李、梅雷迪思·斯莫和已故的亚伦·施特劳斯欣然阅读了本书的初稿，各自提出了很好的修改意见。保罗·卡特里奇很热情地参加了关于希波战争的令人兴奋的研讨会。伊丽莎白·格林和西蒙·霍恩布尔与我分享了尚未出版的资料。

　　在我研究的各个阶段，皮埃尔·布里安特、伯克·卡森、朱迪思·杜普雷、劳雷尔·弗里斯、蒂莫西·格雷戈里、约翰·海兰、弗雷德·卡根、米歇尔·莫伊德、比尔·帕特森、海登·佩里西亚、英格丽德·罗兰、菲利普·萨宾、伊丽莎白·谢泼德和艾拉·兹温格尔都分享了他们各自的专业知识。我还要感谢桑德拉·伯恩斯坦和已故的阿尔文·伯恩斯坦、琼·雅各布斯·布伦伯格、乔瓦尼·乔治尼、戴德·哈奇、内德·勒博、约翰娜·李、迪尔德丽·马丁、蒂姆·梅里克、纳特和玛西娅·奥贝尔、卡特琳娜·帕普利亚、戴维·拉科夫斯基、丹尼尔·施瓦兹、蒂芙尼·斯坦斯菲尔德和盖尔·霍尔斯特·沃夫特。

　　在希腊，我从希腊海军少将迪米特萨斯和罗茜·伦道夫那里得到了关于三层划桨战船和海军历史方面的宝贵资料。有关今天萨拉米斯岛上渔民的信息，我要感谢安蒂奥皮·阿尔吉里欧和玛丽莎·科赫。关于萨拉米斯及其周围的风和天气的信息，我要感谢雅典国家天文台环境研究与可持续发展研究所所长迈克尔·彼得拉基斯博士。我还要感谢扎菲拉·海都和希腊比雷埃夫斯航海博物馆的工作人员。

在土耳其，我得到了博德鲁姆水下考古博物馆的奥古兹·阿尔坡赞，考古学家波尔·彼得森，海军考古学家哈伦·奥兹达斯，卡里亚学者科赖·科努克、乔治·巴斯、唐·弗雷、伊丽莎白·格林，以及博德鲁姆航海考古研究所工作人员的慷慨帮助。

霍华德·莫哈伊姆是任何作家都期望的睿智、热心的著作经纪人兼朋友。在我前进的过程中，他提供了许多帮助。罗伯特·本德是一位富有洞察力、严谨敬业的编辑，他的指导让本书增色不少。保罗·西蒂既聪明又眼光敏锐，是位机智又有耐心的编辑。

我很荣幸地感谢帮助过我的一些机构。康奈尔大学历史系多年来一直是激发灵感、提供支持的学术家园，感谢历史系能给我休假的机会，无须教学，专心从事本书的写作。康奈尔大学的古典文学系及其"和平研究项目"也为我开阔了思路。康奈尔大学图书馆馆藏丰富，图书管理员热情友善，为我的研究提供了支持。我诚挚地感谢康奈尔大学的一大批学生的提问和鼓励。

雅典的美国古典研究院是世界上最著名的研究古希腊的学术中心之一。我很幸运地在那里度过了两年。2003 年冬天，新罕布什尔州彼得伯勒的麦克道尔艺术村给予我一个月的居住权，那里有我写作的理想环境。有了纽约伊萨卡的卡斯卡迪拉划船俱乐部的帮助，我对桨和船才有了更多的了解。

　　我将永远感谢希腊和土耳其人民的慷慨和好客。

　　我最要感谢的是我的家人。我对父母感激不尽。感谢妻子和孩子的耐心和宽容，容忍我经常外出调研以及在家写作时对家务的心不在焉。为此，非常感谢妻子玛西娅还有我的孩子西尔维和迈克尔，爱意难以表达。没有玛西娅的支持、鼓励和建议，这本书是不可能写出来的。迈克尔打电子游戏时紧张而敏捷的操作让人想起古代引航员具备的技能。西尔维不断提醒我，生活中有比战争更重要的东西，所以我把这本书献给她。

索 引

（本部分页码为英文原书页码，即本书页边码）

图书在版编目（CIP）数据

萨拉米斯之战：拯救希腊和西方文明的海战 /（美）巴里·施特劳斯（Barry Strauss）著；杨彬译；陈楠校. -- 北京：社会科学文献出版社，2023.7

书名原文：The Battle of Salamis：The Naval Encounter that Saved Greece—and Western Civilization

ISBN 978-7-5228-1739-2

Ⅰ.①萨…　Ⅱ.①巴…　②杨…　③陈…　Ⅲ.①海战 - 研究 - 古希腊　Ⅳ.①E192

中国国家版本馆CIP数据核字（2023）第073265号

萨拉米斯之战：拯救希腊和西方文明的海战

著　　者 / ［美］巴里·施特劳斯（Barry Strauss）
译　　者 / 杨　彬
校　　者 / 陈　楠

出 版 人 / 王利民
组稿编辑 / 段其刚
责任编辑 / 周方茹
文稿编辑 / 许文文
责任印制 / 王京美

出　　版 / 社会科学文献出版社·联合出版中心（010）59367151
　　　　　　地址：北京市北三环中路甲29号院华龙大厦　邮编：100029
　　　　　　网址：www.ssap.com.cn
发　　行 / 社会科学文献出版社（010）59367028
印　　装 / 南京爱德印刷有限公司
规　　格 / 开　本：889mm×1194mm 1/32
　　　　　　印　张：10.25　字　数：252千字
版　　次 / 2023年7月第1版　2023年7月第1次印刷
书　　号 / ISBN 978-7-5228-1739-2
著作权合同
登 记 号 / 图字01-2020-6897号
定　　价 / 68.00元

读者服务电话：4008918866